Florence Littauer

Einfach typisch für P

So lernen Sie Ihren Partner und sich selbst besser verstehen

Florence Littauer

EINFACH TYPISCH
FÜR PAARE

So lernen Sie Ihren Partner
und sich selbst besser verstehen

SCHULTE & GERTH

Die amerikanische Originalausgabe erschien im Verlag
Fleming H. Revell, Grand Rapids, Michigan
unter dem Titel „Personality Plus for Couples“.

Aus dem Amerikanischen übersetzt von Gabriele Horn-Merz.

Best.-Nr. 815 908
ISBN 3-89437-908-1
2. Auflage 2005
Umschlaggestaltung: Michael Wenserit
Umschlagillustration: Detlef Müller
Satz: Typostudio Rücker, Linden
Druck und Verarbeitung: Schönbach-Druck, Erzhausen
Printed in Germany

Inhalt

Einleitung

Es war einmal ...

Die Geschichten, die ich in meiner Jugend – der „guten alten Zeit" – gelesen habe, waren immer alle nach dem gleichen Muster gestrickt: Da war einmal eine schöne Prinzessin, von allen bewundert und umworben. Manche ihrer Verehrer hatten Böses im Sinn, doch schon kam der schöne Prinz und schlug die Unwürdigen in die Flucht. Die Prinzessin warf sich daraufhin voll Dankbarkeit in seine Arme, sie verliebten sich, heirateten und ...

Wenn ich bei Vorträgen mit diesen Sätzen beginne, kann ich mich immer darauf verlassen, dass meine Zuhörer wissen, wie die Geschichte endet. Wir alle wissen, dass Prinz und Prinzessin glücklich und zufrieden leben, „und wenn sie nicht gestorben sind ...".

Doch ist Ihnen eigentlich schon einmal aufgefallen, dass diese Geschichten immer mit der Hochzeit enden? Sie berichten weder über die Flitterwochen noch über die traumatische Entdeckung, dass die Person, die beide geheiratet haben, ganz anders ist als man selbst, und das sogar bereits in so grundlegenden Dingen wie dem Schmieren des Brötchens.

Bei Fred und mir waren es die Trauben. Wir saßen auf der Terrasse eines Bungalows auf den Bermudas und der Kellner brachte uns eine Schale mit Früchten. Ich war begeistert über den Service und begann mit den Trauben eine Unterhaltung zu führen. (Ich spreche häufig mit leblosen Objekten, wenn mir sonst keiner zuhört.)

„Was für ein netter kleiner Geselle du bist", sagte ich zu einer Traube. „Ich glaube, dich esse ich zuerst."

Während ich so mit den Früchten plauderte, wandte sich Fred zu mir und fragte: „Magst du Trauben?"

Ich hielt das für eine unnötige Frage, da ich mich ja gerade voller Freude über sie hermachte. Aber als Braut, die sich unterzuordnen wusste, antwortete ich lächelnd: „Ja, ich mag Trauben."

„Dann nehme ich an, du möchtest wissen, wie man sie richtig isst", erwiderte er.

Ich hatte keine Ahnung, dass es eine richtige Art gab, Trauben zu essen, aber ich wollte höflich sein und fragte: „Wie isst man Trauben denn richtig?“

Ich hatte bereits gelernt, dass in Freds Familie alles auf höfliche und richtige Weise getan werden musste.

„Zuerst nimmst du deine Nagelschere“, leitete Fred mich an.

Ich hatte keine Nagelschere dabei, aber Fred hatte eine. Fred hat immer genügend Ausrüstung für ein Überlebenstraining in seiner Hosentasche. Mindestens neun Stifte gehören dazu, auch im Urlaub: rot, blau, schwarz, mit feiner, mittlerer und breiter Mine. Außerdem hat er noch seine Nagelschere, sein Schweizer Taschenmesser und seine Schlüssel dabei, und zwar immer in derselben Hosentasche, damit er nicht lange suchen muss.

„Dann schneidest du ein kleines Stück von der Rebe ab“, erklärte Fred, während er seine Nagelschere herausholte, einen kleinen Zweig Trauben von der Rebe abteilte und ihn vom Hauptast abtrennte.

„Schmecken die Trauben so besser?“, fragte ich etwas verwirrt darüber, dass diese Prozedur so wichtig sein sollte.

Fred schenkte mir einen mitleidigen Blick. „Es hat nichts mit dem Geschmack zu tun. Es dient dazu, die Form der Rebe zu erhalten.“

Nun wusste ich nicht, wen es kümmerte, wie die Rebe aussah, also schaute ich mich um, ob sich irgendwo eine geheime Traubenjury im Gebüsch versteckt hielt. Da ich niemanden entdeckte, fragte ich: „Was macht das für einen Unterschied?“

Ich hatte noch nicht gelernt, dass man Freds Aussagen nicht in Frage stellt, ohne eine erklärende Lektion erteilt zu bekommen, die auch ein Erstklässler verstehen kann.

„Wenn du die Trauben auf deine Weise isst“, sagte Fred mit einem Klang von Überlegenheit in der Stimme, „wirst du bald sehen, dass überall kleine hässliche braune Zweige abstehen.“

Ich schaute hin. Tatsächlich, da befanden sich überall hässliche kleine braune Zweige an der Rebe. Aber sie störten mich nicht, also begriff ich das Problem immer noch nicht. Ich hatte noch nicht gelernt, dass meine Meinung nichts galt, wenn die Situation ihn störte.

Diese Trauben-Situation war nur die erste von vielen, die seinen Hang offenbarten, jedem Detail seine volle Aufmerksamkeit zu widmen.

Zwei Wochen nach unserer Heirat gingen wir abends ins Kino. Auf dem Heimweg hatte ich eine Idee.

„Könnten wir anhalten und uns noch ein Eis holen?“, fragte ich.

Ohne zu zögern verneinte Fred.

Nun war ich daran nicht gewöhnt, dass er mir nicht zustimmte.

„Was meinst du mit ‚Nein‘?“, fragte ich erstaunt.

„Ich meine, nein, du kannst kein Eis holen.“ Freds Antwort war leicht verständlich, aber sie beantwortete nicht wirklich meine Frage, also fuhr er fort. „Du wirst dich daran gewöhnen müssen, dass ich jeden Morgen für meinen Tag einen Zeitplan erstelle. Wenn du also in Zukunft abends um elf ein Eis haben möchtest, dann musst du es mir morgens um sieben sagen, damit ich es einplanen kann.“

„Aber ich wusste heute Morgen um sieben noch nicht, dass ich heute Abend um elf ein Eis haben möchte“, protestierte ich.

Zu meinem Pech war mein Argument für Fred nicht sehr überzeugend. Ich bekam mein Eis nicht.

Ich erzähle diese Geschichten häufig, wenn ich auf Konferenzen spreche. Und an diesem Punkt meiner Ausführungen geschieht es oft, dass Fred durch den Saal nach vorne gelaufen kommt, nach dem Mikrofon greift und sagt: „Ich wette, Sie meinen, es wäre ein großer Spaß, mit ihr zusammenzuleben!“

Einige Zuhörer fürchten dann vielleicht, er sei wütend auf mich, einige lachen und ein paar applaudieren, als wollten sie sagen: „Ja, es macht sicher Spaß, mit ihr zusammenzuleben.“ (Ich ermutige dann immer die letzte Gruppe weiterzuklatschen.) Währenddessen schaut Fred etwas verstört drein und beginnt dann, Geschichten über mich zu erzählen.

„Ich möchte die Damen nur wissen lassen, dass ich nach meiner Heirat mit Florence viele Dinge in meinem Leben verändert habe.“ Freds Stimme hat bei dieser Aussage immer einen Klang von Vollkommenheit und Enttäuschung. „Bevor ich heiratete, war meine Zahnpastatube immer schön ordentlich, aber nach unserer Hochzeit wurde sie hässlich. Ich fing an, Florence zu beobachten, um herauszufinden, was um alles in der Welt sie mit der Tube anstellte.“

Fred beobachtete mich viel. Doch er beobachtete nicht nur, er meinte auch mir erklären zu müssen, wie ich diesen oder jenen Fehler in Zukunft vermeiden konnte.

„Natürlich redet sie die ganze Zeit und achtet nicht auf das, was sie gerade tut“, fährt Fred in seiner Beschreibung über meine unmöglichen Zahnpastagewohnheiten fort. „Sie nimmt die Tube und drückt in der Mitte drauf“, stöhnt er in der Hoffnung auf Mitgefühl von den Ordentlichen in der Menge. „Die Zahnpasta quillt heraus und verklebt alles. Dann nimmt sie ihre Zahnbürste und schmiert sie über das obere Ende. Manchmal schraubt sie den Deckel wieder drauf, manchmal aber nicht. So oder so ist es immer eine Schweinerei.“

An diesem Punkt der Schilderung ergreift diejenigen, die ähnlich ordentlich sind wie Fred, ein Gefühl der Übelkeit, und diejenigen, die mit mir fühlen, hoffen, dass Fred mich nicht gleich anschreit.

„Aber ich habe das Problem gelöst“, sagt Fred fröhlich und wartet darauf, dass das Publikum antwortet.

„Zwei Tuben“, rufen sie, stolz auf ihre schnelle Auffassungsgabe.

„Stimmt“, sagt Fred mit einem Lächeln. „Sie hat ihre eigene Tube und sie kann darauf herumdrücken, wie sie will. Aber wenn es ganz schlimm wird, gibt sie sie mir und sagt: ‚Fred, kannst du das für mich wieder in Ordnung bringen?‘ “

Fred schenkt mir ein befriedigtes Lächeln. „Also kümmere ich mich darum. Ich lege die Tube auf die Ablage, streiche die Zahnpasta nach vorne und wickle das hintere Ende auf. So kann sie die Tube noch einen ganzen Monat benutzen und wir haben Geld gespart.“

Wahrend er triumphierend grinst, melde ich mich zu Wort. „Der Grund, warum ich ihm die Zahnpasta gebe ...“

Bevor ich weiterreden kann, stellt er sich vor meine Nase und sagt: „Menschen mit Florence‘ Temperament neigen dazu, andere zu unterbrechen.“

Ich kontere: „Diejenigen unter Ihnen, die ähnlich sind wie ich, wissen, dass wir das nicht wirklich als Unterbrechen ansehen. Es ist einfach so, dass wir etwas Wichtigeres zu sagen haben als die andere Person.“

Die Frauen im Saal lachen zustimmend.

Nachdem das Lachen etwas abgeklungen ist, wiederhole ich meine früher gemachte Aussage: „Der Grund, warum ich Fred die Tube gebe, liegt nicht darin, dass es mir um ihr Aussehen geht. Das ist mir völlig egal. Aber für Fred ist es die Hölle. Wenn er irgendetwas findet, das er in irgendeiner Weise retten kann, nimmt er es aus dem Müll, wäscht es ab und zeigt mir, wie ich es weiterbenutzen kann."

Zu diesem Zeitpunkt hat jeder im Publikum zu einem von uns beiden eine Beziehung gewonnen und entsprechend seines eigenen Temperamentes Partei ergriffen.

Wie geht es Ihnen? Gehören Sie zu denen, die Spaß haben wollen, spontan sind und Zeitpläne gerne ignorieren? Oder empfinden Sie eher, dass ein Leben ohne strengen Zeitplan keinen Spaß machen würde?

Wie immer Ihre Persönlichkeit auch gelagert ist, Sie werden in diesem Buch für alle Varianten Beispiele finden. Die Damen werden sich wieder finden und erkennen, warum es so schwierig ist, mit ihren Ehemännern zusammenzuleben. Die Herren werden schnell ihre Stärken erkennen und sich fragen, warum sie gerade die eine Frau unter all den vielen auf dieser großen weiten Welt geheiratet haben, die ihre Tugenden nicht zu schätzen weiß.

Wenn Sie aber am Ende dieses Buches angelangt sind, werden Sie sich gegenseitig anschauen und erkennen, was Gott sich dabei gedacht hat, als er Sie zusammenführte, damit Sie „glücklich bis an Ihr seliges Ende" zusammenleben.

Teil I

Den Rahmen schaffen

Ein Überblick über die vier Temperamente

Die verschiedenen Persönlichkeitstypen

Welche Temperamente gibt es eigentlich?

Jeder Mensch kommt mit seinen eigenen ererbten Wesenszügen auf die Welt. Diese Wesensmerkmale sind häufig eine Mischung unserer Vorfahren, aber sie müssen keine exakte Kopie einer anderen Person darstellen. Manchmal stellt die schüchterne, stille und bedachte Mutter überrascht fest, dass sie ein lautes, aggressives und streitlustiges Kind hat. Meine eigene Mutter sagte oft über mich: „Du bist genau wie Ruth!" (Das war nicht als Kompliment gemeint, denn ihre Schwester Ruth war als charmante Manipulationskünstlerin bekannt.)

Die meisten Ehepaare brauchen nicht lange, um festzustellen, dass sie unterschiedliche Persönlichkeitstypen sind. Häufig machen gerade diese Unterschiede die Ehe spannend, da jeder Ehepartner die einmalige Persönlichkeit des anderen genießen kann. Manchmal allerdings haben diese Unterschiede sehr verwirrende Auswirkungen und keiner kann nachvollziehen, wie der andere sich fühlt.

Eine Freundin schrieb mir einmal über eine Reise, die sie mit ihrer Familie ins Heilige Land unternommen hatte. Während ihrer Tour durch Israel, Jordanien und Ägypten hatte sie erleben müssen, wie sie mit Steinen beworfen wurde, außerdem hatte sie eine Lebensmittelvergiftung und eine Vergiftung durch verseuchtes Wasser durchzustehen gehabt. Darüber hinaus war ihr Sohn Jon einmal von Gummigeschossen getroffen und anderenorts dreimal von randalierenden Einwohnern geschlagen worden.

Als sie nach ihrer Rückkehr von ihrer Reise zu erzählen begannen, war sie überrascht darüber, wie unterschiedlich sie und ihr Ehemann die Dinge schilderten. Während sie über ihre dauernde Angst sprach, erzählte ihr Mann, welche Freude es ihm gemacht habe, an den vielen heiligen Orten rund um den See Genezareth und in Bethlehem beten zu können. Sie drückte ihre Erleichterung darüber aus, dass sie der gefährlichen Situation entronnen war, er wiederum empfahl seinen Zuhörern, selbst einmal in den Nahen Osten zu reisen, denn seine guten Erfahrungen hatten seine Erwartungen noch übertroffen und er hatte sich die ganze Zeit sicher gefühlt.

Wie können zwei Menschen so unterschiedliche Sichtweisen von ein und derselben Erfahrung haben?

Die ersten Forscher in Sachen Temperamentenlehre

Vor über 2.000 Jahren, noch bevor Christus über diese Erde ging, begann ein griechischer Philosoph und Physiker zu erkennen, dass die Menschen unterschiedlich sind. Hippokrates schrieb als Erster auf, dass sich die Menschen nicht nur durch Haar- und Augenfarbe und ihre Körperform voneinander unterscheiden, sondern auch durch ihr Temperament. Er versuchte diese Unterschiede zu erklären, indem er die Menschen entsprechend ihrer „Körperchemie" kategorisierte. Ungefähr 400 v.Chr. entdeckte er vier verschiedene Körpersäfte – Blut, gelbe Galle, Schleim und schwarze Galle – und schrieb diesen die unterschiedlichen Persönlichkeitstypen zu.

Jahrhunderte später, etwa 149 n.Chr., legte ein römischer Physiologe namens Galen eine Theorie über die Temperamente vor, die auf den Beobachtungen von Hippokrates basierte. Nach Galens Aussagen gibt es vier verschiedene Persönlichkeitsprofile oder Temperamente – Sanguiniker, Choleriker, Melancholiker und Phlegmatiker, je nachdem, wie hoch der Anteil der jeweiligen Flüssigkeit in einem menschlichen Körper ist.

Natürlich untersuchten nachkommende Wissenschaftler diese Ideen erneut und entdeckten, dass die vier Körpersäfte nicht wirklich für die Unterschiede im Verhalten verantwortlich sind. Aber trotz der Mängel in den Theorien von Hippokrates und Galen haben neuere Entwicklungen bewiesen, dass ihre Ansätze mehr Wahrheit enthalten, als bisher angenommen wurde. Auch wenn man davon ausgeht, dass unsere Persönlichkeiten nicht von den Körpersäften abhängen, zeigen aktuelle Arbeiten im Feld der Genomforschung, dass unsere Persönlichkeiten im Zusammenhang mit einer anderen physischen Quelle stehen: unseren Genen.

Neue Entdeckungen

Als ich 1968 mit meinen Studien über die Temperamente begann, gab es noch keine stichhaltigen Beweise darüber, dass unsere Persönlichkeit etwas mit unseren Genen zu tun haben könnte. Zwar war schon Hippokrates davon ausgegangen und ebenfalls C.G. Jung, weshalb auch ich glaubte, dass wir unsere Persönlichkeit erben, aber diese Theorien waren aktuell nicht bewiesen. Während der 90er-Jahre entdeckte dann schließlich ein Genetiker den Beweis. Er konnte vererbte menschliche Wesenszüge isolieren und die Temperamente gehörten zu den Anlagen, die man relativ leicht finden konnte.

Als neue Beweise für diese Theorie auftauchten, wurde ich immer begeisterter. Ich musste nicht länger nur hoffen, dass die Leute mir glauben würden. Ich konnte ihnen jetzt beweisen, dass wir mit einem bestimmten Persönlichkeitsmuster auf die Welt kommen. Ich konnte ihnen wissenschaftlich belegte Argumente dafür liefern, dass wir in gewisser Weise als „abgepackte" Persönlichkeit geboren werden.

Eine ganze Reihe von Leitartikeln wurde über die Genomforschung veröffentlicht. So las man am 3. Juli 2000 auf der Titelseite des *Time Magazine*: „Der Code ist geknackt. Historische Leistung revolutioniert die Medizin", und ein paar Monate später hieß es in derselben Zeitschrift: „Das Klonen von Menschen ist näher, als man bisher dachte" (am 19.02.2001). Große Nachrichtenmagazine und Zeitungen veröffentlichten Geschichten und Artikel über das Humangenomprojekt und dessen Bemühungen, das genetische Material nachzuzeichnen, das uns menschliche Wesen ausmacht. *USA Today* fasste diese erstaunlichen Entwicklungen in ihrer Ausgabe vom 12.02.2001 zusammen: „Die Geheimnisse des Lebens sind entschlüsselt: Das Humangenom ermöglicht umwerfende Deutungen."

Es ist tatsächlich umwerfend, sich über dieses überaus spannende Thema zu informieren. Kein menschliches Wesen hätte jemals die Idee entwickeln können, dass insgesamt 30.000 Gene ein menschliches Wesen prägen. Und doch waren unsere griechischen Freunde nicht völlig im Irrtum mit ihrem Verdacht, dass die menschliche Persönlichkeit mit unserer physischen Gestalt in Zusammenhang steht. Auch wenn wir heutzutage wissen, dass die Persönlichkeit nicht durch den unterschiedlichen Gehalt der vier Körperflüssigkeiten bestimmt ist, haben wir doch den Beweis, dass unsere Temperamente durch die physische Kombination unserer Gene verursacht werden.

Der wunderbare Schöpfer

Wenn wir die erstaunlichen Entdeckungen der modernen Wissenschaft betrachten, dürfen wir nie den einen vergessen, der diese Geheimnisse geschaffen hat.

„Man kann Gott nicht auf die Füße treten", sagt Neale Donald Walsch in seinem Buch *Conversations with God* (Gespräche mit Gott). Bezug nehmend auf seine Studien der Genomwissenschaft erklärt er: „Ich glaube, Gott lächelt still vergnügt über unser Erstaunen über diese eher primitiven Offenbarungen, ähnlich, wie wir darüber lächeln, wenn ein Kind zum ersten Mal das kleine Einmaleins meistert."*

Gott mag wohl wirklich still in sich hineinlachen, wenn wir unser Neugeborenes zum ersten Mal anschauen. „Er hat meine blauen Augen, deine langen Finger ..." Wir erwarten, dass unsere Kinder uns ähnlich sind, aber wir denken selten in Begriffen von Genetik oder Gott darüber nach. Zum Glück müssen wir nicht alle komplexen Zusammenhänge der Genetik verstehen. Wir haben einen genialen Gott, dessen Wege höher sind, als wir es uns mit unserem begrenzten Denken vorstellen können. Er kann von jedem Elternteil Gene nehmen, sie vermischen und eine einmalige Kreation daraus machen.

Gott hat uns nicht als Wesen mit einem leeren Geist geschaffen, den der Geburtshelfer bei der Geburt auffüllt. Wer weiß, wie wir wären, wenn es von Menschen abhinge? Wenn er einen schlechten Tag hätte, könnte es passieren, dass er nur Menschen ins Leben verhilft, die Ärger machen. An einem guten Tag würde er vielleicht nur kleine Engel herstellen.

Die Jahre der Forschung im Bereich der Genetik haben die Hypothese von Hippokrates bestätigt, dass wir unsere Farbe, Form, Fähigkeiten und, was für unsere Untersuchung hier am wichtigsten

---

* USA Today, 12. Februar 2001

ist, unsere Persönlichkeit ererben. Es ist erstaunlich, aber wahr, dass Gott jede Person aus einer einzigartigen Kombination von Tausenden von Genen geschaffen hat. In Anbetracht dieser vielen neuen Beweise für unsere vererbten Wesenszüge müssen sich sogar Atheisten fragen, wer sich das alles ausgedacht hat.

Die berühmten vier

Die beliebten Sanguiniker

Die allseits beliebten Sanguiniker haben ein fröhliches, sonniges Gemüt, gehen gern aus sich heraus und wirken auf andere anziehend, weil sie sich immer zu amüsieren scheinen. Es sind die Leute, die an ihrem Auto den Aufkleber „Heute schon gelacht?“ kleben haben. Häufig vergessen sie, wo sie eigentlich hinwollten, sie verlieren ihre Schlüssel und neigen dazu, zu viel zu reden. Aus einer kleinen Begebenheit können sie eine Seifenoper machen, die mit jeder Wiederholung der Erzählung an Dramatik gewinnt. Sie haben Humor und Fantasie und lassen eine gute Geschichte nie von der Wahrheit einschränken. Stattdessen sagen sie ehrlichen Herzens, sie lügen nicht, sondern erinnern sich nur auf kreative Weise.

Sanguiniker verlangen Aufmerksamkeit, Anerkennung, Zustimmung und wollen von allen akzeptiert werden. Diese lebhaften Menschen sorgen für Lachen und Weinen in fast jeder Situation. Sie lieben das Rampenlicht und motivieren gerne andere. Darüber hinaus bestimmen sie das Gespräch und schließen innerhalb einer Gruppe mit jedem auf der Stelle dicke Freundschaft. Sanguiniker sind fast immer optimistisch und charmant. Allerdings sind sie wenig organisiert, sehr emotional und übersensibel für das, was andere über sie denken.

Von einem Sanguiniker sagt man, dass er „ununterbrochen redet“ oder „nie einem Fremden begegnet“. Sanguiniker sind „Redner“.

Der perfekte Melancholiker

Im Gegensatz zum Sanguiniker, der immer Spaß haben will, ist der Melancholiker ruhiger, tiefgründiger, introvertierter, ernsthafter und perfektionistisch. Üblicherweise heiraten Sanguiniker gerade diese gegensätzlichen Charaktere. Das Motto der Melancholiker lautet: „Wenn schon, dann aber richtig!“ Sie haben Schwierigkeiten, ihre eigenen Fehler zu erkennen, weil sie von vornherein meinen, alles richtig zu machen, und immer erklären können, dass der Fehler nicht bei ihnen, sondern bei jemand anderem liegt. Sie fühlen sich veranlasst, ihren sanguinischen Ehepartner zu korrigieren, wenn er mal wieder Statistiken beeindruckend schönt oder eine Geschichte mit spannenden Details ausschmückt.

Ihr Ziel ist die Perfektion und so gehen sie häufig niedergeschlagen, entmutigt und deprimiert über die Sünden ihrer Mitmenschen durchs Leben – wobei sie die Mängel ihrer Ehepartner natürlich am meisten bedrücken. „Was ist nur mit dir los?“, fragen sie häufig.

Melancholiker brauchen Einfühlungsvermögen und Unterstützung von anderen Menschen. Und sie brauchen Raum und Ruhe zum Nachdenken, bevor sie reden, schreiben oder handeln. Sie sind aufgabenorientiert, vorsichtig und gut organisiert. Diese Perfektionisten gedeihen durch Ordnung. Man kann sich auf sie absolut verlassen, denn sie erfüllen ihre Aufgaben stets rechtzeitig. Leider macht ihr Perfektionismus sie kritisch oder pessimistisch. Und sie machen sich mit ihrem Streben, sich an ihren eigenen hohen Maßstäben zu messen, zunehmend selbst verrückt.

Über Melancholiker sagt man: „Sie hat immer alles geregelt“ oder: „Er ist so ein Perfektionist.“ Melancholiker sind „Denker“.

Der willensstarke Choleriker

Während der Melancholiker lediglich denkt, er sei im Recht, weiß der Choleriker einfach, dass er Recht hat. Auch wenn jeder im Raum anderer Meinung ist, verfolgt der Choleriker sein Ziel und erreicht es auch. Jede Opposition fördert seine Entschlossenheit nur noch. Diese Menschen, männlich oder weiblich, jung oder alt, sind darauf programmiert, eher ihre eigene Meinung durchzusetzen, als sich mit anderen zu arrangieren oder dafür zu sorgen, dass die anderen sie mögen. Es hat wenig Zweck, mit so einer Person zu streiten. Man hat einfach keine Chance. In einer Gruppe übernehmen Choleriker den Vorsitz, ziehen Aufgaben durch und verschwenden keine Zeit mit närrischem Geschwätz. Sie sind die dynamischen Leiter im Leben und ihr Motto entspricht dem Werbeslogan der Firma Nike: „Just do it“ (Tu's einfach!).

Choleriker suchen bei anderen Loyalität und Wertschätzung. Sie bemühen sich, jeden und alles zu kontrollieren, und erwarten Anerkennung für das, was sie erreichen. Sie lieben Herausforderungen und schrecken vor Schwierigkeiten nicht zurück. Ihre Selbstdisziplin und Konzentrationsfähigkeit machen sie zu guten Führungskräften. Allerdings können ihr innerer Ansporn und ihre Zielstrebigkeit sie in die Arbeitssucht treiben. Sie werden dadurch leicht rechthaberisch, stur und unsensibel für die Empfindungen ihrer Mitmenschen.

Von Cholerikern kann man sagen: „Wenn du das erledigt haben willst, wende dich an sie/ihn.“ Man nennt sie auch „Macher“.

Der friedliebende Phlegmatiker

Die willensstarken Choleriker tendieren zu phlegmatischen Menschen, die ihnen zustimmen und ihnen keine Schwierigkeiten machen. Es ist nicht so, dass es den Phlegmatikern an Schlauheit fehlt; sie sind sogar schlauer als die anderen. Sie wissen, dass eine angenehme, liebenswürdige Persönlichkeit andere dazu bringen kann, ihre Arbeit zu übernehmen. Sie überlegen immer, wie sie ihre Kräfte sparen können, und meinen, wenn sie etwas lange genug ignorieren, wird es schon jemand anders erledigen. Sie sind angenehme und diplomatische Zeitgenossen, aber sie sind für die meisten Choleriker nicht schnell genug. In der Ehe nörgeln die Choleriker ständig an ihren phlegmatischen Ehepartnern herum, sie sollten schneller arbeiten, aber die Phlegmatiker lernen, auf diesem Ohr nicht hinzuhören, und bleiben ihrem eigenen Motto „Nur nicht unnötig Kraft verschwenden“ treu.

Phlegmatiker scheuen das Risiko, Herausforderungen und Überraschungen. Sie brauchen Zeit, sich an Veränderungen zu gewöhnen. Obwohl sie Stress im Allgemeinen meiden, können sie unter Druck gut arbeiten. Doch ihr Mangel an Disziplin und Motivation lässt sie oft Dinge vor sich herschieben, wenn sie keine starke Führung haben.

Phlegmatiker sind reserviert und gehen doch gern unter Menschen. Sie haben nicht das Bedürfnis, so viel zu reden wie die Sanguiniker, aber sie besitzen einen gewissen Witz und sagen oft das

Richtige zum richtigen Zeitpunkt. Sie sind beständig und stabil. Ihr Sicherheitsbedürfnis schafft auch für Ehepartner und Kinder Sicherheit und Geborgenheit. Sie suchen Frieden und Ruhe und vermitteln lieber, als dass sie kämpfen. Diese loyalen Typen sorgen gut für ihre Familien und stehen Hilfe suchenden Menschen gerne bei.

Über den Phlegmatiker sagt man Dinge wie: „Er ist ein so netter Typ" oder: „Sie ist ein feiner Mensch". Man bezeichnet sie auch als „Beobachter".

Die folgende Übersicht fasst noch einmal die grundlegenden Eigenschaften der einzelnen Persönlichkeitstypen zusammen:

Beliebte Sanguiniker Grundbedürfnis: Spaß haben Emotionale Bedürfnisse: Aufmerksamkeit, Zuwendung, Zustimmung, Akzeptanz Kontrollieren durch: Charme	**Führung** extrovertiert • optimistisch aufgeschlossen	**Willensstarke Choleriker** Grundbedürfnis: Kontrolle ausüben Emotionale Bedürfnisse: Loyalität, Wertschätzung, Honorierung ihrer Arbeit Kontrollieren durch: Drohen mit Ärger
Spiel humorvoll • umgänglich nicht zielorientiert		**Arbeit** entschlussfreudig organisiert • zielorientiert
Friedliebende Phlegmatiker Grundbedürfnis: Frieden halten Emotionale Bedürfnisse: Ruhe und Frieden, Wertschätzung, keinen Stress, Respekt Kontrollieren durch: Zögern und Zaudern	**Analyse** introvertiert • pessimistisch verschlossen	**Perfektionistische Melancholiker** Grundbedürfnis: Perfektion Emotionale Bedürfnisse: Sensibilität, Unterstützung, Raum, Stille Kontrollieren durch: Launenhaftigkeit

Sich ergänzende Persönlichkeitsprofile

Jeder Mensch hat von Geburt an eine Veranlagung für eines oder mehrere dieser vier Persönlichkeitsprofile. Die meisten von uns haben eine Kombination aus zwei Temperamenten. Manchmal sind sie ausgewogen vorhanden, aber in den meisten Fällen überwiegt eines der Temperamente.

Es gibt vier natürliche Kombinationen aus der oben abgebildeten Grafik der vier Grundtemperamente. Die obere Kombination sanguinisch und cholerisch ist eine natürliche Zusammensetzung, denn Menschen mit diesen Persönlichkeitsprofilen sind optimistisch, sie gehen aus sich heraus und sagen, was sie denken. Diese Kombination ergibt einen sehr begeisterungsfähigen Menschen, der durch andere angespornt wird. Sanguinisch-cholerische Ehepartner sind immer für Spaß zu haben und bestimmen gerne.

Die untere Kombination melancholisch und phlegmatisch ist ebenfalls eine natürliche Zusammensetzung, denn beide Persönlichkeitstypen sind introvertiert, pessimistisch und zurückhaltend. Ein melancholisch-phlegmatischer Ehepartner möchte die Dinge perfekt haben, aber nur, wenn das nicht mit zu viel Arbeit verbunden ist. Ein melancholischer Phlegmatiker ist nicht leicht zu begeistern und lebt eher zurückgezogen. Der Umgang mit diesen Menschen ist ziemlich kräftezehrend. Wenn sie gut gelaunt und friedfertig sind, erledigen melancholische Phlegmatiker ihre Arbeit perfekt und pünktlich. Es gibt aber auch Zeiten, da raubt ihre pingelige Art den anderen jede Freude. Sie sind zu deprimiert und zu schwermütig, um irgendetwas auf die Reihe zu bekommen.

Die Persönlichkeitstypen auf der rechten Seite – Choleriker und Melancholiker – ergänzen sich zu einer sehr zielorientierten Person. Der cholerisch-melancholische Ehepartner möchte für alles zuständig sein und die Dinge perfekt erledigt haben. Diese Typenkonstellation macht einen Menschen zu einem Erfolgstyp, der seine Aufgaben schnell und perfekt erledigt. Dabei kann er allerdings ziemlich rechthaberisch und manipulierend werden und ist enttäuscht, dass sonst keiner seine Arbeit richtig oder pünktlich tut.

Die Temperamente auf der linken Seite – Sanguiniker und Phlegmatiker – passen ebenfalls gut zusammen. Menschen mit dieser Kombination sind sehr beziehungsorientierte Personen. Der sanguinisch-phlegmatische Ehepartner amüsiert sich gern, aber nur, wenn er dazu nicht erst irgendwohin gehen muss. Ein Mensch mit dieser Kombination ist sehr beliebt und schnell jedermanns bester Freund – weil er den Spaß des Sanguinikers und die angenehme, leicht umgängliche Art des Phlegmatikers in sich vereint. Es kann allerdings sein, dass er zu Disziplinlosigkeit und Sarkasmus neigt und nicht bereit ist, irgendetwas zu tun. Er vergisst schnell seine Pflichten, ist allerdings geschickt darin, sie auf charmante Weise an andere zu delegieren.

Können Gegensätze eins werden?

Jeder von uns wurde mit einem bestimmten Temperament oder einer natürlichen Kombination verschiedener Temperamente geboren. Bei einigen Menschen sind jedoch offensichtlich Wesenszüge gegensätzlicher Temperamente vereint. Vielleicht empfinden Sie sich zu Hause als friedliebender Phlegmatiker. Sobald Sie aber ins Büro kommen, werden Sie ein willensstarker Choleriker. Oder Sie organisieren zwanghaft alles um sich herum, wie man es von perfektionistischen Melancholikern erwartet, aber in Ihrer Freizeit stehen Sie am liebsten im Mittelpunkt und unterhalten die ganze Gesellschaft. Wie ist so etwas möglich? Können gegensätzliche Temperamente tatsächlich zusammenpassen?

Wenn die beiden Seiten eines Menschen Gemeinsamkeiten aufweisen, so wie die Kombination sanguinisch und cholerisch beziehungsweise melancholisch und phlegmatisch, ergibt sich eine relativ ausgeglichene Mischung. Im Gegensatz dazu verbindet der sanguinische Melancholiker oder der cholerische Phlegmatiker in einer Person sehr gegensätzliche Wesenszüge, introvertierte und extrovertierte Natur, Optimismus und Pessimismus, Begeisterungsfähigkeit und kühle Distanz. Folglich sind diese Menschen weniger ausgeglichen und erleben, dass einmal die eine Seite ihrer Persönlichkeit die Oberhand hat und ein anderes Mal die andere.

Es ist zwar richtig, dass viele Menschen mit gegensätzlichen Temperamenten *funktionieren*, jedoch *besitzen* sie diese Wesensart meistens nicht. In einigen Fällen erwerben wir gewisse Eigenschaften eines nicht zu uns passenden Temperamentes. Wenn wir die Verhaltensweisen und die Motivation der verschiedenen Temperamentstypen nicht ausreichend verstehen, neigen wir zu der Annahme, dass nur Melancholiker gut organisiert sind (obwohl das bei Cholerikern auch der Fall ist) und dass nur Choleriker starke Führungsqualitäten haben (andere können diese Eigenschaft jedoch auch erwerben).

Auch können viele von uns Lebensbereiche erkennen, in denen wir gelernt haben, auf eine bestimmte Art und Weise zu handeln, ohne in dieser Situation auf unsere natürliche Neigung zu achten. Kurz gesagt: Wir müssen lernen, zwischen unserer natürlichen Wesensart und unserer erworbenen Wesensart zu unterscheiden, wenn wir unser eigentliches Persönlichkeitsprofil entdecken wollen. Tun wir das nicht, überlassen wir uns einem Temperament, das wir in Wirklichkeit gar nicht besitzen. Wir setzen eine Maske auf, die unsere echte Persönlichkeit verbirgt, eine falsche präsentiert und uns letztendlich kaputtmacht.

Welches Persönlichkeitsprofil habe ich?

Inzwischen haben Sie wahrscheinlich sich selbst und andere in den Beschreibungen wieder erkannt. Wir gewinnen schnell eine Vorstellung davon, welches Temperament wir haben. Bevor wir aber die Persönlichkeit unseres Ehepartners unter die Lupe nehmen, sollten wir uns vor allem erst einmal selbst betrachten.

Um herauszufinden, welche Kombination der vier Temperamente Ihre Persönlichkeit prägt, können Sie den nachfolgenden Fragebogen benutzen. In jeder der nachfolgenden Rubriken stehen vier Begriffe. Kreuzen Sie nun in jeder Zeile den Begriff an, der am ehesten auf Sie zutrifft. Lassen Sie bitte keine der vierzig Zeilen aus! Wenn Sie sich nicht sicher sind, welche Eigenschaft Sie am besten beschreibt, fragen Sie Ihren Ehepartner oder einen Freund. Um zu einem exakteren Ergebnis zu kommen, können Sie außerdem die Wortdefinitionen in Anhang B benutzen.

Bestimmungsbogen

Stärken				
1	abenteuerlustig	anpassungsfähig	lebhaft	analytisch
2	hartnäckig	verspielt	überzeugend	friedlich
3	kompromissbereit	aufopferungsvoll	gesellig	willensstark
4	rücksichtsvoll	beherrscht	ehrgeizig	überzeugend
5	erfrischend	respektvoll	zurückhaltend	einfallsreich
6	zufrieden	sensibel	selbstständig	temperamentvoll
7	vorausplanend	geduldig	positiv	fördernd
8	sicher	spontan	organisiert	schüchtern
9	ordentlich	verbindlich	direkt	optimistisch
10	freundlich	treu	lustig	energisch
11	kühn	reizvoll	diplomatisch	genau
12	fröhlich	beständig	kultiviert	selbstbewusst
13	idealistisch	unabhängig	harmlos	anregend
14	überschwänglich	entscheidungs-freudig	humorvoll	tiefgründig
15	vermittelnd	musikalisch	antreibend	kontaktfreudig
16	aufmerksam	hartnäckig	gesprächig	tolerant
17	geduldig	loyal	führend	lebhaft
18	genügsam	bestimmt	planend	nett
19	perfektionistisch	angenehm	produktiv	beliebt
20	munter	mutig	wohlerzogen	ausgeglichen

Schwächen				
21	unauffällig	schüchtern	unverschämt	herrisch
22	undiszipliniert	unsympathisch	begeisterungslos	unversöhnlich
23	starr	ärgerlich	widerspenstig	wiederholend
24	kleinlich	ängstlich	vergesslich	zu direkt
25	ungeduldig	unsicher	unschlüssig	behindernd
26	unbeliebt	unbeteiligt	unberechenbar	abweisend
27	dickköpfig	willkürlich	anspruchsvoll	zögernd
28	spröde	pessimistisch	stolz	nachgiebig
29	reizbar	ziellos	streitsüchtig	kontaktscheu
30	naiv	schwarzseherisch	dreist	lässig
31	sorgenvoll	verschlossen	arbeitssüchtig	ehrgeizig
32	übersensibel	taktlos	zaghaft	redselig
33	zweifelnd	unorganisiert	dominierend	deprimiert
34	inkonsequent	introvertiert	intolerant	gleichgültig
35	oberflächlich	launisch	muffelig	manipulierend
36	langsam	stur	angeberisch	skeptisch
37	einzelgängerisch	überheblich	faul	aufdringlich
38	träge	misstrauisch	aufbrausend	zerstreut
39	rachsüchtig	rastlos	widerwillig	unbesonnen
40	wetterwendisch	kritisch	arglistig	unbeständig

Übertragen Sie nun all Ihre Kreuze zu den entsprechenden Begriffen auf dem nachfolgenden Auswertungsbogen. Addieren Sie anschließend die Gesamtzahl der Kreuze in jeder Rubrik und zuletzt die Gesamtsumme der Stärken und Schwächen.

Auswertungsbogen

Stärken				
	Sanguiniker	**Choleriker**	**Melancholiker**	**Phlegmatiker**
1	lebhaft	abenteuerlustig	analytisch	anpassungsfähig
2	verspielt	überzeugend	hartnäckig	friedlich
3	gesellig	willensstark	aufopferungsvoll	kompromissbereit
4	überzeugend	ehrgeizig	rücksichtsvoll	beherrscht
5	erfrischend	einfallsreich	respektvoll	zurückhaltend
6	temperamentvoll	selbstständig	sensibel	zufrieden
7	fördernd	positiv	vorausplanend	geduldig
8	spontan	sicher	organisiert	schüchtern
9	optimistisch	direkt	ordentlich	verbindlich
10	lustig	energisch	treu	freundlich
11	reizvoll	kühn	genau	diplomatisch
12	fröhlich	selbstbewusst	kultiviert	beständig
13	anregend	unabhängig	idealistisch	harmlos
14	überschwänglich	entscheidungs-freudig	tiefgründig	humorvoll
15	kontaktfreudig	antreibend	musikalisch	vermittelnd
16	gesprächig	hartnäckig	aufmerksam	tolerant
17	lebhaft	führend	loyal	geduldig
18	nett	bestimmt	planend	genügsam
19	beliebt	produktiv	perfektionistisch	angenehm
20	munter	mutig	wohlerzogen	ausgeglichen
Summe				

Schwächen				
	Sanguiniker	**Choleriker**	**Melancholiker**	**Phlegmatiker**
21	unverschämt	herrisch	schüchtern	unauffällig
22	undiszipliniert	unsympathisch	unversöhnlich	begeisterungslos
23	wiederholend	widerspenstig	ärgerlich	starr
24	vergesslich	zu direkt	kleinlich	ängstlich
25	behindernd	ungeduldig	unsicher	unschlüssig
26	unberechenbar	abweisend	unbeliebt	unbeteiligt
27	willkürlich	dickköpfig	anspruchsvoll	zögernd
28	nachgiebig	stolz	pessimistisch	spröde
29	reizbar	streitsüchtig	kontaktscheu	ziellos
30	naiv	dreist	schwarzseherisch	lässig
31	ehrgeizig	arbeitssüchtig	verschlossen	sorgenvoll
32	redselig	taktlos	übersensibel	zaghaft
33	unorganisiert	dominierend	deprimiert	zweifelnd
34	inkonsequent	intolerant	introvertiert	gleichgültig
35	oberflächlich	manipulierend	launisch	muffelig
36	angeberisch	stur	skeptisch	langsam
37	aufdringlich	überheblich	einzelgängerisch	faul
38	zerstreut	aufbrausend	misstrauisch	träge
39	rastlos	unbesonnen	rachsüchtig	widerwillig
40	unbeständig	arglistig	kritisch	wetterwendisch
Summe				
Gesamtsumme				

Nun können Sie erkennen, welcher Persönlichkeitstyp Sie überwiegend sind. Und Sie werden außerdem feststellen, welche Anteile anderer Persönlichkeitstypen Sie in sich vereinen. Wenn Sie in der Rubrik Choleriker sowohl bei den Stärken als auch bei den Schwächen jeweils 35 Punkte erzielen, gibt es keinen Zweifel. Sie sind durch und durch ein willensstarker Choleriker. Aber wenn Sie zum Beispiel 16 Kreuze unter Choleriker und 14 Kreuze unter Melancholiker zählen und fünf weitere Kreuze irgendwo verteilt sind, sind Sie ein willensstarker Choleriker mit einem starken Anteil eines perfektionistischen Melancholikers.

In Anhang C finden Sie eine weitere Ausgabe des Test- und Auswertungsbogens, damit auch Ihr Ehepartner sein Profil erstellen kann.

Neue Charaktere

Nachdem Suzie das Seminar für christliche Leiter, Autoren und Redner besucht und etwas über die verschiedenen Persönlichkeitstypen gelernt hatte, kam sie begeistert auf mich zu und sagte: „Diese Information kann man wirklich überall anwenden. In der Ehe, in der Familie und im Berufsleben!“ Suzie war Frisörin und hatte täglich mit den unterschiedlichsten Menschen zu tun. Sie sagte, sie sei nie in der Lage gewesen, die Unterschiede zwischen ihren Kunden so recht zu verstehen. Sie wusste wohl, dass manche ziemlich seltsam waren, aber sie konnte sich nicht erklären, warum.

Später erläuterte sie, wie ihr ihr neues Wissen über die Temperamente dabei half zu verstehen, auf welche Weise ihre Kunden Informationen verarbeiteten. Erst als sie begriffen hatte, wie die Menschen gestrickt waren, war sie in der Lage, sich auf völlig neue Art und Weise um sie zu kümmern. Suzie selbst war Cholerikerin und als solche schnell, ergebnisorientiert und bemüht, ihre Arbeiten zügig zu erledigen. Doch nun lernte sie, einen Gang zurückzuschalten und einem melancholischen Kunden alles in Ruhe zu erklären. Sie vermittelte den phlegmatischen Kunden ein Gefühl der Sicherheit, indem sie ihnen gute Tipps gab, wie sie mit ihren Haaren besser zurechtkommen konnten. Für die Sanguiniker, die immer zu spät, dafür aber mit den neuesten Nachrichten in den

Salon kamen, machte sie die Termine immer fünfzehn Minuten früher, sodass sie trotz der Verspätung ihrer lebhaften Kunden im Zeitplan blieb. Außerdem bedachte sie bei den sanguinischen Kunden, dass für sie eine langweilige Allerweltsfrisur erst gar nicht in Frage kam; sie musste ungewöhnlich sein und einfach Spaß machen!

Sobald wir anfangen, uns der Temperamente bewusst zu werden, wird jeder Mensch, dem wir begegnen, ein lebendes Objekt, an dem wir mehr über die verschiedenen Persönlichkeitstypen lernen können. Und erst wenn wir uns ein Verständnis von den angeborenen Temperamenten erarbeitet haben, können wir sehen, warum sogar Menschen aus der gleichen Familie unterschiedlich funktionieren. Jeder hat seine eigene Mischung aus 30.000 Genen.

Nicht zuletzt ist eine Einteilung in vier Typen eine große Erleichterung, wenn man sich aufmacht und versucht, mit Menschen, die ganz anders sind als man selbst, zurechtzukommen. Im nächsten Kapitel werden wir uns besonders damit beschäftigen, warum ein besseres Verständnis der vier Persönlichkeitsmuster vor allem in der Ehe wichtig ist.

Der Rhythmus einer guten Ehe

Welchen Einfluss haben die Temperamente?

In einem Artikel, der kürzlich in der *Desert Sun* erschien, sagte Gerald Ford Folgendes über seine über fünfzigjährige Ehe mit seiner Frau Betty: „Ich bin sehr optimistisch, was meine Ehe angeht, und das hat sich in Form von fünfzig Jahren großen Glücks ausgezahlt. Wir haben grundsätzlich die gleiche Weltanschauung. Wir kennen unsere unterschiedlichen Temperamente und sind daher in der Lage, mit unseren Unterschieden vernünftig umzugehen.“

Mit dieser Aussage bestätigt Ford, dass wir ohne ein Bewusstsein und Wissen über die verschiedenen Temperamente einander weder verstehen noch Lösungen für unsere Probleme finden können. Es ist gut möglich, dass wir unseren Ehepartner bei der Hochzeit zwar emotional lieben, dabei jedoch nicht wissen, wie er tatsächlich denkt. Wenn dann die Leidenschaft abkühlt und der Alltagstrott Einzug hält, brauchen wir eine über unsere Gefühle hinausgehende Methode, mit der wir den anderen verstehen können. Ohne dieses Verständnis bricht die Kommunikation ab und wir werden entweder wütend oder die Beziehung friert ein und wir reden gar nicht mehr miteinander. Diese natürlichen Reaktionsweisen führen dazu, dass beide Ehepartner sich unzufrieden und allein gelassen fühlen.

Zum Glück hat Gott uns mit der Fähigkeit gesegnet, die verschiedenen Temperamente zu erkunden. Dieses Verständnis kann Ehepaaren eine Menge Kummer ersparen und sie vor einer schwankenden Beziehung schützen.

Die Ehe als Schaukelbeziehung

In meiner Kindheit hatten wir einfache Spielsachen, die uns ein gewisses Maß an Aktivität und Kreativität abverlangten. Es gab weder Fernsehen noch Videospiele, bei denen wir die Welt auf Knopfdruck verändern konnten. Meine Freundin Peggy hatte eine Wippe.

Es war offensichtlich für uns, dass wir nicht beide gleichzeitig auf dem oberen Ende der Wippe sitzen konnten. War die eine oben, war die andere unten. Die Kunst dieses Spiels bestand darin, die Balance zu finden. Aber das hielt nie lange, denn sobald eine von uns beiden sich unabhängig von der anderen bewegte, gerieten wir aus dem Gleichgewicht. Eine war wieder oben, die andere unten.

Dieses Spiel ist einer Ehe ganz ähnlich. Einer von uns ist oben, der andere unten, und wir wippen hin und her, ohne dass wir lange das Gleichgewicht halten können. Die Momente der Harmonie vermitteln Hoffnung – wir lieben uns wirklich –, aber es reicht nur eine unbedachte Bemerkung unseres Partners und wir fühlen uns wieder niedergeschlagen. Wir sind verletzt und der andere fühlt sich schuldig.

Diese negativen Gefühle von Verletzung und Schuld löschen jede Leidenschaft aus und lassen uns an der Liebe zweifeln. Wir beginnen zu denken: *Ach, vergiss doch lieber, dass diese Ehe je funktionieren wird. Andere Leute scheinen mich zu mögen, wie ich bin. Warum soll immer ich es sein, die sich ändern muss*? Schließlich haben wir es satt, am unteren Ende der Wippe zu sitzen, und beschließen abzuspringen. Aber wir erkennen nicht, wie hart der Aufprall für unseren Ehepartner sein wird. Wenn er sich dann aufrappelt und spürt, wie sein verletztes Ego schmerzt, sagt er: „Das war's! Ich spiel dieses Spiel nie wieder!"

Die Höhen und Tiefen einer Ehe sind schon schwierig genug zu bewältigen, aber wenn keiner von beiden am Spiel weiterhin teilnehmen will, dann besteht nur noch wenig Hoffnung. Nur ein besseres Verständnis von der Persönlichkeit Ihres Partners wird Ihnen neue Regeln zur Verfügung stellen, mit denen Sie das Spiel neu beginnen können. Der Preis, der in Aussicht steht, ist Frieden für beide. Kein weiteres Auf und Ab, kein Runterwerfen des anderen, keine Verletzungen, keine Schuldgefühle. Stattdessen können Sie Ihre Ehe im Gleichgewicht halten, die Wippe verschenken und das lohnende Spiel der Liebe spielen.

Eine unglückliche Ehe kann Sie krank machen

Leider erkennen viele Menschen nicht, wie wichtig es ist, daran zu arbeiten, dass die „Wippe" ihrer Ehe im Gleichgewicht bleibt. Das

Streben nach diesem Gleichgewicht schafft nicht nur Freude in Ihrer Beziehung, sondern kann die einzelnen Personen auch vor einer Menge Kummer und Schmerzen bewahren.

Am 12. Februar 2001 schrieb die *USA Today* in einer Überschrift: „Eine unglückliche Ehe kann krank machen." Ich wurde gleich neugierig, als ich den Titel las, weil ich aus eigener Erfahrung wusste, dass diese Aussage stimmte. Über 30 Jahre hatte ich schon mit unglücklichen Ehepartnern zu tun und 50 Jahre mit meiner eigenen Ehe. Als ich den Artikel las, fand ich Zitate aus verschiedenen Studien mit Ehepaaren, die alle Ähnliches aussagten: Eine glückliche Ehe bewahrt Frauen vor Schlaganfällen und Herzinfarkten nach der Menopause, wenn das Risiko dafür stark ansteigt. Umgekehrt fördert eine unglückliche Ehe diese Form von Attacken. Es war sogar an den Ultraschalluntersuchungen der Arterien dieser Frauen abzulesen, ob sie in einer glücklichen oder in einer unglücklichen Beziehung zu ihrem Partner lebten.

Die Experten vermuten, dass dies folgende Ursachen hat: Wenn Frauen meinen, sie würden ihren inneren Schmerz verdrängen, nimmt ihr Körper diesen Schmerz in Wirklichkeit auf und reagiert darauf negativ. Deshalb kann jeder Konflikt in der Ehe den Blutdruck erhöhen. Und es gibt noch weitere Symptome einer schlechten Ehe, und zwar extreme Gewichtszunahme, fehlende körperliche Ertüchtigung und eine gleichgültige Einstellung zum eigenen Aussehen. Nach den Erkenntnissen der Psychologin Janice Kiecolt-Glaser von der Ohio State University regen verbale Konflikte Frauen mehr auf als Männer und machen sie häufiger krank, weil „Frauen auf die Interaktionen innerhalb einer Ehe physisch viel mehr reagieren. Sie können sich im Detail an jede Auseinandersetzung erinnern."

Leider gibt es keine einfachen Lösungen für die Spannungen, die in einer Ehe auftreten. Fred und ich haben jedoch bei unserer Arbeit mit Ehepaaren bei denjenigen positive Veränderungen feststellen können, die erkannten, dass Menschen mit einer bestimmten Persönlichkeit geboren werden. Unglückliche Ehen können also vermieden werden, wenn diese Paare etwas über die verschiedenen Temperamente lernen und wenn sie entdecken, dass sie einander nicht bekämpfen müssen und dass die Tatsache, dass sie unterschiedlich sind, nicht bedeutet, dass einer von beiden falsch liegt.

Eine gute Ehe tut Ihnen gut

Wenn unglückliche Ehen krank machen, macht eine gute Ehe dann gesund? Oder wäre es nicht besser, ganz allein zu bleiben? Bei einem Seminar, das ich kürzlich hielt, zitierte ich einen Artikel, in dem es heißt: „Verheiratete Menschen leben länger als Singles."

Als ich eine kurze Pause machte, rief ein Schlaumeier: „Wir leben nicht wirklich länger. Es erscheint uns nur länger."

Nach zehn Jahren Forschung stellen die Autoren eines neuen Buches mit dem Titel *The Case for Marriage* (Argumente für die Ehe) anhand von Statistiken klar, dass im Gegensatz zur Meinung dieses Mannes verheiratete Paare wirklich länger, glücklicher und gesünder leben. In ihren groß angelegten und über lange Zeit durchgeführten Untersuchungen stellten sie fest, dass Männer, die 48 Jahre alt und verheiratet sind, mit 90-prozentiger Wahrscheinlichkeit mit 65 Jahren noch am Leben sind. Bei allein stehenden und geschiedenen Männern liegt die Wahrscheinlichkeit nur noch bei 60 Prozent.

Und im Gegensatz zu dem Mythos, dass eine Scheidung dem Einzelnen Erleichterung und Glück verschafft, gaben nur 18 Prozent der geschiedenen Menschen in ihrer Studie an, glücklich zu sein. „Es geht ihnen finanziell eher schlecht, sie haben mehr mit Depressionen und Suchtmitteln zu kämpfen. Und abgesehen von Gewalt und extremen Problemen zu Hause gibt es auch für die Kinder keine positiven Auswirkungen, sondern nur Risiken."*

Die Autorinnen Linda J. Waite und Maggie Gallagher betonen, dass wir die Lüge akzeptiert haben, dass Scheidung kein Problem sei und den Kindern nicht wehtue. Wir haben uns selbst so sehr etwas vorgemacht, dass wir uns auf der Kippe zu einer „Post-Ehe-Kultur" befinden, in der wir nicht mehr glauben, dass eine Ehe dem Einzelnen und der Gesellschaft im Ganzen etwas bringt. Die Ergebnisse von Gallaghers und Waites Studie überraschen nicht, wenn man betrachtet, wie Gottes Plan für die Ehe in seinem Wort beschrieben ist. Er hat uns so geschaffen, dass wir in verbindlichen Ehen glücklich leben können. Wenn wir diesen göttlichen Plan für die Familie missachten, werden wir zudem keine positiven Resultate ernten können.

---

* Linda J. Waite, Maggie Gallagher, The Case for Marriage, Doubleday, 2000

In dem Wissen darum, dass eine Scheidung weder eine glückliche noch eine gesunde Option ist, lautet die Frage: Was können wir tun, um an unserer Ehe mehr Freude zu haben?

Ich schreibe über die vier Temperamente mit dem Ziel, Ihnen einige einfache Werkzeuge an die Hand zu geben, mit denen Sie Ihr gemeinsames Leben verbessern und in Ihre Beziehung wieder mehr Glanz bringen können. Ich selbst habe meine Ehe *ohne* dieses Wissen und später *mit* diesem Wissen gelebt und möchte Ihnen helfen, auch Ihre eigene Ehe aufzufrischen, Sie gesund zu erhalten und bei der ganzen Arbeit auch noch Spaß zu haben.

Unrealistische Erwartungen

Jeder von uns hat gewisse Erwartungen an die Ehe. Wir entwickeln diese Erwartungen durch das Beobachten unserer Eltern, durch das Lesen von Büchern und durch das Fernsehen. Früher prägten Filme wie *Vom Winde verweht* das Bild, heute vermittelt eine Unmenge von Liebesfilmen die Vorstellung, das Leben bestehe nur aus romantischen Gefühlen. Selten zeigen sie die Arbeit und Sorgfalt, die eine gute Ehe erfordert. Mit solchen Bildern im Kopf werden unsere Erwartungen und Hoffnungen ziemlich unrealistisch.

Ein holpriger Start

Die phlegmatische Sarah kam aus einer normalen, ausgeglichenen bescheidenen Familie, als sie ihre Ehe begann. Die Mitglieder ihrer Familie sprachen meist freundlich miteinander, hatten gute Tischmanieren und wussten sich auch in der Öffentlichkeit zu benehmen. Sie traf Robert, kurz nachdem sie das College beendet hatte, und war von der Tatsache beeindruckt, dass er sofort jede Situation beherrschte. „Wenn er einen Raum betrat, richteten die Leute sich auf und wurden aufmerksam", beschrieb es ihre Mutter, als er das erste Mal zu Besuch kam. Weil es bei ihr daheim so ruhig zuging, war Sarah von Roberts Andersartigkeit fasziniert. Auch als sie erfuhr, dass er in einer gestörten Familie groß geworden war, machte sie sich keine Sorgen. Sie war optimistisch, dass er es schaffen würde, sich aus dem emotionalen Trauma seiner Kindheit zu befreien. Er gab ihr neue Energie, aber wenn sie nach einem Tag, den sie gemeinsam verbracht hatten, nach Hause kam, war sie erschöpft.

Robert stellte sie seiner Familie nicht vor, bis sie verlobt waren. Wie sie später erfuhr, hatte er ihnen zuvor extra eingeschärft, sich ja gut zu benehmen. So schienen sie ihr ganz umgänglich zu sein, auch wenn es bei ihnen wesentlich lauter zuging als in Sarahs Familie. Ihre Erwartungen an eine glückliche Ehe machten sie blind für den Tumult, der in dieser Familie herrschte.

Sobald sie verheiratet waren geschah, was häufig geschieht. Robert lebte seine Stärken in extremer Weise aus, wodurch diese bald zu Schwächen wurden. Seine Fähigkeit, eine Situation schnell zu beherrschen, ließ ihn überwältigend und herrisch sein. Seine laute, befehlende Stimme verwandelte sich in Brüllerei, und sein Charme wurde manipulierend. Bald wurde seine Schlagfertigkeit grausam. Also lernte Sarah zu vermeiden, sich gegen Roberts Meinung zu stellen, denn fast jede Kleinigkeit konnte in einen Kampf ausarten. Die friedliebende Sarah fragte sich bald, wo sie da hineingeraten war.

Später überlegte Sarah, dass sie sich realistischere Vorstellungen darüber hätte machen sollen, welchen Einfluss Roberts Familienleben auf ihn hatte. Die Jahre der Spannung, die zu einer Beinahscheidung seiner Eltern geführt hatten, hatten die Kinder in tief gehender Weise beeinflusst. Sarah erkannte nun, dass ihr harmonisches Familienleben sie zu naiv gemacht hatte, um die Folgen eines von Bitterkeit geprägten familiären Hintergrundes zu erkennen.

Sie erlebte, dass Schreien und Schimpfen zu seinem täglichen Leben gehörten. Seine schroffen Worte und stets rebellische Haltung behinderten das Gedeihen eines gesunden Familienlebens. Sosehr er sich auch bemühte, nicht den schlechten Vorbildern aus seiner Kindheit nachzueifern, geschah es doch immer wieder, dass er sich so verhielt, wie er es bei seinen Eltern erlebt hatte.

Nach zehn Jahren Ehe sah Sarah endlich, wie jene Jahre Robert im Inneren geprägt hatten. Egal, wie sehr er sich bemüht, Robert wird immer wieder so rebellisch reagieren wie seine Mutter und „aus der Hüfte schießen“, wenn jemand ihn bittet etwas zu tun, was er als unbequem empfindet.

Offensichtlich war Sarahs und Roberts gemeinsamer Weg von Anfang an holprig und entpuppte sich ganz anders, als Sarah es sich in ihren rosigen Vorstellungen ausgemalt hatte. Erst nachdem sie ein Verständnis für sein cholerisches Temperament entwickelt hatte, lernte Sarah, auf gute und gesunde Weise mit ihm umzugehen, sodass die Stürme vorbeiziehen und ihre Ehe auf festem Grund stehen konnte.

Auch auf die Umgebung kommt es an

Das Beispiel von Sarah und Robert vermittelt uns noch eine weitere wichtige Lektion: Wir werden mit einem Persönlichkeitstyp (durch Vererbung) geboren, aber ein negativer Hintergrund (Umgebung) kann unsere Stärken in Schwächen umwandeln. Das, was Eltern in ihrem Zuhause demonstrieren, wird grundlegenden Einfluss darauf haben, ob die Ehen ihrer Kinder erfolgreich oder unglücklich werden. Erwachsene spiegeln das wider, was sie in ihrer Kindheit zu Hause erlebt haben, auch wenn ihnen bewusst ist, dass es falsch war. Und wenn Paare aus extrem verschiedenen familiären Hintergründen kommen, bringen sie häufig sehr unterschiedliche Erwartungen in die Ehe mit, was nicht selten zu Konflikten und Enttäuschungen führt.

Gibt es Hoffnung für solche konfliktgeladenen Ehen? Zuerst einmal kann ein Verständnis der Temperamente einen gewissen Druck wegnehmen. Wenn wir die Persönlichkeit und Vergangenheit unseres Ehepartners verstehen, können wir realistischere Erwartungen an unsere Ehe stellen. Es führt außerdem zu so wichtigen Erkenntnissen wie: „Du meinst also, du willst mich gar nicht fertig machen? Du verbringst also nicht die ganze Nacht damit, dir auszudenken, wie du mein Leben zerstören kannst?" Wenn wir sehen können, dass beide mit einem bestimmten Temperament geboren wurden, können wir unsere Schwächen anschauen, zugeben, dass sie uns hinderlich sind, und uns entscheiden, uns zu verändern.

Einige von uns können sich bis zu einem gewissen Maß aus eigener Kraft verändern, aber bei den meisten hilft nach vielen Jahren negativen Verhaltens nur noch ein Wunder! Allein zu versuchen, gut zu sein, reicht nicht. Wir müssen Christus bitten, in unser Leben zu kommen und das zu tun, was wir nicht tun können. Wenn der Heilige Geist uns erfüllt, ist es so, als würde man einen Tank füllen. Wir haben neue Energie und Kraft.

Sarahs und Roberts Erfahrung illustriert auf schöne Weise diese heilende Erfahrung. Durch die Gnade Gottes und durch ihr Verständnis der Temperamente ist es so weit gekommen, dass ihre Ehe gerettet wurde. Seit Robert Jesus sein Leben anvertraut hat, hat sich sein Handeln immer mehr zum Guten gewendet. Und Sarah kann nun tief durchatmen und den Sturm vorüberziehen lassen, weil sie versteht, dass Robert meist einfach so ist, wie Gott ihn geschaffen hat, und dass er darüber hinaus in seiner Kindheit entsprechend geprägt wurde. Als nachdenkliche und zurückhaltende Phlegmatikerin hat Sarah zudem gelernt, ihre eigenen Fehler zu erkennen, und weiß zu schätzen, was sie von ihrem cholerischen Ehemann lernen kann.

Mit neuen Erwartungen und dem Segen Gottes sagt Sarah heute: „Ich kann Roberts Stärken schätzen, weil er mir geholfen hat, Ziele zu erreichen, die ich ohne Antrieb von außen nie erreicht hätte. Außerdem bin ich dankbar dafür, dass wir um die unterschiedlichen Persönlichkeitstypen wissen. Ohne dieses Wissen wären wir in unserer Beziehung nicht so weit gekommen.“

„Herr, verändere ihn!“

Ohne ein Verständnis der verschiedenen Temperamente können wir leicht zu der Überzeugung gelangen, dass unser Ehepartner, nur weil er anders ist als wir selbst, falsch liegen muss. Wir meinen, er sollte sich ändern, weil er Unrecht hat. Alle unsere Freunde stimmen uns zu, dass er falsch liegt. Wenn Sie Ihre Sicht der Dinge geschildert haben, sagen auch der Seelsorger und der Pastor: Er hat Unrecht.

Wenn wir beweisen, dass unser Ehepartner Unrecht hat, fühlen wir uns besser, aber er ist dann immer noch derselbe. Er sieht keine Veranlassung sich zu ändern, weil ihm die Meinung unserer Freunde nichts nützt. Außerdem weigert er sich, mit dem Seelsorger und dem Pastor zu reden. „Was können die mir schon über unsere Ehe sagen? Sie leben ja nicht bei uns!“ Also wartet er, bis wir einen Fehler machen. Doch wir bleiben schön brav, weil wir wissen, dass Gott das von uns möchte, und ruhen in der Gewissheit, dass unser Gebetskreis eifrig betet: „Herr, verändere ihn.“

Kommt Ihnen diese Szene bekannt vor? Sitzen Sie immer noch in Gottes Wartezimmer in der Erwartung, dass gleich die Tür aufgeht, Gott Ihren Ehemann hindurchschiebt und sagt: „So, ich habe ihn jetzt in Ordnung gebracht!"? Viele von uns verbringen ihre ganze Ehe damit, darauf zu warten, dass der andere sich ändert. Aber wenn Paare ihre gesamte Ehe nur mit der Hoffnung verbringen, dass ihr Partner sich verändern wird, leben sie kein erfülltes Leben.

Trish, eine lebhafte, kluge und lustige Sanguinikerin, schrieb und erzählte mir von ihrer Ehe mit einem soliden, intellektuellen, erfolgreichen Zahnarzt. Als perfektionistischer Melancholiker bestand seine größte Freude darin, einem Teenager die Zahnspange zu entfernen und sagen zu können: „Wow!"

Trish und Craig hatten offensichtlich gegensätzliche Temperamente und sie verbrachten 20 Jahre ihrer Ehe in dem Bemühen, den anderen zu verändern. All diese Jahre über warteten sie zwischen Hoffen und Bangen auf eine solche Veränderung. Craig wartete darauf, dass Trish ernsthafter, zielorientierter und sorgfältiger wurde. Er wünschte sich eine bessere Haushaltführung und sagte immer: „Was immer du tust, verpflichte mich bloß nicht zu irgendwelchen gesellschaftlichen Veranstaltungen." Trish andererseits hoffte, dass er spontaner, fröhlicher, peppiger und enthusiastischer wurde. Sie wünschte sich seine ständige Bereitschaft, mit ihr lange Gespräche zu führen oder mit Freunden oder anderen Familien etwas Lustiges zu erleben.

Ihr ehelicher Konflikt drehte sich um die Tatsache, dass Craig wollte, dass Trish auf seine melancholische Weise handelte, richtig und vollkommen, während sie darauf wartete, dass er die Dinge durch eine sanguinische Brille sah, mit Spaß, Reden und Kreativität. Trish reagierte auf den Konflikt, indem sie Craig ignorierte und ihre Wut in sich vergrub. Sie wunderte sich häufig darüber, dass sie so müde war, und erkannte nicht, dass es daran lag, dass sie weder ihre eigenen Gefühle noch die so anders geartete Persönlichkeit von Craig verstand.

Glücklicherweise blieben die beiden in dem Wartezimmer nicht endlos sitzen. Trish las *Einfach typisch* und begann die Prinzipien der vier Temperamente zu verstehen. Als sie in der Zeitung las, dass Fred und ich in ihrer Gegend ein Seminar hielten, meldete sie sich begeistert an. Aber sie bat Craig gar nicht erst mitzukommen, da er nie seine Zeit mit Seminaren *verschwenden* wollte, bei denen es um Gefühle ging. „So was ist für Frauen", war stets seine Antwort.

Doch an diesem Abend war es anders. Als Trish sich zum Ausgehen fertig machte, fragte Craig, wohin sie wolle. „Zu einem

Seminar über die vier Temperamente, in dem dieses Ehepaar erklärt, wie man mit schwierigen Menschen zurechtkommt", sagte sie und schloss schnell ihren Mund, bevor sie hinzufügen konnte „wie dir".

„Er muss sich damals wirklich gelangweilt haben", erzählte Trish mir später, „denn er sagte sofort: ‚Ich komme mit.'"

Ich erinnere mich noch an unsere Begegnung an jenem Abend. Craig erzählte mir, dass er im Rahmen seiner zahnärztlichen Ausbildung von Hippokrates erfahren, diese Informationen aber nie für sich selbst angewendet hatte. (Wie typisch für die meisten von uns!) Trish und Craig kamen auch am nächsten Tag wieder und er schrieb alles mit, während sie lächelte und lachte. Am Ende des Tages konnte auch Craig lächeln und lachen, und Trish begann, selbst einige Notizen zu machen.

Wir sind über die Jahre mit den beiden in Kontakt geblieben. Sie haben ihre Einstellungen und ihre Verhaltensmuster verändert. Craig erwartet nicht mehr von Trish, dass sie erwachsen und ernst wird. Er erkennt, dass das, was sie so attraktiv für ihn gemacht hat, gerade ihr übersprudelndes Temperament ist, das auch auf andere Menschen anziehend wirkt. Er weiß, dass ihm diese Leichtigkeit im Umgang mit Menschen fehlt und dass er sich in größeren Gesellschaften nur wohl fühlt, wenn sie bei ihm ist. Er hat außerdem gelernt, dass er von ihr nicht erwarten kann, dass sie Buch führt. Als er diesen Druck von ihr nahm, konnte er zu seiner Freude erleben, dass sie mehr Verantwortungsgefühl entwickelte.

Trish kann Craigs melancholische Tiefgründigkeit und Aufmerksamkeit fürs Detail besser schätzen. Sie erkennt, dass sie seine beruhigende Persönlichkeit braucht, und sie hat aufgehört, ihn zu einer spontanen und leichtlebigen Person machen zu wollen. Sowohl sie als auch Craig haben die erstaunliche Wahrheit erkannt, dass, wenn jemand beginnt, bei sich selbst positive Veränderungen vorzunehmen, der andere entsprechend reagiert!

Solange wir das Temperament unseres Partners nicht verstehen, werden wir wie Trish und Craig manchmal extreme Mittel anwenden, um unseren Ehepartner zu verändern. Wir denken: *Wäre sie doch nur wie ich!*, oder: *Ich weiß, ich kann ihn verändern!*

Trish hat sich mittlerweile zu einer „Einfach-typisch"-Beraterin ausbilden lassen und berichtet nun anderen von ihren Erfahrungen. Sie betet nicht mehr: „Herr, verändere ihn!" – sie bittet vielmehr: „Herr, verändere mich immer mehr!"

Gottes Garten

Als ich Amy zum ersten Mal begegnete, nahm sie gerade an einem Seminar über die vier Temperamente teil, das ich in Anaheim (Kalifornien) hielt. Sie kam schwungvoll auf mich zu, und als sie mit mir redete, konnte ich sofort unschwer ihren sanguinischen Humor und ihre cholerischen, kontrollierenden Gesten erkennen. Sie war sehr begeistert, etwas über die Temperamente zu lernen und zu erkennen, dass ihr Ehemann zwar anders war, aber deswegen nicht falsch lag. Sie waren zu dieser Zeit sieben Jahre miteinander verheiratet und hatten vier Töchter im Alter von eins, drei, fünf und sieben.

„Als ich heute hier saß, hat Gott mir etwas ins Ohr geflüstert", erzählte Amy mit großen Augen und zeigte auf ihr Ohr. „Er sagte: ‚Sei still und erkenne, dass ich Gott bin. Hör auf, immer steuern zu wollen, wohin du als Nächstes gehst. Hör zu, denn ich habe dich viel zu lehren.'" Von diesem Tag an kam Amy zu jeder Veranstaltung im südlichen Kalifornien, bei der ich sprach, und sie brachte mir immer Rosen aus ihrem Garten mit. Sie las jedes meiner Bücher über die vier Temperamente, sobald es herauskam, und ihre ganze Familie begann sich zu verändern, ohne dass Amy sie dazu drängte.

Im Rückblick auf die ersten Jahre ihrer Ehe erinnert sich Amy an Zeiten, in denen ihr Ehemann Pete versucht hatte, „sie zu beruhigen" und ihre strahlende und lustige Persönlichkeit zu einem ernsthaften Typ umzuformen.

„Wenn ich versuchte, mich in diese Richtung zu verändern", erinnert sie sich, „verlor ich den ganzen Spaß und fühlte mich, als trüge ich eine Maske, hinter der sich mein wahres Ich verbarg. Aber ich wollte einfach Frieden um jeden Preis."

Im Gegenzug versuchte Amy auch Pete zu verändern. In seinen ernsthaften Momenten forderte sie ihn auf, ein bisschen fröhlicher zu werden und das Leben zu genießen. Und so fühlte er sich unwohl, wenn er ein fröhliches und strahlendes Gesicht aufsetzte, hinter dem sich sein eher deprimierter Zustand verbarg. Je mehr Amy ihn drängte, fröhlicher zu sein, desto trauriger wurde er.

Manchmal packte Amy die Kinder in den Wagen und fuhr mit ihnen zu Petes Autowerkstatt. Dort winkte sie ihm fröhlich zu, ließ Musik spielen und versuchte, „Dad und die Mechaniker aufzuheitern“. Heute lacht sie über solche Tage und fragt sich: „Was habe ich mir dabei nur gedacht?“

Dieses Verhaltensmuster, eine Maske aufzusetzen, um dem anderen zu gefallen, war für beide der falsche Weg. Aber als Gott ihnen die Gabe schenkte, ihre unterschiedlichen Temperamente zu verstehen, wurden Amy und Pete fähig, zu Gott zu gehen, ihn zu bitten, ihre Schwächen zu offenbaren und sie dann zu den Persönlichkeiten zu machen, die er ihnen von Geburt an geschenkt hatte.

Heute arbeiten Amy und Pete gemeinsam in ihrem Familienunternehmen. Viele ihrer Kunden loben ihre friedliche Ehe und fragen, wie sie miteinander so harmonisch leben und arbeiten können. Dann lächelt Amy und erzählt von ihren Erkenntnissen über die vier Temperamente, die so vieles verändert haben.

Wie die vielen bunten Rosen, die Amy mir stets aus ihrem Garten mitbrachte, liefern auch die verschiedenen Persönlichkeitstypen einen einmaligen Beitrag zum „Strauß“ einer Ehe. Amy drückte es einmal so aus: „Gott will, dass wir die Schwächen unseres Partners ausgleichen, aber er will nicht, dass wir uns dabei verausgaben, indem wir den anderen zu verändern versuchen.“

Kreative Kombinationen

Es gibt ein Prinzip bei der Lehre von den Temperamenten, das wirklich Hoffnung macht: Wenn wir uns verlieben, dann in die Stärken unseres Gegenübers. Das bedeutet allerdings auch, dass wir mit den Schwächen unseres Gegenübers leben werden. Hat Gott da vielleicht einen großen Fehler gemacht? Hätte er uns nicht besser mit einem netten, kompatiblen Menschen zusammentun sollen, der die Dinge genauso sieht wie wir selbst? Dieses stressfreie Leben scheint es nicht zu geben.

Ich habe in den vielen Jahren meiner Arbeit mit Ehepaaren festgestellt, dass unsere natürliche Wahl dahin geht, jemanden zu heiraten, der ein gegensätzliches Temperament hat und unsere Lücken ausfüllt. Der stille, introvertierte, organisierte Melancholiker heiratet die redselige, Spaß liebende, begeisternde Sanguinikerin. Der mutige, kontrollierende, unabhängige Choleriker heiratet die friedliche, sich unterordnende, wenig aufregende Phlegmatikerin. In diesen Kombinationen gleichen die Stärken des Partners die eigenen Schwächen aus. Hat Gott das nicht sehr klug geplant?

Gott ist kreativer und aufregender, als wir es sehen wollen. So oft halten wir ihn für eine gesetzliche Vaterfigur, die uns nur kennt, wenn wir zur Kirche gehen. In Wirklichkeit aber hat Gott uns geschaffen und er hat uns die Persönlichkeit gegeben, die er uns geben wollte. Er gab uns auch den Wunsch nach jemandem, der anders ist und der unsere Lücken ausfüllt, damit wir als Ehepaar ein Ganzes werden. Fred und ich haben erlebt, dass das für unsere Ehe gilt. Obwohl wir ähnliche cholerische Tendenzen haben, mit denen wir das Leben kontrollieren wollen, sind wir ebenso gegensätzlich veranlagt. Er ist Melancholiker, ich bin Sanguinikerin. Er will alles in Ordnung haben, im Gleichgewicht und pünktlich, aber meine sanguinische Natur will einfach das Leben genießen. Warum sollte ich auch Trübsal blasen?

Rückblickend auf die Erziehung unserer Kinder wird mir bewusst, dass wir uns gegenseitig ausgeglichen haben. Stellen Sie sich einmal vor, wir wären zwei Freds. Was für ein ernsthaftes, perfektionistisches und spaßloses Leben wäre das gewesen. Andererseits wären die Witze von zwei sanguinischen Eltern gar nicht so lustig, wenn die Kinder jeden Tag zu spät zur Schule kämen und bei ihrer Rückkehr kein Mittagessen vorfänden.

Wenn wir diese Faktoren betrachten, sind Fred und ich für die Unterschiede unserer Persönlichkeiten dankbar. Im Spiel des Lebens werfe ich das Puzzle durcheinander und Fred liest die Teile auf. Er beklagt sich schon gar nicht mehr und gelegentlich lacht er sogar darüber, auf welch amüsante Art ich Chaos verursachen kann.

Weil Paare dazu neigen, das gegensätzliche Temperament zu heiraten, werden die vier Kapitel im zweiten Teil dieses Buches eine Betonung auf die Kombinationen von Sanguiniker und Melancholiker sowie aus Choleriker und Phlegmatiker legen. Unserer Erfahrung nach haben diese Kombinationen die größten Schwierigkeiten miteinander – bis sie den Grund dafür herausfinden. Aber sobald sie erkennen, dass sie sich gegenseitig gar nicht ruinieren wollen, können sie die Stärken in der gegensätzlichen Persönlichkeit ihres Partners entspannt genießen.

Es wird Ihnen Freude machen, gemeinsam mit Ihrem Partner Ihre Ehe anhand der Temperamente zu ergründen. Nehmen Sie das Persönlichkeitsprofil, zählen Sie Ihre Punkte zusammen und sehen

Sie, welches Ergebnis dabei herauskommt. Gemeinsam können Sie lernen, die spezielle Kombination in Ihrer Ehe zu schätzen.

Man braucht alle vier

Einer der Teilnehmer an einem unserer Workshops war Dr. Jerry Ozee. Während des Seminars kam ihm die Idee, dass die Struktur unseres menschlichen Herzens Ähnlichkeiten mit den vier Temperamenten haben könnte.

Das wäre ganz natürlich, dachte Jerry. *Hippokrates war Arzt. Er kannte sowohl den menschlichen Körper als auch das Konzept der Temperamente.* Als Jerry uns von seinen Schlussfolgerungen erzählte, bat ich ihn, sie zu Papier zu bringen, damit alle etwas von dieser Beziehung erfahren konnten.

„Ich finde es hochinteressant", schrieb er, „sich vorzustellen, dass Gott, der die Menschheit mit allen vier Temperamenten erschuf, außerdem ein Herz geschaffen hat, das er auf direkte und wiederholte Weise in seinem Wort anspricht." Jerry fuhr fort zu erklären, dass es in unserem Herzen vier Räume gibt. Zwei dieser Räume sind die Empfangszimmer (Herzvorhof), die den zwei introvertierten Persönlichkeiten entsprechen (Melancholiker und Phlegmatiker). Die beiden anderen sind die „Pumpstation" (Herzkammer), die den extrovertierten, getriebenen, energiereichen Persönlichkeiten des Sanguinikers und des Cholerikers entsprechen.

So wie alle vier Herzensräume nötig sind, um ein ausgeglichenes, gut funktionierendes Kreislaufsystem aufrechtzuerhalten und damit das biologische Leben zu gewährleisten, braucht es die vier Temperamente, um als Mensch im Gleichgewicht leben zu können. Eine Kombination verschiedener Persönlichkeitstypen erhält die Gesundheit und das Wohlergehen Ihrer Familie, unserer Gemeinde, unseres Landes und letztendlich der gesamten Menschheit.

Jerrys kluge Analogie zeigt uns, dass ähnlich wie das Schlagen unseres Herzens ein stetiger Rhythmus von Geben und Nehmen den Kern jeder guten Ehe ausmacht.

Wenn Gegensätze aufeinander prallen

Große Konflikte in der Ehe

Geld ausgeben. Kinder erziehen. Den Urlaub planen. Diese Entscheidungen können auch bei den Ehepaaren Konflikte auslösen, die ihr Leben mit ganzer Hingabe miteinander teilen. Wenn keiner der Partner das Temperament des anderen versteht, können sich diese Konflikte jedoch zu einer echten Katastrophe entwickeln.

Nun, da wir etwas über die verschiedenen Temperamente gelernt haben, beginnen wir auch das Potenzial entsprechender Konflikte zu verstehen. Die beliebten Sanguiniker wollen spontan und lustig leben, während der perfekte Melancholiker, den sie heiraten, das Leben ernsthaft und geordnet führen will. Für den willensstarken Choleriker ist es wichtig, etwas zu erreichen und alles im Griff zu behalten, aber ihr friedliebender phlegmatischer Partner will nur ein ruhiges und gelassenes Leben führen. Diese grundlegenden Unterschiede beeinflussen jeden Bereich der Ehe – und wenn Ehepaare die Sichtweise ihres Partners nicht verstehen, gibt es unweigerlich Probleme.

Ich habe entdeckt, dass die unterschiedlichen Temperamente der Ehepartner bei gewissen Themen ganz von alleine offenbar werden. Diese heiklen Themen können dann zu großen Spannungen und Enttäuschungen führen, die die Liebe der Eheleute untereinander richtiggehend auffressen. Aber wenn Ehepartner lernen, diese Themen durch die Brille des anderen zu sehen, wird es viel leichter, die aufgewühlten Gemüter wieder zu beruhigen.

Betrachten wir nun einige dieser *heißen Eisen.* Sie werden erfahren, wie die unterschiedlichen Temperamente mit diesen Themen umgehen.

Finanzen

Es überrascht nicht, dass häufig Geld zu Meinungsverschiedenheiten in der Ehe führt, besonders dann, wenn zwei unterschiedliche Persönlichkeitstypen miteinander verheiratet sind. Beide Ehepartner arbeiten hart, um das Geld zu verdienen, das sie dann miteinander teilen, und jeder hat seine Vorlieben, wofür er wie viel ausgeben möchte.

Der sorglose Sanguiniker, der seinen Kassensturz macht, indem er einen Scheck ausstellt und abwartet, ob er platzt, neigt dazu, sein Geld für alles auszugeben, was nach Spaß klingt. Die kurzfristige Befriedigung, die durch einen Spontankauf entsteht, ist für diese Menschen viel lohnender als das geduldige Ansparen auf ein langfristiges Ziel.

Melancholiker hingegen sind sehr genau und wollen die Dinge erst umfassend erkunden, bevor sie eine Investition tätigen. Und wenn eine Cholerikerin sich ein finanzielles Ziel setzt, gibt es kein Halten für sie. Diese Person wird ihre Ersparnisse und Investitionen häufig verschieben, um möglichst viel Gewinn zu machen und das Gefühl zu haben, dass sie ihr Geld im Griff hat. Im Gegensatz dazu leben phlegmatische Ehepartner von der Hoffnung, dass sich jemand anders um das Budget kümmert. Sie sparen sogar vielleicht eine bestimmte Geldsumme und schaffen es dann nie, das Objekt zu kaufen, für das sie gespart haben!

Der Scheck ist in der Post und der Einzahlungsbeleg ... irgendwo

Meine Freundin Rhonda ist eine kluge, engagierte Sanguinikerin, die bei mir das CLASS-Seminar abgeschlossen hat und in großen christlichen Zeitschriften Artikel veröffentlicht. Ihr Ehemann Rick ist Melancholiker, introvertiert und ordentlich. Es ist nicht überraschend, dass er monatlich das Scheckbuch überprüft, um zu sehen, ob ihre Eintragungen dem Betrag auf dem Kontoauszug entsprechen. Rhonda ist schon glücklich, wenn sie das Scheckbuch überhaupt findet! Und wenn der Bankauszug einen niedrigeren Kontostand aufweist, als er nach den Eintragungen in ihrem Scheckbuch sein müsste, dann hat die Bank offensichtlich einen Fehler gemacht.

„Warum soll ich mir darüber Sorgen machen?“, sagt sie in solchen Situationen. „Lass uns Pizza essen gehen!“

Rhonda brauchte nicht lange, um festzustellen, dass ihr Ehemann sehr pessimistisch ist, wenn es ums Geld geht. Sie sagte einmal: „Wenn I-Ah (der Esel in Pu der Bär) eine so düstere Lebenseinstellung vermitteln könnte wie Rick, wäre er stolz. Er sieht nicht nur das halb leere Glas, sondern ist außerdem davon überzeugt, dass es undicht ist. Er fürchtet zudem, dass noch jemand kommt und den Rest austrinkt. Darüber hinaus hat er starke cholerische Züge und möchte, dass die Dinge nach seinen Vorstellungen erledigt werden."

Rhonda dagegen war immer das Musterexemplar eines Sanguinikers. Sie redet gern, ist schlecht organisiert und optimistisch, wenn es ums Geld geht. Sie sieht das halb volle Glas und erwartet, dass bald noch mehr dazukommt.

Sie sagte mir: „Wenn das Leben mir Zitronen schenkt, dann mache ich keine Limonade daraus; ich backe eine Limonentorte und lade die Nachbarn zum Kaffeeklatsch ein!"

Rick hat schon früh in ihrer gemeinsamen Beziehung erlebt, wie die sanguinische Rhonda ihre Finanzen regelt (als ob Sanguiniker ihre Finanzen überhaupt regeln!), denn während ihres Abschlussjahres am College platzte ihr Scheck für das Schulgeld. Sie war geschockt, als die Bank ihr mitteilte, dass sie kein Geld mehr auf ihrem Konto habe. Rick bot sich an, das Problem zu untersuchen, und Rhonda fand die Idee sehr gut. Sie wusste einfach, dass er den Fehler der Bank finden und sich alles klären würde. Also schnäuzte sie sich, lief in den Schlafsaal und holte ihre Kontoauszüge und das Scheckbuch. Sie gab Rick den ganzen Stapel und beobachtete staunend, wie es da mitten in dem Aufenthaltsraum, in dem sie sich gerade befanden, in seinem Ingenieurshirn offenbar zu einem Kurzschluss kam.

„Von diesen Umschlägen mit deinen Bankauszügen ist ja nie einer geöffnet worden", schluckte er. „Hast du denn seit September nicht nach deinem Kontostand gesehen?"

„Nein", erklärte sie geduldig. „Wozu? Ich wusste doch, dass noch Geld da ist."

Am Ende entdeckte Rick, dass ihr Scheck geplatzt war, weil vier Monate zuvor ein kleiner Subtraktionsfehler gemacht worden war. Rick hoffte, dass sie nun ihre Lektion über ordentliche Buchführung gelernt hatte. Doch einige Tage später erhielt Rhonda ein Stipendium über hundert Dollar. Dieser Betrag deckte genau die Summe, die für ihren Scheck fehlte. Gemäß ihrer sanguinischen Natur sah sie diese Situation als gute Gelegenheit, Rick etwas über Gottes Fürsorge beizubringen.

Mittlerweile gehen sie auf ihren 20. Hochzeitstag zu und Rhonda empfindet Rick wie eine Halteleine, die ihren sanguinischen Heißluftballon davor bewahrt davonzuschweben.

Sie erklärt die drei Lektionen bezüglich der Finanzen, die sie gelernt haben, folgendermaßen: „Erstens: Jeder Ballon braucht eine Halteleine, sonst fliegt er ins Nichts davon, ohne je etwas zu erreichen. Zweitens: Eine Halteleine hat ein viel interessanteres und lustigeres Leben, wenn sie an einem Ballon befestigt ist. Und drittens: Bitten Sie einen Sanguiniker nie darum, seinen Kontostand zu überprüfen."

Über Ricks und Rhondas Geschichte kann man leicht lachen – aber im echten Leben können finanzielle Konflikte auch zum Zerbrechen einer Ehe führen. Es mag eine Herausforderung sein, die Sicht des Ehepartners in Bezug auf das Geld zu schätzen, aber genau dies wird uns davor bewahren, in finanziellen Dingen in die eine oder andere Richtung extrem zu werden.

Gesellschaftliche Aktivitäten

Weil einige der Persönlichkeitstypen aktiv und gesellig sind, während andere Stille und Einsamkeit bevorzugen, kann der gesellschaftliche Kalender eines Ehepaares schnell zu einer Quelle von Spannungen werden. Melancholiker und Phlegmatiker sind zufrieden, Zeit allein zu verbringen, tiefgründige Diskussionen mit einigen wenigen Freunden zu führen oder ruhigen Aktivitäten nachzugehen. Aber für Sanguiniker und Choleriker gilt so etwas erst gar nicht als gesellschaftliches Ereignis! Der cholerische Ehepartner liebt große oder kleine Veranstaltungen, solange er für alles verantwortlich sein kann. Sanguiniker fühlen sich durch geplante Aktivitäten behindert, lieben dafür aber umso mehr spontane Versammlungen mit einer Menge Leute und viel Spaß.

Wenn es um gesellschaftliche Aktivitäten geht, kann es bei vielen Temperamentsmischungen zu Problemen kommen. Während Sanguiniker gerne und viel ausgehen, erleben Melancholiker solche Aktivitäten als erschöpfend. Die ruhigen Gespräche des Melancholikers jedoch wirken auf den Sanguiniker einschläfernd. Phlegmatiker mögen gesellschaftliche Aktivitäten, aber ihre Ehepartner stören sich schnell an ihrer mangelnden Begeisterung. Und wenn der spontane Spaß des Sanguinikers mit den geplanten Aktivitäten des Cholerikers ins Gehege kommt, dann Achtung! Bei diesen unterschiedlichen gesellschaftlichen Interessen ist es ein Wunder, dass manche Paare überhaupt zusammen bei solchen Anlässen erscheinen.

Aber egal, wie die Temperamentsmischung in Ihrer Ehe auch aussieht – wenn Sie über die Wünsche und Bedürfnisse des Einzelnen reden, ist es möglich, einen Kompromiss zu finden, mit dem beide leben können.

Der letzte Tanz

Ellen ist eine reizende Sanguinikerin. Sie ist gern mit Menschen zusammen und sagt: „Ich muss einfach unter Leuten sein. Mir macht es Spaß, vom Land in die Stadt zu fahren und schick essen zu gehen oder ein Picknick im Park zu veranstalten." Ihr Ehemann, Bill, hingegen ist ein ausgeprägter Choleriker, der am liebsten sein eigener Herr ist und jede Situation unter Kontrolle haben will.

Während Ellen zu Hause blieb und für die Führung der Farm zuständig war, musste Bill aus beruflichen Gründen stets die Zeit von Sonntagabend bis Freitagabend außerhalb der Stadt verbringen. Dies verursachte ständig Spannung zwischen den beiden, denn sobald Bill nach Hause kam, wollte er dort die Rolle des Chefs wieder übernehmen. Ellen reagierte sehr widerwillig auf diesen Versuch, aber es ging immer unweigerlich so aus, dass Bill am Wochenende der Boss war.

Ellen sehnte sich nach Gemeinschaft und freute sich stets auf das Wochenende mit ihrem Mann. Sie träumte von romantischen Abendessen im Restaurant und von Theaterbesuchen, während ihr Mann sich danach sehnte, endlich einmal daheim zu essen und den Frieden und die Stille auf der Farm zu genießen, nachdem er die ganze Woche unterwegs gewesen war. Als Sanguinikerin suchte Ellen ständig nach Bestätigung, daher war sie immer zu unsicher, um auf ihren Plänen fürs Wochenende zu bestehen. Also blieben sie zu Hause und machten, *was* Bill wollte und *wie* er es wollte.

Schließlich kam Ellen an einen Punkt, an dem sie ihr sanguinisches Bedürfnis nach Spaß nicht länger unterdrücken konnte. Sie beschloss, ihren Mann auf die Unterschiede in ihrer Beziehung anzusprechen. Nach vielem Reden mit geringer überzeugender

Wirkung von Ellens Seite fanden sie schließlich einen Kompromiss: Sie wollten die Wochenenden abwechselnd nach seinen und nach ihren Vorstellungen verbringen.

Die Farm bot Ellen wenig bis gar keine Möglichkeiten zu gesellschaftlichen Aktivitäten. Als sie eine Einladung zu einer Weihnachtsparty erhielt, sagte sie sofort zu, ohne sich zuvor mit ihrem Mann zu besprechen. Allein der Gedanke an eine Gesellschaft war so begeisternd für Ellen, dass sie völlig übersah, dass an diesem Wochenende ihr Ehemann für die Gestaltung zuständig war.

Die Tage vergingen und ihre Vorfreude wuchs. Sie überlegte, was sie anziehen wollte und wie sie Bill von der Party erzählen würde. *Ich weiß*, dachte Ellen. *Ich werde ihn überraschen! Jeder liebt Überraschungen!*

Also wartete sie bis zu dem Tag, an dem die Party stattfand, dann ließ sie in ihrer sanguinisch-charmanten Art die Bombe platzen: „Es gibt Livemusik und Tanz, wir können mit Freunden und Nachbarn reden, alle werden vor Weihnachtsfreude sprühen. Es wird dir gefallen!“

Zu ihrer großen Enttäuschung reagierte der cholerische Bill gar nicht positiv auf diese Überraschung. Aber er gab nach und zog sich ungeachtet seiner Gefühle für die Party um.

Ellen freute sich an den vielen Lichtern, der Weihnachtsmusik und der romantischen Stimmung, die in der Luft lag. Sie ging zu Bill hinüber, lächelte ihn provozierend an und fragte, ob er mit ihr tanzen wolle.

Seine Antwort war ein barsches: „Nein!“

Ellen war sprachlos und verletzt, also ignorierte sie ihn in der folgenden Stunde vollkommen. Während sie aß, Weihnachtslieder sang und mit Freunden sprach, ließ sie Bill wissen, dass sie ihn nicht brauchte, um Spaß zu haben.

Bill nahm ihr kleines Spiel eine gewisse Zeit lang hin. Dann lief er durch den Saal, packte sie am Ellenbogen und sagte: „Wir gehen!“

Nach der schweigenden Heimfahrt schlüpfte Ellen ins Bett und tat so, als würde sie schlafen, als Bill etwas später nach Hause kam, nachdem er den Babysitter heimgebracht hatte. Bald aber brach Ellen in unkontrollierbares Schluchzen aus, als sie sich an die Begebenheiten des Abends erinnerte: „Du hast doch früher gerne getanzt und du hast mich früher so geliebt, wie ich bin.“

Alles, was sie bislang unterdrückt hatte, sprudelte aus ihr heraus: „Du hättest doch wenigstens einmal einen Abend lang so tun können, als würde dir die Party mit meinen Freunden gefallen. Schließlich habe ich im Laufe unserer Ehe eine Menge für dich getan, was mir auch keinen besonderen Spaß gemacht hat."

Bill schoss zurück: „Was zum Beispiel?"

Ellen antwortete: „Zum Beispiel, dass ich mich die ganze Woche allein um die Kinder und die Farm gekümmert habe und nie Zeit für Freunde hatte."

Geschockt über diese Offenbarung sagte Bill: „Ich dachte, du liebst die Farm!"

Ellen entgegnete: „Ich liebe die Farm, weil ich dich liebe. Und wenn man jemanden liebt, so wie ich dich liebe, dann hebt man immer den letzten Tanz für ihn auf."

Bill wurde still. Er sah zu Boden und rief sich die Zeit ins Gedächtnis zurück, in der er sich in Ellen verliebt hatte. Er erkannte, dass er all die Wesenszüge zu verändern versucht hatte, die er anfangs so sehr an ihr geliebt hatte. Mit Tränen in den Augen blickte er Ellen an und sagte: „Liebling, ich bin wirklich ein Narr!"

Sex

Wenn man im sexuellen Bereich verschiedene Persönlichkeitstypen miteinander kombinieren will, braucht es Verständnis und Geduld. Unternimmt man jedoch keine Anstrengungen, den anderen zu verstehen, dann kann das für beide Ehepartner beim Sex zu Enttäuschungen und verletzten Gefühlen führen.

Sanguiniker mögen spontanen, kreativen und lustigen Sex. Sie sind diejenigen, die neue Ideen vorbringen, ungewöhnliche Orte: „Warum nicht mal zur Abwechslung auf dem Esstisch?" Ein einziger Kommentar des Melancholikers wie: „Ich bin noch nicht bereit", ruiniert die Spontaneität des Sanguinikers.

„Was ist noch nicht bereit?", ist dann seine entgeisterte Antwort.

Der Melancholiker bevorzugt romantischen Sex mit Kerzen, Blumen und einer Musik, die die Stimmung abrundet. Eine unbedachte Bemerkung des Sanguinikers kann dann alles kaputtmachen. Um ihre perfektionistischen Erwartungen zu erfüllen, brauchen sie Zeit, um sich auf den Sex vorzubereiten, und ihre

Reaktion auf eine spontane sexuelle Avance ihres Ehepartners ist gewöhnlich: „Aber ich habe das für heute Abend nicht eingeplant."

Choleriker mögen schnellen, ungeplanten Sex. Sie brauchen nicht viel Zeit, solange es häufig genug geschieht. „Wir haben zehn Minuten – komm mit!" Ein zögernder Blick vom Phlegmatiker kann den Choleriker wütend machen und ihn sagen lassen: „Aber wir haben schon zwei Tage nicht mehr!"

Der Phlegmatiker bevorzugt Sex zu besonderen Anlässen, im Urlaub, am Geburtstag oder anderen besonderen Gelegenheiten: „Wir haben Hochzeitstag, da sollten wir mal ..." Sie brauchen es langsam, bedeutungsvoll und nicht zu häufig. Ein einziges „Beeil dich" vom Choleriker lässt den Phlegmatiker gleichgültig antworten: „Wo gehen wir hin?"

Wenn wir diese Unterschiede betrachten, ist es nicht schwer, sich vorzustellen, dass derart unterschiedliche Erwartungen im ehelichen Schlafzimmer zu Konflikten oder verletzten Gefühlen führen können. Wenn wir gegensätzliche Wünsche und Bedürfnisse nach Sex haben, wird jeder von uns denken: *Irgendetwas stimmt hier nicht,* oder: *Das entspricht nicht meinen Erwartungen*. Bei solchen Unterschieden ist es erstaunlich, dass viele von uns überhaupt zusammenbleiben. Aber es macht einen großen Unterschied, wenn wir darüber reden können.

Reden wir darüber

Viele Ehepartner reden nie miteinander über ihr Liebesleben. Anstatt über ihre Gefühle, positive wie negative, zu reden, vermeiden sie das Gespräch über intime Dinge und nehmen an, dass das, was sie erleben, *das Bestmögliche* ist. Leider verpassen die Ehepaare so eine wichtige Gelegenheit, mehr über die Bedürfnisse und Erwartungen des anderen zu erfahren. Und die Folge kann sein, dass der Sex keinen der beiden Partner wirklich befriedigt.

So wie in allen anderen Bereichen, wenn unterschiedliche Sichtweisen aufeinander treffen, ist es wichtig, dass Ehepartner auch hier Kompromisse finden und die Bedürfnisse ihres Partners berücksichtigen. Der lässige Sanguiniker muss daran denken, dass der Melancholiker sich eine romantische Atmosphäre wünscht. Er muss sich bemühen, witzige Kommentare zu vermeiden, die die

Gefühle seines Partners verletzen. Andererseits muss der Melancholiker erkennen, dass er schnell verletzt ist. Er muss sich bemühen, den Sex mit seinem sanguinischen Ehepartner nicht so ernst zu nehmen.

Choleriker wiederum müssen bedenken, dass ihr Bedürfnis nach häufigem Sex von ihrem phlegmatischen Ehepartner als selbstsüchtig und rücksichtslos empfunden werden kann. Und Phlegmatiker müssen sehen, dass die Impulsivität des Cholerikers mit eine Ursache dafür war, dass sie sich in ihn verliebt haben. Sie müssen ehrlich darüber reden, wenn sie sich als Sexobjekt fühlen.

Es mag uns unangenehm und komisch erscheinen, mit unserem Ehepartner über Sex zu sprechen. Aber es ist wichtig. Die Anstrengungen, die wir unternehmen, um die sexuellen Bedürfnisse unseres Ehepartners zu verstehen, sind eine weise Investition. Es wird uns nicht nur größeres Vertrauen und Verständnis für unser Liebesleben bringen, sondern auch mehr Befriedigung, wenn wir wissen, wie wir die Bedürfnisse des anderen erfüllen können.

Lernen, miteinander zu musizieren

Rick und Rhonda lernten schnell, dass sich ihre Temperamentsunterschiede auch auf das Schlafzimmer auswirkten. Rhonda lernte, dass Rick auch Melancholiker blieb, wenn das Licht gedämpft war und Musik lief. Rick entdeckte, dass die sanguinische Rhonda verspielt blieb, auch wenn sie miteinander im Bett waren.

Weil beide schon lange Christen waren, bevor sie einander begegnet waren, wollten sie mit dem Sex warten, bis sie verheiratet waren. Für Rhonda war Sex etwas, worauf sie sich freute, aber auch etwas, das einfach *geschehen* würde, wenn sie in den Flitterwochen waren. Sie ist dankbar, dass Rick in dieser Hinsicht etwas weiser war. Er wusste, dass guter Sex nicht einfach *passiert*, und er war entschlossen, diese Seite ihrer Ehe so schön wie möglich zu gestalten.

In typisch melancholischer Manier ging Rick in logisch geordneter Reihenfolge vor und las jedes christliche Buch zum Thema, das er finden konnte, und er bestand darauf, dass Rhonda sie auch las. Sie war kooperativ, denn sie ging davon aus, dass die Chancen für ein gesundes Sexualleben und eine befriedigende Ehe umso größer würden, je mehr sie darüber wussten. Also wurde Ricks Ziel für eine lebenslange sexuell befriedigende Beziehung für sie zu einem *gemeinsamen* Ziel.

Auch heute, 20 Jahre später, schätzt Rhonda die liebevollen Dinge, die er tat, um sicherzustellen, dass sie ihre erste gemeinsame Nacht genauso genießen würde wie er. Er machte sich viele Gedanken darum, wie sie ihre Hochzeitsnacht in guter Erinnerung behalten konnte. Als sie sich in ihrem Intimleben immer wohler und daheim fühlten, zeigte Rhonda ihrerseits dem melancholischen Rick, dass sein sanguinischer Liebling auch einige Tricks auf Lager hatte!

Glücklicherweise hatte Ricks melancholisch bedingter Wunsch nach geplanter Perfektion ihn dazu veranlasst, mit Rhonda sowohl vor als auch nach den Flitterwochen über ihre körperliche Liebe zu reden. Diese offene Kommunikation hat sie vor Missverständnissen und Konflikten bewahrt und sie können beide ihre unterschiedlichen Temperamente beim Liebesakt genießen.

Essgewohnheiten

Das Problem mit der Gewichtskontrolle ist ein ganz großes Thema in Zeitschriften und Selbsthilfeartikeln, in Schönheitsratgebern und Fernsehshows. Es scheint, dass jeder mit seinem Gewicht unzufrieden ist. Wunderdiäten, die schnellen Erfolg versprechen, boomen. Aber auch in diesem Bereich haben die verschiedenen Persönlichkeitstypen unterschiedliche Ansichten.

Sanguiniker essen, weil es Spaß macht und weil kalorienreiches Essen gut schmeckt. Sie haben Schwierigkeiten, die Verbindung zwischen einer Buttercremetorte und einer engen Hose zu erkennen. Häufig wird Essen mit gesellschaftlichen Aktivitäten in Verbindung gebracht, deshalb werden viele gemeindlich engagierte sanguinische Frauen von den gemeinsamen Mittagessen in der Gemeinde mollig. Ihre Ehemänner sind häufig hagere, strenge Kirchenleute, die ein ganzes Opferlamm essen könnten, ohne ein Gramm zuzunehmen!

Für Sanguiniker ist es am schwierigsten, ihr Gewicht zu kontrollieren, weil sie undiszipliniert und unbeständig sind. Sie gehen immer davon aus, dass sie *nächste Woche* mit der Diät beginnen.

Sanguinische Frauen können besser Sport treiben und zu wöchentlichen gemeinsamen Gewichtskontrollen gehen in der Hoffnung, dabei nette Leute zu treffen, mit denen sie Partys feiern können. Sie lieben es, schicke Leggings und Gymnastikschuhe zu kaufen – und wenn sie überhaupt eine Diät machen, dann mit Sicherheit die, die als letzter Schrei bekannt ist und über die jedermann spricht. Schließlich wissen sie noch gut, dass die letzte Diät nicht funktionierte, warum sollten sie sich also sinnlos irgendetwas verbieten?

Melancholiker sind das Gegenteil der undisziplinierten Sanguiniker. Sie lieben Menüpläne und sie essen, um eine feine kulinarische Erfahrung zu machen. Sie essen nicht zu viel, es sei denn, sie haben gerade mit Depressionen zu kämpfen. Wenn sie zu viel essen, dann normalerweise heimlich, sie werden zu *Schranktrinkern und -essern.* Sie wollen ihre schlechten Gewohnheiten keinem zeigen, weil sie befürchten, dass die Menschen dann schlechter über sie denken.

Die Melancholiker mögen keine Wunderdiäten, sondern versuchen eher, ausgeglichene nahrhafte Mahlzeiten zu sich zu nehmen mit dem Ziel, zwei Pfund pro Monat abzunehmen und sie für den Rest ihres Lebens auch los zu sein. Sie arbeiten im Stillen an ihrem Gewicht – und für sie ist dieser Prozess auch keine Party. Sie lesen gerne Bücher und Artikel über Gewichtsabnahme und sind fasziniert von Kalorientabellen. Sie kaufen sich eventuell eine Waage, die grammgenau wiegt, damit sie einen Überblick über jedes verlorene Gramm haben.

Choleriker sind Fast-Food-, Fast-Action- und Fast-Loss-Typen. Sie essen nur zu dem praktischen Zweck, ihre Arbeitskraft zu erhalten, und wenn sie meinen, sie würden zu fett, gehen sie das Problem sofort an. Sie melden sich im Sportstudio an und beginnen. Sie haben keine Zeit für Bücher, lebenslange Programme oder Partys in Gymnastikanzügen. Sie bevorzugen eine Diät, die einem Wunder nahe kommt, und sie setzen sich Ziele für eine Woche. Wenn sie Diätpillen nehmen, die eine Gewichtsabnahme von fünf Pfund am Tag versprechen, schlucken sie zwei Pillen in der Hoffnung, es werden zehn Pfund.

Wenn die erste Diät nicht schnell funktioniert, geben sie auf und probieren eine andere. Wenn zwei oder drei nicht helfen, kann es sein, dass sie ganz aufgeben. *Ich habe alles richtig gemacht, und ich habe kein Gramm abgenommen. Also will Gott mich vielleicht lieber mollig haben!* Schließlich haben die Choleriker keine Zeit, sich mit sinnlosen Diäten herumzuschlagen – sie haben Wichtigeres zu tun.

Phlegmatiker essen, wo und wann immer sie problemlos an etwas Essbares herankommen. Sie beginnen nur zögerlich, besonders mit Dingen wie einer Diät oder sportlichen Übungen. Für sie ist das Sporttreiben besonders schwierig, weil es so anstrengend ist und so wenig Resultate zeigt. Sie neigen dazu, ihr Abnahmeprogramm auf *einen besseren Zeitpunkt* zu verschieben, und sie ziehen es noch nicht einmal in Betracht, während des Urlaubs mit einer Diät zu beginnen. Phlegmatiker vollziehen in ihren Essgewohnheiten keine drastischen Veränderungen. Sie sagen eher mit Scarlett O'Hara: „Morgen ist ein neuer Tag."

Phlegmatiker denken über eine Diät lieber nach, als dass sie sie durchführen. Sie lesen über Diäten und Sport oder fragen andere Abnahmewillige, welche Pläne sie benutzen. Aber solange sie kein Programm finden, das extrem einfach ist, werden sie ihr Vorhaben auf unbestimmte Zeit verschieben.

Wer zählt hier Kalorien?

Jane ist eine übergewichtige Phlegmatikerin, die Essen als etwas sieht, das Gott uns zum Genießen geschenkt hat. Sie ist eine attraktive, gut angezogene Dame, aber ihr Ehemann, der nur isst, damit er funktioniert, will eine dünne Frau. Wie bei den meisten Ehepaaren haben sie und ihr cholerischer Ehegatte unterschiedliche Einstellungen zum Thema Gewicht und Diät, was schon zu manchem Kummer geführt hat.

Jane begann vor einigen Jahren an Gewicht zuzunehmen, während das Gewicht ihres Mannes immer genau den Idealstandards in den Tabellen entsprach. Die Formel für seinen Erfolg beinhaltete ein gewisses Maß an täglichen sportlichen Aktivitäten. Aber um seine Übungen in seinen engen Zeitplan einbinden zu können, delegierte er viele Angelegenheiten, die Familie und Freunde betrafen, an Jane. Er blieb im Plan, verpasste keine Trainingsstunde und nahm nie zu. Aber Janes Beziehungen zu der Familie und zu den Freunden lenkten sie von ihren Aufgaben ab, besonders von der Aufgabe, ihr Gewicht unter Kontrolle zu halten. Für ihn war das richtige Gewicht ein wichtiger Punkt bei der Erreichung seiner Ziele. Aber für sie war es etwas, woran sie arbeiten wollte, was aber nicht zwingend nötig war.

Während Jane weiter an Gewicht zunahm, wurde das Thema Diät und Gewicht eine echte Belastung für ihre Ehe. Ihre Extrapfunde störten ihren Ehemann. Und das Bewusstsein, dass ihr Mann sich ärgerte, verschaffte ihr viele Jahre unterdrückten Kummer. Seine cholerische Persönlichkeit trieb ihn dazu, nach Programmen zu suchen, die sie schnell von ihrem Gewicht befreien würden, und sie gaben Hunderte von Dollars aus, um jemanden zu finden, der ihr beim Abnehmen helfen konnte. Aber als Phlegmatikerin suchte Jane nach einer Möglichkeit, aus seinem strengen Regiment auszubrechen.

Arme Jane! Sie musste ein Leben lang nach dem richtigen Plan suchen und litt viele Jahre daran, dass ihr Ehemann ihr die wortlose Botschaft vermittelte, sie sei nicht dünn genug, um seinen Ansprüchen zu genügen. Ihr Ehemann hatte nicht gelernt: Je mehr Druck man auf einen Phlegmatiker ausübt, umso mehr sträubt er sich dagegen!

Jane drückt es so aus: „Seine Art, wie ein Wachhund nach mir zu schauen, machte mein Bedürfnis nach Rebellion nur noch stärker. Ich wollte immer weniger abnehmen."

Dann wurden Jane und ihr Mann Christen und begannen sich selbst anstatt ihren Partner zu hinterfragen. Diese Verpflichtung hat nicht dazu geführt, dass Jane abgenommen hat, aber es hat ihre Einstellung zum Abnehmen verändert. Der Herr begann jedem von ihnen zu zeigen, dass jeder Mensch seine Schwächen hat. Und als Janes Mann seine eigene Schwäche für Basketballspiele und seine Arbeitssucht erkannte, konnte er Janes Schwächen bezüglich des Essens akzeptieren. Schließlich teilte er Jane seine Erkenntnisse mit und hörte auf, sie ständig beim Essen zu kontrollieren.

Jane gewann auch neue Erkenntnisse, während sie im Glauben wuchs. Sie erkannte, dass Gott einen Plan für sie hatte, der unter anderem ihre körperliche Fitness erforderte. Er begann ihr zu offenbaren, dass ihre Gesundheit unter dem Übergewicht leiden würde und dass dies vielen ihrer Ziele im Leben hinderlich sein würde.

Und so kam dieses Ehepaar mit Gottes Hilfe wieder miteinander über Diäten und Gewichtsabnahme ins Gespräch. Jane wünscht sich immer noch, dass ihr Mann sie akzeptiert wie sie ist, aber er kommt diesem Wunsch schon näher. Und wie Jane mir kürzlich erzählte, drehen sich ihre größten Konflikte zum Thema Diät mittlerweile um ein gelegentliches Stück Heidelbeerkuchen.

Vielen Ehemännern und Ehefrauen geht es ähnlich wie Jane. Sie fühlen sich durch die Worte ihrer Partner über ihr Gewicht verletzt. Weil die Gesellschaft eine so große Betonung auf die äußere Erscheinung legt, sind Ehepartner häufig sehr bedrückt, wenn sie sich *zu dick* oder *zu dünn* für ihren Partner fühlen. Auch in diesem Bereich können Paare sich gegenseitig viel Gutes tun, indem sie sich die Zeit nehmen, für das Temperament und die Bedürfnisse ihres Partners ein Verständnis zu entwickeln. Erst wenn Sie dahin kommen, die Schönheit des inneren Menschen, den Sie lieben, zu schätzen, werden Sie einen befriedigenden Weg finden, gemeinsam an Ihrer äußeren Erscheinung zu arbeiten.

Arbeit

Unterschiedliche Erwartungen bezüglich der Arbeit können in der Ehe viele Konflikte verursachen. Beide Partner sind oftmals nicht nur über die Arbeitszeit unterschiedlicher Meinung, viele Ehemänner und Ehefrauen haben auch unterschiedliche Vorstellungen bezüglich der Pflichten im Haushalt.

Sanguiniker sehen Arbeit als notwendiges Übel, aber sie arbeiten hart, wenn ihre Arbeit sie mit Spaß belohnt. Natürlich hindert ihre spontane und lustige Art sie häufig daran, lange an einer ernsthaften Aufgabe auszuharren. Melancholiker lieben von Natur aus detaillierte Arbeiten, die Nachdenken und Konzentration erfordern. Sie lassen sich durch Projekte ablenken, die tiefe Konzentration verlangen, und vernachlässigen dafür ihre Freizeitaktivitäten, bis sie ihre Arbeit perfekt abgeschlossen haben.

Choleriker sind die Typen, die leicht zu Arbeitssüchtigen werden. Ihr Schwung und ihre natürliche Führungsstärke machen sie in Situationen mit großem Druck und großen Herausforderungen zu großartigen Mitarbeitern. Diese Situationen können zu einer Beförderung oder anderen Belobigungen am Arbeitsplatz führen. Aber ihr ständiger Antrieb führt manchmal auch dazu, dass sie die anderen Lebensbereiche aus dem Blick verlieren. Zu Hause sind cholerische Ehepartner harte Arbeiter, immer eifrig dabei, das nächste Projekt zur Hausverschönerung anzugehen.

Phlegmatiker hingegen neigen dazu, die Arbeit zu verschieben, besonders dann, wenn es schwierig zu werden scheint. Sie mögen Menschen und im Beruf sind sie motiviert, die Arbeit durch Interaktion mit den anderen zu erledigen. Aber ohne eine gewisse Ermutigung und Ansporn lassen sie die Projekte leicht schleifen.

Verständlicherweise kann eine Ehe von Menschen mit unterschiedlichen Temperamenten auch im Bereich der Arbeit zu Konflikten führen. Der Ehepartner, der Spaß liebt und gesellige Begebenheiten genießt, wird sich von einem Partner, der nur an seine Arbeit denkt, verletzt und frustriert fühlen. Und der getriebene Ehepartner, der alles kontrollieren will, neigt dazu zu nörgeln, während sein eher entspannter Ehepartner sich müde fühlt und sich im hektischen Alltag sehnlichst eine Pause wünscht. Um zu einer erfolgreichen Mischung zu finden, müssen die meisten Paare bereit sein, bezüglich der Arbeit und der Haushaltspflichten über ihre Erwartungen zu reden und Kompromisse zu suchen.

Aber ich bin gerade erst mit dem letzten Projekt fertig geworden!

Eine der schwierigsten Kombinationen bildet die starke, arbeitswütige Ehefrau, die jeden danach beurteilt, wie viel er oder sie arbeitet, und der phlegmatische Ehemann, der meint, er hätte den ganzen Tag schon gearbeitet und sich deshalb ausruhen muss, sobald er nach Hause kommt. Sie allerdings empfängt ihn an der Türschwelle mit einer Liste von Dingen, die er noch erledigen muss, und zwar sofort.

„Hol bitte unseren Sohn von der Schule ab. Er steht schon seit einer Viertelstunde an der Ecke und wartet auf dich."

„Geh noch einmal in den Supermarkt!"

„Wirf deine Jacke nicht einfach auf den Stuhl! Was glaubst du wohl, wofür wir Kleiderschränke haben?"

„Du musst gleich den Tisch decken; der Pastor kommt zum Abendessen!"

In solchen Situationen sieht sie ihn als Faulpelz und er sieht sie als Sklaventreiberin. Ein phlegmatisch veranlagter Mann erzählte mir einmal, dass er immer mit dem Wagen in die Garage fährt und dort still sitzen bleibt in der Hoffnung, nicht entdeckt zu werden. „Ich entspanne mich da erst einmal und mache eine mentale Pause, um genug Kraft zu sammeln, damit ich reingehen und ihr begegnen kann."

Ein anderer bemerkte: „Ich komme von der Arbeit heim und muss den ganzen Abend weiterarbeiten. Dabei würde ich mich so gerne einmal ausruhen!"

Und noch jemand hat folgende Lösung gefunden: „Ich habe da diesen Park entdeckt, der auf meinem Heimweg liegt. Jeden Tag stelle ich da nun meinen Wagen ab und schlafe erst einmal einige Minuten. Ich kann überall schlafen. Wenn ich dann gut ausgeruht bin, fahre ich nach Hause und wage mich ins Getümmel. Sollte sie diesen Park je entdecken, wäre es allerdings aus."

Sie können an diesen kurzen Beispielen sehen, dass jeder seine Ehe nur durch seine eigene Brille betrachtet, ohne zu verstehen, warum die Partner so unterschiedlich sind. Sie meint, er sei hoffnungslos faul, und er denkt, dass Menschen, die so arbeitssüchtig sind, eigentlich verrückt sein müssen.

Die cholerisch veranlagte Sandy erzählte mir einmal: „Ich dachte, mein Mann sei dumm. Er schien nicht in der Lage zu sein, die Spülmaschine zu leeren oder den Tisch abzuräumen, ohne ein Glas kaputtzumachen. Eines Abends schob ich ihn aus der Küche und sagte: ‚Du bist hier überhaupt nicht zu gebrauchen!' "

Dem Ehemann machte das wenig aus und eines Abends sah sie, während sie schwer beschäftigt war, ihren Mann vor dem Fernseher sitzen. Er hatte das kleinste ihrer Kinder auf dem Schoß. „Sie waren so entspannt. Auf einmal fiel es mir wie Schuppen von den Augen. Wer von uns war hier der Dumme?"

Beim ersten Lesen scheinen diese kleinen Beispiele vielleicht sehr lustig, aber wenn sie im richtigen Leben geschehen, sind sie alles andere als das. Doch ob Sie es glauben oder nicht, unterschiedliche Temperamente können sich in einer Ehe wirklich vorteilhaft ergänzen! Wenn es um Arbeit und Haushaltspflichten geht, brauchen die Arbeitspferde Entspannung. Ihr Ehepartner muss sie daran erinnern, das Leben zu genießen. Und wenn andererseits das Nörgeln so reduziert wird, dass es sich nur noch um legitime Notwendigkeiten dreht, kann der schwer zu motivierende Ehepartner lernen, wie befriedigend es ist, wenn man eine Arbeit erledigt. Wie in den meisten Lebensbereichen können unsere Schwächen auf wunderbare Weise von den Stärken unseres Partners kompensiert werden.

Elternschaft

Für Väter und Mütter ist es wichtig zu verstehen, dass ihre unterschiedlichen Temperamente auch ihren Erziehungsstil prägen. Die meisten von uns wollen mit einer Stimme sprechen, wenn sie mit ihren Kindern umgehen. Aber das kann bei sehr unterschiedlichen Persönlichkeitstypen natürlich schwierig werden. Solange die Eltern mit diesen Unterschieden nicht gut umgehen können, werden ihre Kinder sie zu ihrem eigenen Vorteil gegeneinander ausspielen. Ein Verständnis der persönlichen Unterschiede kann auch Verletzungen und Schuldgefühle verhindern, die entstehen, wenn einer der Partner mit einem Kind besser zurechtzukommen scheint als der andere.

Die beliebten Eltern (Sanguiniker)

Der beliebte Elternteil liebt Spaß und genießt es, ein Publikum zu haben. Sie spielen mit ihren Kindern und deren Freunden, aber da Sanguiniker ihr Selbstwertgefühl aus den Reaktionen ihrer Umwelt ziehen, kann eine Kinderschar, die desinteressiert ist, jeden Charme in ihnen auslöschen. Warum sollten sie auch nett und lustig sein, wenn sich keiner darum kümmert?

Es gibt keine schlimmere Strafe für sanguinische Eltern, als wenn sie von der Familie ignoriert werden. Sie wollen immer die Hauptrolle spielen, ohne dafür hart arbeiten oder auf Details achten zu müssen. Verantwortung ist im Denken eines Sanguinikers kein positiver Wert. So machen sie schnell und leichtfertig Fehler, die für die anderen Temperamente in der Familie häufig frustrierend und peinlich sind.

Sanguinische Ehepartner brauchen von ihrem Gegenüber besonders viel Ermutigung und Verständnis, wenn sie ein störrisches, langsam zu erwärmendes und emotional distanziertes Kind haben. Und auch wenn es manchmal so scheint, als wäre der Sanguiniker selbst noch ein Kind, sollte man sich daran erinnern, dass er eine einmalige Fähigkeit hat, mit den Kindern umzugehen und sie zu genießen.

Die perfekten Eltern (Melancholiker)

Perfekte Väter und Mütter sind so, wie alle gerne sein möchten: sauber, ordentlich, organisiert, pünktlich, tiefgründig, analytisch, genau, aufopfernd, talentiert, mitfühlend, musikalisch, geduldig, künstlerisch, kreativ, poetisch, sensibel, ernsthaft und standfest. Was will man mehr! Für diese Eltern ist das Großziehen von Kindern quasi eine Lebensaufgabe. Kein anderer Persönlichkeitstyp setzt sich so sehr für eine perfekte Kindererziehung ein.

Melancholische Elternteile können mit einem Sanguiniker, der den Spaß der Perfektion vorzieht, schnell in Konflikte geraten. Der Melancholiker fordert das Kind auf, die Hausaufgaben zu beenden, während der Sanguiniker vielleicht versucht das Kind mit einer lustigeren Beschäftigung abzulenken. Die Anstrengungen des Sanguinikers, die Zustimmung des Kindes zu gewinnen, sind häufig erfolgreich, aber das Resultat ist, dass der melancholische Elternteil frustriert ist und sich von den Kindern nicht geliebt fühlt, weil es an ihm liegt, die Kinder wieder zur Arbeit zu zwingen.

Wenn Sie mit einem Melancholiker verheiratet sind, müssen Sie ihn daran erinnern, dass nicht alle Kinder den gleichen Wunsch nach Perfektion haben wie er – manche fühlen sich von diesen Erwartungen auch überfordert. Andererseits sollten Sie dankbar dafür sein, dass Ihr melancholischer Ehepartner so viel Aufmerksamkeit fürs Detail aufbringt. Das wird Ihre Familie wahrscheinlich vor Unordnung und vielen peinlichen Momenten bewahren.

Die willensstarken Eltern (Choleriker)

Ein willensstarker Elternteil wird in jeder Lebenslage sofort zum Kommandeur. Der Einsatz für seine Familie ist ihm angeboren. Er oder sie hält die Truppe stets zusammen und erteilt Befehle. Das klingt alles ganz einfach. Ein Choleriker glaubt, wenn jeder das tut, was er sagt – und zwar sofort –, sei die Welt in Ordnung. Der cholerische Vater gibt in seinem Berufsalltag feste Anweisungen und duldet keinen Widerspruch, und dasselbe erwartet er auch zu Hause. Häufig ist eine cholerische Mutter mit einem phlegmatischen, friedliebenden Mann verheiratet, der sich im Traum nicht mit ihr anlegen würde, und so kann sie schnell und im Allgemeinen auch die richtigen Entscheidungen treffen und hat die Familie fest im Griff.

Ein solcher Haushalt ist nicht nur gut in Schuss, es wird auch nicht gefaulenzt. Cholerische Eltern arbeiten ständig – auch in ihrer Freizeit. Diese Menschen lieben keine Ruhe. Für sie ist Ausruhen vielmehr eine Sünde, die es zu vermeiden gilt.

Einmal nahm ein willensstarker Vater seine Kinder mit nach Disneyland. Er fand es sehr edelmütig von sich, dass er seine wertvolle Zeit dem Vergnügen seiner Familie opferte. Als er die Karten kaufte, sagte er jedem, wie teuer sie waren. Er betrat den Vergnügungspark mit dem Ziel, dass seine Kinder einen lustigen Tag erleben sollten. Nach einer Stunde brach ein Unwetter los und seine Frau und die Kinder wollten zurück zum Auto.

„Was denkt ihr euch eigentlich?“, fragte er. „Wir haben eine Menge Geld bezahlt und wir werden uns doch durch das bisschen Regen nicht den Spaß verderben lassen. Los, ihr geht jetzt auf die Spielgeräte und amüsiert euch. Wir schmeißen das Geld nicht zum Fenster raus!“

Als die friedliebende Frau dieses Mannes mir diese Geschichte erzählte, hätte ich zugleich weinen und lachen können. „Kannst du dir vorstellen, wie man im strömenden Regen auf einer Achterbahn Spaß haben soll, wenn du nichts vor Augen siehst und deine Kinder weinen, weil sie nach Hause wollen?“, fragte sie mich. Dieser willensstarke Mann hatte nicht nur seine Ausgaben voll ausgeschöpft, sondern er hatte damit auch noch einen weiteren Vorteil erzielt: Seine Familie hat ihn nie wieder gebeten, mit ihr nach Disneyland zu fahren!

Wenn Sie mit einem Choleriker verheiratet sind, dann ist es wichtig für Sie, ihn daran zu erinnern, dass es nicht immer die beste Methode ist, wenn alle nach seiner Pfeife tanzen. Sie brauchen sanfte (und manchmal nicht so sanfte) Anstöße, dass nicht alle Kinder denselben Antrieb haben wie sie. Andererseits können Sie sich darüber freuen, einen Partner zu haben, der Ihre Kinder gut und schnell zum Lernen und zum Spaß motivieren kann.

Die friedliebenden Eltern (Phlegmatiker)

Friedliebende Eltern haben eine freundliche, beherrschte, geduldige, ausgeglichene, sympathische Wesensart, die einen Vater oder eine Mutter angenehm und akzeptabel macht. Sie argumentieren oder streiten nicht, sie verlangen keine großen Leistungen, sie schlagen nicht und sie sind nie unvernünftig oder hysterisch. Was braucht ein Kind mehr? Viele kleine Leute wünschten, sie könnten ihre dramatische, emotionale und allseits beliebte Mutter gegen ein solches Modell umtauschen und ihren diktatorischen, temperamentvollen, mächtigen Vater oder ihre kritischen, pingeligen, perfektionistischen Eltern zu friedliebenden Beschützern machen.

Diese unkomplizierten Väter und Mütter weisen trotzdem einige Mängel auf. Wenn phlegmatische Eltern keine Richtlinien für Zucht und Ordnung aufstellen und darauf bestehen, kann sich ein sanguinisches Kind aus verdienten Konsequenzen charmant herausmogeln. Ein cholerisches Kind wird über kurz oder lang die gesamte Familie beherrschen. Friedliebende Eltern müssen sich also regelrecht dazu zwingen, in das Verhältnis zu ihren Kindern einige Energie zu investieren, andernfalls wird es keine Kommunikation untereinander geben.

Es überrascht nicht, dass die Erziehungsmethoden des Phlegmatikers in der Ehe zu Problemen führen können, besonders wenn er mit einem sehr cholerischen Menschen zusammenlebt. Wenn Choleriker die Truppen auf das nächste Projekt vorbereiten, werden sie sich durch den Mangel an Unterstützung durch ihren entspannten Ehepartner frustriert fühlen. Andererseits wird ein Phlegmatiker ärgerlich, wenn sein cholerischer Partner ständig das Bedürfnis nach neuen Familienprojekten und Aktivitäten hat.

Wenn Sie mit einem Phlegmatiker verheiratet sind, versuchen Sie zu erkennen, wann es so weit ist, dass er von geschäftigen Kindern und Familienaktivitäten ermüdet ist. Andererseits sollten Sie ihn ermutigen, seine elterliche Verantwortung wahrzunehmen und sich nicht aus dem Familienleben zurückzuziehen. Mit der Unterstützung und dem Drängen eines liebevollen Ehepartners sind phlegmatische Elternteile großartige Eltern, die in unserer geschäftigen Welt ihr Heim zu einem Hafen des Friedens machen.

Die heißen Eisen bewältigen

Wenn Sie und Ihr Ehepartner erst einmal Kenntnisse über die verschiedenen Temperamente gewonnen haben, werden Sie erleben, dass der Umgang mit den beschriebenen Themen viel einfacher wird. Sicher wird es nicht immer einfach sein, einen annehmbaren Kompromiss zu finden. Aber allein schon dadurch, dass Sie um das Temperament Ihres Partners wissen, können Sie sich mehr in ihn hineinfühlen und nach Lösungen suchen, die sowohl seine als auch Ihre eigenen Bedürfnisse berücksichtigen.

Gott hat einen guten Plan für Sie und Ihren Partner. Er kann Ihre unterschiedlichen Temperamente zum Wohl für alle verbinden, auch in den schwierigen Punkten. Auch wenn es sich nicht immer danach anfühlt – er hat Ihnen Ihren Ehepartner mit gutem Grund geschenkt. Die Temperamentsunterschiede, die zu den größten Konflikten führen, bewahren Sie andererseits davor, die negativen Seiten Ihres Typs ins Extreme auszuleben.

Mit einem anderen Temperament umgehen zu lernen beinhaltet für Sie auch die Chance, als fürsorglicher Mensch zu wachsen. Die Kompromisse, die Sie schließen, helfen Ihnen beiden, ein ausgeglicheneres Leben zu leben. Teil 2 dieses Buches bietet Ihnen einen tiefer gehenden Blick auf die einzelnen Temperamente, sodass Sie die brennenden Themen in Ihrer Ehe effektiver behandeln können.

Teil II

Aufeinander einstimmen

Mit den vier Temperamenten leben

Das Lied des Sanguinikers

Wochenend und Sonnenschein

Alana zieht mit ihrem sprühenden Temperament schnell die Aufmerksamkeit ihrer Umgebung auf sich. Im Gespräch mit Familie und Freunden scherzt sie oft darüber, dass sie der Liebling aller sei. Eine typische Nachricht, die sie auf dem Anrufbeantworter ihrer Mutter hinterlässt, könnte lauten: „Hi, Ma, ruf bitte deine Lieblingstochter an, wenn du zurückkommst!"

Beliebte Sanguiniker haben ein angeborenes Bedürfnis nach Spaß und Spiel. Ihre fröhliche Einstellung macht sie schnell beliebt und sie sind einfach glücklich, solange sie etwas zu lachen haben und geliebt werden. Da Sanguiniker immer mehr Spaß zu haben scheinen als ihre Umgebung, wirken sie sehr anziehend auf ihre Mitmenschen. Sie stehen meist im Mittelpunkt der Party und fesseln die anderen mit dem Erzählen ausgeschmückter Geschichten.

Sanguiniker mögen weder Probleme noch Konflikte oder exzessive Arbeit, weil diese Dinge ihnen die Zeit für den Spaß stehlen. Weil sie bei allem, was sie tun, die Anerkennung der anderen brauchen, können sie nicht gut mit Menschen umgehen, die sie niedermachen, in der Öffentlichkeit demütigen oder ihnen das Gefühl geben, sie seien dumm.

Wenn Sie ein Sanguiniker sind oder mit einem Sanguiniker verheiratet sind, ist es wichtig für Sie zu erkennen, welche einmaligen Charakteristiken dieser Typ hat.

Das blonde Dummchen

Die sanguinisch veranlagte Alana schrieb mir nach einem meiner Seminare einen Brief und erzählte, wie erleichtert sie war, als sie feststellte, dass es noch eine andere Bezeichnung für sie gab als den Ausdruck *das blonde Dummchen*. Ihre melancholischen Eltern hatten sie als Mängelexemplar angesehen und sie hatte ihr ganzes Leben darum gekämpft, ein Melancholiker zu werden wie ihre Eltern. Stellen Sie sich einmal eine strahlende, redelustige, witzige Sanguinikerin vor, die Tag für Tag versucht, tiefgründig, still und perfekt zu sein. Sie wird völlig verwirrt und verunsichert, und so geht es auch jedem, der mit ihr zu tun hat!

Nachdem sie das Buch *Einfach typisch* gelesen hatte, konnte sie beginnen, sich selbst als den beliebten Sanguiniker zu erkennen, der ganz und gar nicht verrückt war. Zum ersten Mal in ihrem Leben erkannte sie, dass ihr Temperament nicht dem ihrer Eltern gleichen musste und dass es noch andere Menschen gab, die wie sie waren. In ihrem Brief schrieb sie, welche Freude und Erleichterung diese Erkenntnis für sie bedeutete.

Leider sind manche Sanguiniker mit jemandem verheiratet, der ihre lustige Art einfach nicht versteht. Anstatt ihre emotionalen Bedürfnisse zu erfüllen, versucht der Ehepartner, sie zu verändern, fordert sie auf, „sich nicht wie ein Kind zu benehmen und die Arbeit zu erledigen". Aber solange jemand nicht lernt, wie er auf die emotionalen Bedürfnisse seines sanguinischen Gegenübers eingehen kann, wird er mit einem sehr traurigen Partner zusammenleben müssen.

Die emotionalen Bedürfnisse des Sanguinikers

Sanguiniker haben „Nehmer"-Bedürfnisse. Sie wollen Aufmerksamkeit, Zustimmung und Zuneigung, und das sofort. Diese sonnigen Typen brauchen außerdem ständig Umgang mit anderen Menschen, und sie brauchen Action, sonst finden sie das Leben langweilig. Wenn diese Bedürfnisse befriedigt werden, kann der Sanguiniker sein Leben genießen, ohne ständig versuchen zu müssen, die Aufmerksamkeit seines Ehepartners zu erregen. Die folgende Liste gibt ein paar Hinweise, wie man die Bedürfnisse eines sanguinischen Ehepartners befriedigen kann:

1. Aufmerksamkeit: Setzen Sie sich, schauen Sie ihm in die Augen und hören Sie zu. Unterbrechen Sie nicht, schneiden Sie ihm nicht das Wort ab, schauen Sie nicht im Zimmer umher, versuchen Sie nicht, eine schnelle Lösung anzubieten, wenn er von einem Problem erzählt. Ihr Partner will nur Ihre Aufmerksamkeit.

2. Zustimmung: Sanguiniker sehnen sich nach Zustimmung. Sie meinen sonst, keiner schätze ihre Arbeit. Sagen Sie nicht: „Das wäre gut gewesen, wenn du nur ..." Wenn Sie sie häufig korrigieren, denken Sanguiniker, Sie wollten sie fertig machen. Versuchen Sie stattdessen, ihnen Dank und Anerkennung für eine gute Arbeit auszusprechen.

3. Zuneigung: Sanguiniker wollen geliebt werden. Denken Sie an ein kleines Kind, das sagt: „Papa, bitte hab mich lieb." Der Sanguiniker hat eine betörende, kindliche Anziehungskraft. Reagieren Sie darauf. „Du bist so hübsch, so schlau, so talentiert, so charmant, so clever, so witzig ..." Sie können nie genug Liebe bekommen.

4. Action: Ignorieren Sie nicht die Bitten Ihres Partners, mit ihm auszugehen oder Zeit mit Freunden zu verbringen. Der Sanguiniker fühlt sich wie ein Tier im Käfig, wenn er nicht häufig mit der Familie und Freunden zusammen sein kann. Planen Sie einige besondere Anlässe ein, bei denen Sie beide aus dem Haus kommen. Ermutigen Sie Ihren Partner, sich in der Kirchengemeinde und in örtlichen Vereinen zu engagieren.

Wenn Sie selbst Sanguiniker sind, versuchen Sie daran zu denken, dass Ihre emotionalen Bedürfnisse eine Menge Kraft und Zeit erfordern. Ein melancholischer oder phlegmatischer Ehepartner wird es schwierig finden, auf Ihr Bedürfnis nach ständiger Unterhaltung und Aktivität einzugehen. Wenn Sie immerzu um Ihren Partner herumscharwenzeln in der Hoffnung, von ihm Zustimmung und Zuneigung zu bekommen, müssen Sie damit rechnen, eher ein genervtes Stöhnen anstatt eines Komplimentes oder einer Umarmung zu ernten. Erinnern Sie sich selbst daran, dass Ihr Partner ebenfalls Bedürfnisse hat, und diese können darin bestehen, dass Sie ihm ein wenig Raum für sich selbst lassen, während Sie an anderer Stelle für Ihren Spaß sorgen.

Anordnungen?

Sanguiniker sind dafür bekannt, dass sie Gebrauchsanweisungen nicht lesen. Sie sind so heiß darauf, den Spaß an einer Sache zu entdecken, dass sie stets die Abkürzung nehmen. Da detaillierte Gebrauchsanweisungen dem Spaß im Weg stehen, werfen sie sie einfach weg und hoffen das Beste.

An einem Weihnachtsfest bekam die sanguinische Alana eine wunderbare Kamera von ihren Freunden geschenkt, weil diese wussten, wie gerne sie fotografierte. Aber Monate später hatte sie weder die Gebrauchsanweisung gelesen noch die Garantiekarte ausgefüllt. Sie hatte herausgefunden, wie die Kamera mit der Autofokuseinstellung funktionierte, aber sie hatte keine Ahnung, wie sie die vielen anderen Funktionen der Kamera nutzen konnte.

Schließlich erwähnte sie einem ihrer Freunde gegenüber, dass sie jemanden brauchte, der ihr die Funktionen ihrer Kamera erklärte. Ihr cholerischer Freund blickte sie ungläubig an und sagte: „Alana, da war eine Gebrauchsanweisung dabei!“

Typisch für eine Sanguinikerin antwortete Alana: „Was hat das damit zu tun?“

Wenn Sie mit einem sanguinischen Partner verheiratet sind, denken Sie daran, dass er sich selten um Gebrauchsanweisungen kümmern wird. Wenn Ihr sanguinischer Partner Ihnen erzählt, er wolle ein neues Hobby erlernen, dann sorgen Sie dafür, dass er dazu einen Kurs besucht, in dem er mit anderen Menschen zu tun hat. Machen Sie nicht den Fehler und kaufen ihm ein dickes Buch über das Thema. Es wird nur in Ihrem Regal verstauben!

Wenn es keinen Spaß macht, dann wird es auch nicht erledigt!

Ein anderer schwieriger Bereich für den Sanguiniker liegt darin, auf seine aktuelle Arbeit konzentriert zu bleiben. Die Gedanken des Sanguinikers springen so schnell von einem zum anderen, dass er noch auf dem Weg zur Erfüllung einer Aufgabe vergisst, wohin er unterwegs war. Meine cholerische Tochter Lauren fordert sich immer selbst mit einem „Multitasking" heraus, wie sie es nennt, denn sie erledigt gerne viele Dinge gleichzeitig. Aber Sanguiniker sind besser dran, wenn sie nur eine Aufgabe nach der anderen erledigen. So sagt eine meiner sanguinischen Freundinnen über ihre Kochkünste: „Ich traue mich nur, jeweils eine Kochplatte anzustellen."

Bezeichnend für Sanguiniker ist auch, dass sie überhaupt keine Hausarbeit mögen, und besonders schrecklich sind solche Aufgaben, die einem beim oberflächlichen Betrachten nicht ins Auge fallen. Sie neigen dazu, Dinge in Schubladen zu schieben, wenn es an der Tür klingelt, und finden diese Dinge dann wochenlang nicht wieder. Sanguiniker wollen einfach nichts vom Leben verpassen, nur weil sie zu viel putzen.

Wenn Sanguiniker sich schließlich an die Hausarbeit begeben, halten sie sich nie an einen Putzplan – sie werden zu leicht abgelenkt. Sie könnten zum Beispiel auf dem Weg in ein Zimmer sein, das sie saugen wollen, aber während sie noch etwas in die Schublade stecken, entscheiden sie, dass diese Schublade dringend aussortiert werden müsste. Am Ende des Tages haben sie einige Dinge erledigt, die schon seit Jahren darauf gewartet haben und die keiner bemerkt, aber das Haus sieht immer noch unordentlich aus. An diesem Punkt werden Sanguiniker deprimiert und fühlen sich, als hätten sie einen ganzen Tag mit Putzen verschwendet, an dem sie eigentlich auch etwas Lustiges hätten erleben können. „Ach, was bringt das alles!"

Aber wenn er sich einmal richtig an die Arbeit begibt, dann kann ein sanguinischer Partner bei ihrer Erledigung eine Menge Spaß haben. Wenn Sie also mit einem Sanguiniker verheiratet sind, nehmen Sie Hausputzprojekte nicht allzu ernst. Und wenn er eine Aufgabe erledigt hat, achten Sie darauf, dass Sie ihn dafür loben und ermutigen.

Meine beste Freundin

Meine Tochter Marita ist wie ich eine Mischung aus Sanguiniker und Choleriker. Wir sind beide gerne für den Spaß zuständig. Natürlich hat Marita einen Melancholiker geheiratet, er heißt Chuck. Er ist so tiefgründig und nachdenklich, dass er als Musterexemplar gelten kann.

Eines Morgens hörte Marita, wie er in der Dusche mit sich selbst redete: „Wer nicht wenigstens ein bisschen depressiv ist, versteht die Schwere des Lebens nicht."

Marita kam herein und rief: „Das war ein echter Klassiker. Darf ich den benutzen?"

Seine plötzliche Offenbarung schien ihm gar nicht außergewöhnlich zu sein, deshalb sagte er einfach: „Wenn du willst."

Wäre Chuck ein Sanguiniker und jemand wollte ihn zitieren, wäre seine Reaktion überschwänglich, etwa so: „Du willst mich zitieren? Werde ich in einem Buch vorkommen? Oder in einem Film? Ich kenne noch mehr Geschichten. Wann wird das veröffentlicht? Bis Weihnachten?" Sanguiniker lieben Aufmerksamkeit und nehmen jede Gelegenheit dazu wahr.

Würde Marita die Unterschiede zwischen den einzelnen Persönlichkeitstypen nicht kennen, wäre sie von seinem Mangel an Begeisterung für ihre witzigen Ideen häufig frustriert. Ihr ist klar, dass Chuck keine negative Weltsicht hat, er ist in seiner melancholischen Art einfach nur realistisch. Also hat Marita gelernt zu tun, was viele Sanguiniker tun – sie hat eine Menge sanguinischer Freundschaften geschlossen.

Einmal hielt Marita einen Vortrag bei einer Frauenkonferenz, die ungefähr eine Autostunde von ihrem Zuhause entfernt stattfand. Als sie dort ankam, stand nur ein Auto in der Nähe der Tür, die wie der Haupteingang aussah. Also parkte sie neben diesem Wagen und sah, wie eine strahlende blonde Schönheit ihren Kofferraum öffnete. Marita ging auf sie zu, stellte sich vor und fragte diese Sanguinikerin, ob sie wisse, wo es hinginge. Keine der beiden hatte eine Ahnung, aber sie beschlossen, ihre Autos zu entladen und zu der großen Tür hinüberzugehen. Glücklicherweise war diese nicht verschlossen.

Bis sie ihre Sachen verstaut und ihre Stände aufgebaut hatten, waren sie die besten Freundinnen. Am Ende des Tages hatten

Marita und ihre neue beste Freundin, an deren Namen sie sich leider nicht mehr erinnern kann, sich einander lebenslange Freundschaft versprochen. Sie tauschten ihre Visitenkarten aus und waren wirklich gewillt, in Kontakt zu bleiben.

Als Marita nach Hause kam, fragte Chuck: „Wie war dein Tag?" Er wollte keinen detaillierten Bericht über den ganzen Tag, aber wenn man Sanguiniker fragt, wie ihr Tag gelaufen ist, bekommt man auch die gesamte Geschichte geliefert.

Sie erklärte ihm gerade die Einzelheiten über ihre neue beste Freundin, als Chuck sie unterbrach: „Marita, man kann nicht innerhalb eines Tages eine beste Freundin gewinnen."

„Warum nicht?"

„Beziehungen brauchen Zeit. Du kannst im Leben vielleicht ein oder zwei beste Freundinnen haben, mehr kann man nicht erwarten."

„Das soll alles sein in einem ganzen Leben? Was für ein deprimierender Gedanke!"

Nur Sanguiniker können beste Freunde sammeln wie Gänseblümchen. „Bei uns hat es einfach gefunkt", sagen sie. Sie müssen nicht wissen, wer man ist, was man tut oder wo man lebt, solange es funkt. Diese Tendenz kann in einer Ehe wie der von Marita und Chuck zu Konflikten führen. Wenn Sie also mit einem Sanguiniker verheiratet sind, versuchen Sie stets daran zu denken, dass seine Tendenz, Freunde zu gewinnen und wieder fallen zu lassen, für ihn natürlich ist und ihm keine Probleme macht. Versuchen Sie deshalb, seine Begeisterung über die neuen Menschen und neuen Erfahrungen zu teilen.

(Des)organisierter Spaß

Das Wort „Spaß" ist das Wort, nach dem die Sanguiniker handeln. Sogar ein kleines sanguinisches Kind fragt schon: „Macht das Spaß?" Der Sanguiniker sieht Spaß als begeisternde, spontane, von den Umständen bedingte, ungeplante, geistgeführte, überraschende, abenteuerliche, bezaubernde, unbeschränkte Aktivität.

Sanguiniker wollen nicht daran erinnert werden, wie viel eine Reise kostet, sie wollen nicht gerügt werden, wenn sie zwei Desserts futtern. Sie wollen lange aufbleiben und bis mittags schlafen, wenn ihnen danach ist. Wenn es Regeln, Kritik oder unerklärte Erwartungen gibt, schmollen sie und sagen: „Das macht keinen Spaß."

Diese Tendenz zu ungeplanten spaßigen Aktivitäten kann einen organisierten Melancholiker manchmal frustrieren. Er hat einfach kein angeborenes Bedürfnis nach dieser Art von Vergnügen. Für Melancholiker ist das Leben eine ernste Sache, und um eine Reise erfolgreich durchführen zu können, muss sie lange im Voraus geplant werden. Mein Mann Fred liebt es zu planen. Er besorgt Prospekte, liest Reisemagazine und fragt andere Melancholiker, was ihnen gefallen hat. Er tritt einem Reiseclub bei, der Rabatt gewährt, und kauft Time-Share-Aktien, die einen Hotelaufenthalt kostenlos erscheinen lassen. Er führt Buch über unsere Flugmeilen, und wenn sie uns den Bonus dafür nicht gewähren, verlangt er am Telefon den Vorgesetzten.

Mich als Sanguinikerin hat diese Art von Vergnügen immer gestört. „Warum können wir nicht einfach losgehen und sehen, was geschieht?", fragte ich häufig zu Beginn unserer Beziehung. Diese ganze detaillierte Planung schien mir den Spaß an unseren Unternehmungen zu vermiesen.

Aber mittlerweile habe ich gelernt, Freds Art zu schätzen, weil ich die Vorteile einer guten Planung erkenne. Ich freue mich über die Bonuspunkte bei der Fluggesellschaft und finde es toll, zum Preis eines einfachen Zimmers in der Hotelsuite wohnen zu können. Das geht alles nur, weil Fred so ordentlich Buch darüber führt und im Voraus plant. Ich hingegen kümmere mich nicht um diese Details und bin dann überrascht, wenn ich ankomme und den Nutzen erlebe, den auch ein Sanguiniker genießt. Diese Vorteile würden wir nie erleben, wenn ich für das organisierte Vergnügen zuständig wäre. Zu guter Letzt habe ich also doch gelernt, dass einige Abenteuer sogar noch mehr Spaß machen, wenn die Einzelheiten im Vorhinein ausgearbeitet werden.

Wenn Sie mit einem sanguinischen Ehepartner verheiratet sind, müssen Sie daran denken, dass er ein Bedürfnis nach spontanem Spaß hat. Sanguiniker überraschen ihren Partner oft mit einer verrückten Idee und versuchen ihn zu diesem Abenteuer zu überreden. Auch wenn Sie sich bei organisierten Unternehmungen wohler fühlen – es ist wichtig, dass Sie ab und zu seinem Bedürfnis nach spontanen Aktivitäten nachgeben. Seine Lebendigkeit wird

Ihnen sicher einige erinnernswerte gemeinsame Erlebnisse verschaffen!

Mit einem weißen Kaninchen verheiratet sein

Erinnern Sie sich noch an das weiße Kaninchen in „Alice im Wunderland"? Dieses Kaninchen raste ständig wie verrückt hin und her und entschuldigte sich: „Ich bin zu spät! Ich bin zu spät für einen wichtigen Termin!" Einige Ehepartner werden schnell entmutigt, wenn sie merken, dass sie mit einem sanguinischen „weißen Kaninchen" verheiratet sind – mit jemandem, der immer überall zu spät kommt.

Das Problem

Die sanguinische Josie hatte ein sprühendes, lebhaftes Wesen und telefonierte leidenschaftlich gern. Außerdem hatte Josie ein Herz für Frauen, denen es nicht gut ging. So war sie eine der besten Seelsorgerinnen in ihrer Gemeinde und verbrachte deshalb viele Stunden am Telefon. Und nicht zuletzt machte sie deshalb die vielen Hilferufe, die sie tagtäglich erhielt, für den angebrannten Brokkoli und die verpassten Besprechungstermine verantwortlich.

Ihr sehr sensibler und melancholischer Mann Mark hatte Verständnis für Josies Bedürfnis, ihre seelsorgerlichen Gaben einzusetzen, aber er merkte, dass er auf seine Frau immer wütender und ärgerlicher wurde. Über die fehlenden Mahlzeiten regte er sich nie auf – dafür konnte er selbst sorgen. Es war vielmehr ihre Tendenz, zu jedem Termin 20 bis 30 Minuten zu spät zu kommen, die ihm auf die Nerven ging. Er fand es unhöflich, Leute warten zu lassen, weshalb ihm die Verspätungen häufig sehr peinlich waren.

Mark erzählte mir, dass Freunde das Essen oft im Ofen warm halten mussten, weil er und Josie zu spät kamen. Bei einer anderen Gelegenheit verpasste eine ganze Gruppe von Freunden den ersten Teil einer Aufführung, weil sie auf die beiden warten mussten. Nicht selten kam Josie von ihren Verabredungen zu spät nach Hause und ihre Kinder mussten nach der Schule stundenlang auf sie warten. Fast jedes Mal kam Josie zu spät, weil noch jemand angerufen hatte oder sie mit der betreffenden Person noch ein weiteres

Thema hatte durchsprechen müssen. Und wenn sie dann endlich aufgelegt hatte, wurde sie anschließend noch von dem Chaos im Kleiderschrank und in der Kosmetikschublade aufgehalten, sodass es wiederum länger dauerte, bis sie endlich fertig war. Oft zog Josie dann die ganze Situation ins Lächerliche und fand es lustig, dass Mark sich derart aufregte.

Als er mir sein Problem schilderte, hielt er einen Moment inne und seufzte. „Ich fühle mich schlecht dabei, aber jedes Mal, wenn sie zu spät dran ist, fange ich an, superkritisch auf ihre Fehler zu achten. Ich weiß, dass das alles nur noch schlimmer macht. Aber wenn sie nur die Hälfte der Zeit, die sie am Telefon verbringt, dafür investieren würde, ihr Leben zu organisieren, kämen wir nicht immer überall zu spät!"

Die Lösung

Mark hatte Recht. Josie musste weniger Zeit am Telefon verbringen und mehr Zeit in ihre Pflichten gegenüber Freunden und Familie investieren. Aber gleichzeitig musste Mark auch etwas an seiner Reaktion ändern. Als Mark die vier Temperamente kennen gelernt hatte, wurde er schließlich gegenüber den redelustigen Tendenzen seiner Frau sanftmütiger. Er erkannte, dass ihre Fähigkeit zu reden und Menschen zu ermutigen ein echter Segen war. Er verstand aber auch, dass natürliche Wesenszüge keine Entschuldigung dafür waren, extrem zu werden. Er beschloss, seine Reaktion auf Josie zu verändern.

In der folgenden Woche waren die beiden bei Marks Chef zum Abendessen eingeladen. Mark warnte Josie vor, dass er allein mit seinem eigenen Auto dorthin fahren würde, wenn sie sein Bedürfnis nach Pünktlichkeit nicht respektierte. Sie würde dann später nachkommen müssen. Sie lachte ungläubig und ignorierte ihn. An diesem Abend – sie drehte gerade die Wickler aus ihrem Haar – klingelte das Telefon. Mark sah Josie an und sie kommunizierten stillschweigend miteinander. Josie ging trotzdem ans Telefon und sagte lächelnd: „Ach Liebling, nur eine Minute, das verspreche ich!"

Als Josie schließlich 40 Minuten später auflegte, war Mark weg.

Zuerst war Josie geschockt und verletzt. Dann wurde sie wütend. „Ich kam wie eine Furie aus dem Gebüsch", erinnert sie sich.

Und als sie am Haus von Marks Chef ankam, marschierte sie direkt auf Mark zu und wäre beinahe vor Wut geplatzt!

Mark nahm seine Frau sanft am Arm und ging mit ihr auf die Terrasse. Er erklärte ihr: „Josie, Liebes, ich liebe dich. Ich fand es genauso furchtbar wie du, ohne dich wegzufahren. Ich weiß, dass dich die Leute, die dich aus der Gemeinde anrufen, brauchen. Aber *ich* brauche dich auch. Ich brauche es, dass du *meine* emotionalen Bedürfnisse berücksichtigst. Ich bin dein Ehemann. Pünktlich zu sein ist mir sehr, sehr wichtig. Ich fühle nicht, dass du mich liebst, wenn du immer zu spät kommst. Kannst du bitte aufhören und zuhören und das verstehen?"

Josie fühlte sich elend. Mark hatte Recht. Er kam mit vielen ihrer Eigenheiten aus und sie war sehr selbstgerecht gewesen. Sie zeigte mehr Interesse an den Menschen, die sie anriefen, als an ihrem eigenen Ehemann. Josie begann über ihr Handeln nachzudenken und erkannte, dass der Grund für ihr Verhalten zum Teil in der Tatsache lag, dass sie sich von keinem etwas vorschreiben lassen wollte. Sie lachte über sich selbst, als sie erkannte, dass sie wie ihre sechsjährige Tochter reagiert hatte! Und sie versprach, sich in Zukunft mehr wie eine Erwachsene zu benehmen, die wusste, was sich gehörte.

Sanguiniker, die immer ein Stück Kind sind, kämpfen häufig mit den Dingen, die andere ihnen aufgetragen haben, oder es fällt ihnen extrem schwer, einfach still zu sein, wenn jemand anders seine eigene Arbeit fertig stellen will. Wie das Kaninchen von Alice können Sanguiniker in kindlichen Verhaltensmustern gefangen bleiben und sind unfähig, ihren Weg in die Realität zurückzufinden. Menschen, die mit Sanguinikern verheiratet sind, können ihre Bedürfnisse am besten kommunizieren, wenn sie nicht kritisch sind, sondern dem Sanguiniker klarmachen, dass sie sich dann geliebt fühlen, wenn ihre Bedürfnisse respektiert werden.

Das Bedürfnis nach Liebe verstehen Sanguiniker *immer*.

Armes Baby

Sanguiniker brauchen viel Zuneigung und Zustimmung, besonders dann, wenn sie anderen ihre Probleme mitteilen. Ein melancholischer Ehemann will wahrscheinlich das Problem lieber analysieren, ein Choleriker wird versuchen, es zu lösen, und der Phlegmatiker wird wahrscheinlich nicken und zuhören, ohne tatsächlich ein Wort mitzukriegen. Aber was Sanguiniker in schwierigen Zeiten wirklich brauchen, ist eine Umarmung und jemand, der Mitleid mit ihnen hat.

Wenn Marita von einer Reise heimkehrt, bei der alle möglichen lustigen und schrecklichen Dinge geschehen sind, möchte sie ihren Mann Chuck mit all ihren Verrücktheiten unterhalten. Weil er Melancholiker ist, möchte er sie am liebsten andauernd unterbrechen und fragen, warum in aller Welt sie so etwas Gefährliches habe tun können, und ihr solche Sachen für die Zukunft verbieten. Aber diese Lektionen verderben den Schwung der Geschichte und manchmal bricht die Erzählung bei solchen Interventionen ganz ab. Marita kann Chucks Weisheit nun einmal nicht wertschätzen, wenn sie dabei ist, von ihren Kämpfen zu erzählen.

„Alles was ich will, ist Mitgefühl, keine Belehrung“, erzählte sie mir.

Um dieses Problem zu lösen, haben sich die beiden bestimmte Worte ausgedacht, anhand derer sie unterscheiden können, ob sie gerade nur eine Abenteuergeschichte erzählt oder ob es sich um ein wirklich ernstes Problem handelt. Marita nennt den ersten Typ von Geschichte ihre „Armes-Baby“-Erzählungen.

Wenn sie ihm eine erbarmungswürdige Story über ihren schrecklichen Tag erzählen will, beginnt sie mit den Worten: „Das ist eine ‚Armes-Baby‘-Geschichte. Ich will dir erzählen, was passiert ist, aber ich will nicht, dass du versuchst, eine Lösung zu finden. Nimm mich einfach in den Arm und sag: ‚Armes, armes Baby.‘ “

Wenn sie wirklich ein Problem hat, sagt sie: „Ich brauche einen Therapeuten. Hilf mir.“

Chuck ist Therapeut und bietet guten Rat, den Marita sehr zu schätzen weiß, wenn sie darum gebeten hat. Er ist erleichtert darüber, dass sie ihm nun klar signalisiert, was sie will. Er sagt: „Es ist jetzt so viel einfacher, da ich nicht mehr ihre Gedanken lesen muss!“

Sorgen Sie dafür, dass Ihr sanguinischer Partner häufig ein „Armes Baby!“ von Ihnen hört, wenn er von seinen Ärgernissen erzählt. Es mag verlockend sein, für alle seine Problemchen eine Lösung zu finden oder ihn wegen seiner Fehler zurechtzuweisen, aber damit machen Sie die Sache nur schlimmer. Schenken Sie ihm stattdessen Ihr Mitgefühl und Sie werden innerhalb kürzester Zeit sein sanguinisches Lächeln wieder zu sehen bekommen.

Ich hatte einen Unfall mit einem Polizeiauto!

Sanguiniker sind ständig auf der Suche nach Abenteuer und Spaß. Ihr auf spontane Aktivitäten ausgerichteter Eifer führt jedoch häufig dazu, dass sie gedankenlos handeln, was wiederum oftmals zu Pannen führt. Wer mit einem Sanguiniker verheiratet ist, wird sich an dessen natürliche Neigung zu Unfällen gewöhnen müssen und lernen, mit solchen Pannen barmherzig umzugehen.

Die sanguinisch/cholerische Connie ist mit einem Phlegmatiker verheiratet. Sie sagt, das Schöne daran ist, dass er nie schreit, tobt oder wettert, wenn ihr mal wieder etwas schief geht. Er sagt einfach ruhig: „Das hätte ich mir denken können. Ich kümmere mich darum. Das war nicht sehr schlau von dir."

Eines Tages stieß Connie beim Rückwärtsfahren mit einem geparkten Polizeiwagen zusammen, der sein Blaulicht anhatte. Können Sie sich vorstellen, wie ihr Mann reagiert hätte, wenn er Choleriker gewesen wäre? „Du hast was?! Bist du blind? Hast du denn das Blaulicht nicht gesehen? Wie kann man nur so dumm sein? Was soll ich jetzt deiner Meinung nach tun?"

Connie rief ihren Mann an und berichtete ihm von der Tragödie. „Ich bin mit einem Polizeiauto zusammengestoßen!"

Gene regte sich nicht auf, sondern fragte nur: „War der Polizist nett zu dir? Geht es dir gut? Ich komme sofort."

Es kann sein, dass die häufigen Unfälle Ihres sanguinischen Ehepartners Sie verrückt machen. Aber wenn Sie vermeiden wollen, einen hohen Blutdruck zu bekommen, werden Sie lernen müssen, dass seine Neigung zu solchen Zwischenfällen zu seiner Persönlichkeit gehört. Vielleicht wollen Sie ihn lehren, solche Dinge in Zukunft zu vermeiden. Denken Sie dabei aber immer daran, ihm Bestätigung zu vermitteln, indem Sie ihm sagen, dass Sie ihn lieben und nur wollen, dass es ihm gut geht.

Instant-Tapete

Sanguiniker unterschätzen häufig die Zeit, die zur Fertigstellung eines Projektes nötig ist. Oft sind sie zu gehetzt, um eine Arbeit in letzter Minute abzuschließen, und lassen dann zwangsläufig fünfe gerade sein. Dieses Verhalten kann besonders bei cholerischen Sanguinikern sehr ausgeprägt sein. Der Schwung des Cholerikers, neue Projekte in Angriff zu nehmen, paart sich mit dem überoptimistischen Blick des Sanguinikers. Die Folge sind hastig und schlampig durchgezogene Projekte.

Die sanguinische Sharon liebt spontane Aktionen, kurzfristiges Chaos, schnelle Gedankengänge und unordentliche Zustände, die sich später in schöne Erinnerungen verwandeln. Sie mag es besonders, eine großartige Idee zu entwickeln und sie noch am selben Nachmittag in die Tat umzusetzen. Da es mehr Spaß macht, sich eilig auf das Ende eines solchen Projektes hinzubewegen, macht es ihr nichts aus, eine Arbeit abzukürzen oder die Unordnung im Kleiderschrank verschwinden zu lassen. Sie erzählt offen und jedem, der es hören will, dass das Geschirr vom letzten Abend noch im Backofen steht und dass ihre Kleider schon drei Tage in der Waschmaschine liegen, weil so viele chaotische Dinge passiert sind.

Ihre Ehemann Dale hingegen liebt Pläne, geordnete Zeittafeln und perfekte Harmonie. Er würde lieber keine Unordnung sehen, und er glaubt nicht, dass es funktioniert, einfach die Kurve zu schneiden, wenn die Zeit knapp ist. Und wenn er einmal in der Situation wäre, ein Projekt in Eile durchzuführen, würde er im Gegensatz zu Sharon mit Sicherheit niemandem davon erzählen.

Vor Jahren, noch bevor sie etwas von den vier Temperamenten wussten, machte dieser Umstand ihr Eheleben sehr anstrengend. Sharon machte Dale mit ihren vielen gehetzten Projekten verrückt. Keines entsprach ja seinem für einen Melancholiker typischen perfektionistischen Anspruch.

Einmal hatte Sharon alte Freunde zum Abendessen eingeladen. Sie wollte großen Eindruck machen, also ging sie am Tag des Besuches in den Supermarkt und kaufte einen prächtigen Braten mit allen Zutaten. Sie hatte den Ehrgeiz, alles selbst zu machen, auch die Saucen und den Kuchen zum Nachtisch, und so stand sie vom frühen Morgen an in der Küche. Mittags hatte sie plötzlich eine großartige Idee: Das Esszimmer würde viel beeindruckender aussehen, wenn man es neu tapezierte und Vorhänge anbrachte.

Schnell überschlug sie die verbleibende Zeit: Wenn die Kinder die anderen Zimmer aufräumten und Dale ihr beim Tischdecken half, konnte sie bis 18.30 Uhr fertig sein. Der Plan erschien ihr perfekt. Aber dann kam Dale nach Hause.

Als Dale hereinkam und sah, dass sie dabei war zu tapezieren, war er ganz und gar nicht glücklich. Er konnte nicht glauben, dass sie meinen konnte, man könne ein Zimmer an einem Nachmittag tapezieren. Jeder, der ein bisschen klaren Verstand besaß, wusste, dass so eine Arbeit – wenn sie sorgfältig gemacht wurde – viele Stunden brauchte. Er sah ihre Kanten und Ecken an und sagte: „Ich kann nicht glauben, dass du unserem Esszimmer das angetan hast!" Die sanguinische Sharon war über sein Missfallen vollkommen geschockt. Es war so eine begeisternde Sache gewesen – bis er nach Hause gekommen war!

Mittlerweile rannten die Kinder durch das Haus, sprangen über die Sofas und freuten sich, dass Besuch kam und sie endlich mal wieder ein ordentliches Essen bekommen würden. Dale wurde immer wütender, während Sharon die Tapeten fertig klebte, die improvisierten Vorhänge anbrachte und loslief, um die Kinder passend anzuziehen. Bald war auch sie aufgeregt und wünschte sich, dass Dale ihr helfen würde, alles fertig zu bekommen.

Als sie zu streiten begannen, zeigte die Uhr bereits 18.15 Uhr. Sie fragte ihn: „Könntest du nicht wenigstens so tun, als wärest du nicht wütend auf mich, damit wir die letzte Viertelstunde, bevor die Gäste kommen, möglichst gut nutzen können?"

Das Abendessen wurde schließlich ein voller Erfolg und das Haus sah wunderschön aus. Die Kinder erinnerten sich an ihre Manieren, das Essen schmeckte wunderbar, und die Tapete fiel nicht herunter. Und Dale gewann sogar seine Gelassenheit wieder, nachdem die Gäste das Haus verlassen hatten.

Nach dieser Erfahrung haben Sharon und Dale die vier Temperamente kennen gelernt und mit der Zeit haben sie die Persönlichkeit des anderen mehr und mehr akzeptiert. Sharon hat gelernt, ihr Tempo herunterzuschrauben und genauer zu arbeiten, zu planen und nicht jedem impulsiven Gedanken sofort nachzugehen. Das Ergebnis ist, dass sie Dale nicht mehr so verrückt macht.

Dale lacht immer noch, wenn sie sich selbst in die Bredouille bringt, aber er hat sich an Sharons Last-Minute-Projekte gewöhnt und ist darüber nicht mehr so geschockt wie früher. Das Verständnis der verschiedenen Temperamente hat ihnen geholfen, persönlich und als Paar zu wachsen.

Das neue Schuhregal

Weil Sanguiniker so häufig in letzter Minute mit einem Projekt beginnen, enden sie unweigerlich damit, um Hilfe bitten zu müssen. Mit ihrer charmanten und kindlichen Art können sie schnell jeden dazu überreden, eine Arbeit für sie zu Ende zu bringen. Wenn Sie mit einem Sanguiniker verheiratet sind, wundern Sie sich nicht, wenn Sie sich oft dabei wieder finden, seine Arbeiten zu Ende zu führen oder sein Problem zu lösen.

Wenn eine Person sowohl sanguinische als auch cholerische Wesenszüge in sich vereinigt, wird sie besonders geschickt darin sein, andere dazu zu bringen, ihre Arbeit zu tun. Die cholerische Seite der Persönlichkeit entwickelt einen Plan und erkennt jede Gelegenheit, eine Situation in die von ihr bevorzugte Richtung zu steuern. Und der sanguinische Charme gewinnt die anderen für ihren Plan und macht sie hilfsbereit, da der Sanguiniker häufig recht hilfsbedürftig erscheint. Unglücklicherweise kann der cholerische Sanguiniker mit Details wenig anfangen und plant seine Projekte ohne Einzelheiten. Am Ende erhält er zwar sein gewünschtes Ergebnis, aber immer mit Hilfe einer anderen Person, die tatsächlich für ihn die Planung und Arbeit übernimmt.

Carol bewegt sich mit der entscheidungsfreudigen Geschwindigkeit eines Cholerikers und mit der großäugigen Unschuld des Sanguinikers durchs Leben. Sie macht stets den Eindruck einer Ingrid Steeger, mit erhobenen Händen und flatternden Augen. Männer, die sie nicht einmal kennt, öffnen ihr im Supermarkt die Tür, denn sie sind sich schon bei ihrem Anblick sicher, dass sie ohne ihre Hilfe verloren wäre. Sie macht diesen ausdrucksstarken Eindruck und jeder scheint auf diese Seite in Carol zu reagieren.

Was die meisten nicht sehen ist, dass die Cholerikerin in Carol in der Lage ist, von allem und jedem Besitz zu ergreifen. Sie muss nicht gefragt werden, sie hat einfach das Empfinden für die Inkompetenz der anderen, und sie übernimmt unweigerlich die Kontrolle.

Sie ist sich ihrer sanguinisch-cholerischen Persönlichkeit sehr bewusst und es macht ihr Spaß, ihr Leben in jeder Situation entsprechend anzupassen. „Ich akzeptiere alles außer Langeweile!“, ruft sie vergnügt.

So wie viele Sanguiniker liebt auch Carol Schuhe, und sie mag es besonders, wenn sie gleich alle auf einen Blick sehen kann. Eines Tages fand sie einen großen hellroten Schuhbehälter, den man an die Tür hängen kann und der Platz für 20 Schuhpaare bot. Das war die Lösung ihres Schuhproblems. Sie kaufte den Schuhbehälter, hängte ihn an die Schlafzimmertür und füllte ihn bis oben mit Schuhen. Nun nahm aber dieser Behälter so viel Raum ein, dass sich die Tür nur noch halb öffnen ließ.

„Was ist das?“, fragte ihr Mann Gordon, als er das Monstrum zum ersten Mal erblickte.

„Mein neuer Schuhbehälter. Jetzt kann ich meine Schuhe farblich sortiert aufbewahren“, antwortete Carol.

„Aber man kommt gar nicht mehr ins Zimmer“, sagte Gordon in einem deprimierten Tonfall.

„Natürlich kann man. Du musst dich nur dünn machen.“

Gordon tat so, als würde er das Problem ignorieren – das tat er mit allen Problemen –, aber jeden Abend drückte er die Tür an die Wand und quetschte sich mühsam durch den Spalt und Carol ignorierte es.

Als sein sanftes Grummeln Carol nicht beeindruckte, griff er zu einem für Phlegmatiker verzweifelten Schritt. „Du musst diese Schuhe aus dem Schlafzimmer rausräumen“, sagte er mit dem geduldigen Seufzer eines Ehemanns.

Schnell erkannte Carol eine Gelegenheit, etwas Neues zu kaufen, und sagte: „Das ist in Ordnung. Ich werde ein paar Regale für den Kleiderschrank besorgen.“ Sie war sich nicht sicher, ob die Regale hineinpassten, aber sie wollte es versuchen. Also schnappte sie sich ihre Jacke und ging – typisch für ihr sanguinisches Gemüt – begeistert ins Möbelhaus.

„Wo gehst du hin?“, fragte Gordon.

„Ich kaufe Regale“, antwortete sie in ihrer hilflosen und charmanten Art. Sie hatte kürzlich ein paar weiß lackierte Regale im Kaufhaus gesehen, die sich in einer Minute aufbauen ließen.

Doch zur Abwechslung hatte diesmal ihr Augenaufschlag nicht den gewünschten Effekt.

„Du musst nicht ins Kaufhaus gehen und Geld ausgeben. Wir haben Ziegelsteine und Bretter in der Garage. Damit kannst du dir selbst ein paar Regale bauen."

„Regale bauen?" Plötzlich verwandelte sich das, was als Abenteuer begonnen hatte, in reine Arbeit.

Sie wollte sich nicht geschlagen geben. Also ging sie in die Garage und fand die Bretter, nach Größe sortiert. Sie hatte keinen Zollstock dabei, also rannte sie zurück nach oben und maß die Länge mit ihren Füßen ab. Sechs Füße plus einer ohne Zehen. Schnell rannte sie zurück zur Garage, bevor sie es vergaß.

Dummerweise musste sie ein Auto aus der Garage fahren, um die Bretter auf den Boden legen zu können. Sie erkannte, dass die Bretter nicht passten, also lehnte sie sie gegen Gordons Auto und griff zur Kettensäge. Dieser Lärm erregte Gordons Besorgnis bezüglich einer potenziellen Katastrophe. Deshalb kam er schnell heraus, um nachzusehen, was sie tat.

Er stellte den Motor ab und fragte: „Hast du abgemessen?"

„O ja", sagte sie stolz. „Sechs Füße plus einer ohne Zehen."

Gordon zog die Augenbrauen hoch.

Angewidert ging er nach oben, maß den Schrank ab und schnitt die Bretter genau zu, wobei er auch noch die Ecken abrundete, damit sie leichter hineinpassten. Er trug die Bretter ins Schlafzimmer und überließ es ihr, die Steine hinaufzutragen. Endlich kam sie mit einer Ladung hoch, ließ sie fallen und schlug dabei ein Loch in die Wand. Unter einigem Stöhnen trug er dann den Rest nach oben. In der Hoffnung, sich von den Anstrengungen dieses Nachmittags erholen zu können, kehrte er zum Fernseher zurück.

Carol tat ihr Bestes, um die Regale unten im Kleiderschrank aufzubauen. Der Schrank war voll gestopft mit langen Hemden, Hosen und Kleidern. Sie stellte alle ihre Schuhe auf die Bretter, aber als sie ein paar Schritte zurücktrat, um ihr Werk zu begutachten, konnte sie die Schuhe nicht sehen, weil die Kleider darüber hingen. Also holte sie am nächsten Tag die Schuhe wieder heraus und stellte sie unter das Bett hinter den Staubfang. Die Schuhe mit Absatz standen unter Gordons Bett, die schicken, flachen am Fußende und die Alltagsschuhe unter ihrer Seite.

Dieses Arrangement funktioniert gut für Carol. Sie nimmt einfach den Staubfang ab und hat so einen Überblick über all ihre Schuhe. Das Regal steht nun leer in ihrem Schrank – als Erinnerung für sie, dass ein wenig Planung im Voraus ihr und ihrem Mann viel Zeit und Mühe erspart hätte.

Das Tote Meer und der plaudernde Bach

Ihr sanguinischer Ehepartner wird mit Sicherheit in Ihrem gemeinsamen Leben für Unterhaltung sorgen. Seine kraftvolle Persönlichkeit ist immer offen für ein Abenteuer und liebt es, Zeit mit anderen Menschen zu verbringen. Aber wenn Sie ein stillerer Typ sind, dann werden Sie das Bedürfnis haben, Ihren redelustigen, allzeit aktiven Ehepartner zur Ruhe zu bringen.

Die cholerische Betsy ist Bauchrednerin. Sie sagt, dieser Beruf passe perfekt zu ihrem Temperament. Sie kann eine einstündige Vorstellung geben, wobei sie alle Puppen alleine spielt. Und das Beste dabei ist, ohne ihre Erlaubnis kann keiner etwas sagen.

„Das ist viel einfacher, als mit echten Menschen zu arbeiten!“, sagt sie begeistert.

Als Betsys phlegmatischer Ehemann Rod ihr das erste Mal begegnete, verliebte sie sich in einen Mann, von dem man sagen konnte: „Stille Wasser sind tief.“ Rob verliebte sich in einen süßen „kleinen, plaudernden Bach, der sich einfach durchs Leben plapperte“.

Aber als sie einige Monate miteinander verheiratet waren, passierte etwas mit der schönen Kulisse, die sie gemeinsam aufgebaut hatten. Rod ähnelte immer mehr dem Toten Meer, weil er sich nicht rührte, und Betsy glich zunehmend dem permanenten Tropfen einer Wasserfolter, weil sie nicht aufhörte Rod dazu zu drängen, sich zu bewegen – und zwar sofort!!!

Was geschah zwischen den beiden? Nun, Betsy sieht es heute so, dass Rod von ihr erwartete, ebenfalls zu einem „stillen, tiefen Wasser“ zu werden, während sie von ihm forderte, sich in einen „schnellen, reißenden Fluss“ zu verwandeln, der alles mit sich riss. Betsy begab sich sogar ans Ufer dieses „Toten Meeres“ und versuchte, Kanäle zu graben, damit das Wasser fließen konnte, aber das Einzige, was geschah, war, dass sie im Schlamm stecken blieb. Und Rod kam an Betsys Ufer und versuchte sie zur Ruhe zu bringen, indem er große Steine in ihren „plaudernden Bach“ warf, was aber nur dazu führte, dass sich das Wasser staute.

Wasser ist eine starke Kraft, und wenn es konstruktiv genutzt wird, kann es Leben spenden und zu einer reichen Energiequelle werden. Aber wenn es in die falschen Bahnen gelenkt wird, kann es da, wo es entlangfließt, alles aushöhlen. Das kann schnell oder langsam geschehen, aber das Ergebnis ist immer das gleiche – es wird den Unterbau, auf den es trifft, auswaschen und untergraben.

Rückblickend auf den Beginn ihrer Ehe sehen Rod und Betsy, dass sie trotz ihrer gegenseitigen Hingabe aneinander einen beträchtlichen Wasserschaden erlitten haben, weil sie einander nicht erlaubt hatten, die Art von Gewässer zu sein, zu der Gott sie geschaffen hatte.

Aber ihre Geschichte hat ein glückliches Ende. Rod und Betsy lernten die vier Persönlichkeitstypen kennen, und nun endlich verstehen sie ihre unterschiedlichen emotionalen Bedürfnisse und Wesenszüge und erlauben und ermutigen einander, so zu sein, wie Gott sie sich gedacht hat. Sie haben zunächst einige „Wiederherstellungsmaßnahmen" durchgeführt und nun kann Betsy die stillen Wasser in ihrem Leben genießen und Rod kommt mit dem sprudelnden Bach, der durch sein Leben fließt, zurecht.

Wie Betsy und Rod empfinden auch andere Ehepaare, von denen ein Partner Sanguiniker ist, dass ein plaudernder Bach durch ihr Heim fließt. Falls Sie einen sanguinischen Partner haben, wird er Ihr Haus mit viel Lachen, Liebe und Freunden erfüllen. Oft werden Sie seine Freundlichkeit, seinen Optimismus und seine fröhliche Einstellung schätzen. Und wenn Sie ihm helfen, seine Schwächen in den Griff zu bekommen, dann vergessen Sie bitte nie, sein emotionales Bedürfnis nach Zuneigung, Aufmerksamkeit und Beifall zu erfüllen. Egal welche Pannen geschehen, vergessen Sie nie, dass Gott Ihnen diesen sonnigen, sanguinischen Partner aus einem ganz bestimmten Grund geschenkt hat.

Die Melodie des Melancholikers

Ich weiß nicht, was soll es bedeuten

Joan und Frank waren frisch verheiratet, als Frank beschloss, Joan beizubringen, wie man eine Geschirrspülmaschine korrekt benutzt. Alle Teller und Schüsseln müssen in die gleiche Richtung gestellt werden. Alle Löffel gehören in einen Teil des Besteckkorbes, die Gabeln in einen anderen. Frank war entschlossen, alle Dinge ordentlich und richtig zu tun. Joan jedoch hielt diese Angelegenheit für eine Kleinigkeit und übergab ihm die Autorität über die Spülmaschine. Wie alles andere in Franks genauestens organisierter Welt genoss er es, die Spülmaschine „korrekt" zu füllen.

Erscheint Ihnen Frank wie die Kopie Ihres eigenen Partners? Wenn Sie mit einem Menschen zusammen sind, der für jedes Ding einen Platz hat und Stunden mit kleinen Details verbringt, sind Sie wahrscheinlich mit einem Melancholiker verheiratet.

Melancholiker sind still und anspruchslos. Sie sind kreative, tiefgründige Denker und sie werden gerne in Ruhe gelassen. Außerdem führen Melancholiker detaillierte Zeitpläne und reagieren gut auf ein organisiertes Umfeld. Sie denken analytisch, sind zuverlässig und im Allgemeinen ernsthafte Menschen.

Melancholiker mögen Menschen, die ihren Geschmack für intellektuelle und ernsthafte Themen teilen. Sie sind gerne mit Menschen zusammen, die sich vernünftig unterhalten, und versuchen nicht, die Stimmung durch oberflächliches Gerede aufzuheitern. Melancholiker sind sehr nachdenkliche Menschen und reagieren sensibel auf die Gefühle ihrer Familie und Freunde.

Menschen, die vergesslich, unordentlich oder ständig zu spät sind, gehen Melancholikern schnell auf die Nerven. Sie sind nicht gern mit unberechenbaren Menschen zusammen und betrachten weniger intelligente Temperamente als „Leichtgewichte".

Wenn Sie mit einem Melancholiker verheiratet sind, wird Ihnen dieses Kapitel gefallen. Sie lernen, die Welt aus der Sicht Ihres Partners zu sehen. Wenn Sie dieses nachdenkliche Temperament verstehen, werden Sie auch den Schlüssel dafür haben, seine tiefsten Bedürfnisse zu erfüllen.

Die emotionalen Bedürfnisse des Melancholikers

Die Bedürfnisse des Melancholikers gründen sich auf innere Gefühle. Ihr Herzensbedürfnis lautet: „Unterstütze mich und mach dich nicht über mich lustig. Gib mir Raum und Stille."

Das Grundbedürfnis des Melancholikers besteht darin, alles perfekt und ordentlich zu tun. Wenn Sie etwas für Ihren melancholischen Partner erledigen sollen und tun es zu spät, schlampig oder gar nicht, fühlt er sich nicht geliebt, denn wenn Sie ihn liebten, würden Sie mehr Anstrengung darauf verwenden, die Dinge ordentlich zu erledigen.

Die folgende Liste wird Ihnen helfen, die emotionalen Bedürfnisse des Melancholikers besser zu verstehen und zu erfüllen:

1. *Unterstützung*: Melancholiker müssen wissen, dass Sie „mit ihnen" sind. Sie sind schnell verletzt, wenn Sie sich lustig über sie machen oder sie für einen Lacher in Ihrer Geschichte gebrauchen. Fragen Sie nicht: „Was ist los mit dir?" Sagen Sie stattdessen: „Ich weiß, dass du verletzt bist, und ich bleibe jetzt einfach hier sitzen, bis du es mir sagen willst."
2. *Raum*: Im Gegensatz zu Sanguinikern brauchen Melancholiker Freiraum. Sie wollen sicher sein, dass das, was auf ihrem Schreibtisch liegt, auch am nächsten Tag noch da ist. Sie werden

depressiv, wenn ihre Dinge ausgeliehen, verdorben oder zerstört werden. Schon allein die Entdeckung, dass Sie seinen Bleistift mit klebrigen Fingern angefasst haben, kann ihnen Kopfschmerzen bereiten. Versuchen Sie also dafür zu sorgen, dass Melancholiker ihren Freiraum haben, und gehen Sie nicht an ihre Sachen.

3. *Ruhe*: Machen Sie sich bewusst, dass Melancholiker weder Lärm noch Geschwätz, Gesellschaft oder Chaos brauchen. Sie brauchen einen Ort, wo sie sich von ihrer Familie zurückziehen können. Respektieren Sie ihren Wunsch nach Ruhe und schleppen Sie sie nicht von einer Veranstaltung zur nächsten.
4. *Stabilität*: Melancholiker müssen ein Gefühl von Ordnung in ihrem Leben empfinden. Versuchen Sie ihre sich täglich wiederholenden Abläufe zu respektieren und unterbrechen Sie sie nur im Notfall. Wenn möglich, helfen Sie Ihrem melancholischen Partner, seinen Zeitplan einzuhalten – das wird ihm eine Menge Stress ersparen.

Wenn Sie Melancholiker sind, ist es wichtig, sich bewusst zu werden, dass kein Mensch Ihre Bedürfnisse vollkommen erfüllen kann. Das Leben ist nicht immer perfekt und es liegt nicht immer an Ihrem Partner, wenn Ihre Pläne oder Freiräume gestört werden. Manchmal erlauben Zeit oder Umstände es Ihrem Partner nicht, ein Projekt so zu vollenden, wie Sie es gerne hätten, aber das heißt nicht, dass er Sie nicht liebt. Denken Sie immer daran, dass wir in einer unvollkommenen Welt leben und dass auch Sie nicht den perfekten Ansprüchen genügen können.

Die Inkarnations-Feier

Melancholiker nehmen das Leben ernst und sind jeder Frivolität gegenüber intolerant. Alle Dinge haben ein Ziel und eine Ordnung und man darf mit unproduktiven Aktivitäten keine Zeit verschwenden. Sie haben das Empfinden, dass die meisten Sanguiniker flatterhaft sind, und können nicht verstehen, warum so viele Menschen sich von ihnen einnehmen lassen. Schließlich tun die Sanguiniker nur selten etwas mit melancholischer Perfektion.

Eine Freundin von mir ging in eine Gemeinde, deren sanguinischer Pastor schon viele Jahre dort diente. Jeder Sonntag war eine aufregende Sache. Der allseits beliebte Pastor war sehr witzig, was besonders die Kinder von ihm begeistert sein ließ. Das ging so weit, dass sie mit ihm umgingen, als wäre er selbst noch ein Kind. Jede Woche veranstaltete er mit den Kindern etwas Lustiges und darüber hinaus ließ er einmal im Monat eine Geburtstagsparty für Jesus steigen. Diese lief so ab, dass jedes Kind, das in dem betreffenden Monat Geburtstag hatte, nach vorne kommen durfte. Anschließend sang die Gemeinde diesen Kindern ein Ständchen und nach dem Lied erzählte der Pastor eine lustige Geschichte über die Kindheit Jesu. Zuletzt bekam jedes Kind eine Tafel Schokolade geschenkt und durfte sich schließlich wieder auf seinen Platz setzen. Diese monatliche Veranstaltung war so beliebt, dass auch Familien aus dem Ort kamen, die sonst nicht zur Kirche gingen, wenn ihre Kinder Geburtstag hatten.

Nun ergab es sich, dass dieser beliebte Pastor in eine andere Gemeinde berufen wurde, und sein Nachfolger war ein sehr gebildeter Melancholiker, den wir Pastor Perfekt nennen wollen. Dieser Pastor fühlte sich bei Partys unwohl und besonders bei denen, die während des Gottesdienstes gefeiert wurden. Als er deshalb versuchte, die Geburtstagspartys abzuschaffen, beschwerten sich die Eltern: „An diesen Tagen haben wir die meisten Besucher!“

Der Pastor gab nach und taufte die „Geburtstagsparty für Jesus“ in „Inkarnations-Feier“ um. Zu diesen Gelegenheiten verkündete er stets eine theologisch tiefgründige Botschaft und verteilte Anstecker mit der Aufschrift „Jesus rettet“. Die klebrigen Schokoladentafeln schaffte er ab. Die Besucherzahlen sanken und die Kinder hatten keine Lust, für so eine blöde Anstecknadel nach vorne zu kommen. Natürlich genossen die melancholischen Gemeindeglieder die Tiefgründigkeit ihres neuen Pfarrers, aber alle anderen vermissten den Spaß.

Sie können sich sicher denken, dass die „Inkarnations-Feier“ nur kurze Zeit überlebte, denn bald gingen die Kinder lieber gleich zum Kindergottesdienst.

Melancholiker sind die Ersten, die meinen, dass ein Spaß zu weit geht. Sie fühlen sich durch lustige Aktivitäten in ihrer Umgebung schnell beleidigt. Viele Ehepartner reagieren dann ähnlich wie die Eltern in dieser Geschichte auf diese Umstrukturierungen des Melancholikers – sie beschweren sich oder machen Witze. Doch durch ihre negativen Kommentare verletzen sie allerdings den sensiblen Melancholiker.

Versuchen Sie doch bitte stattdessen, sich auf die positiven Aspekte dieses melancholischen Wesenszuges zu konzentrieren. Es geschieht zum Beispiel nur selten, dass Melancholiker einen ernsten Moment durch einen schlechten Witz kaputtmachen. Ihre Nachdenklichkeit bewahrt sie davor, andere zu verletzen. Sie merken auch sehr schnell, wenn es anderen schlecht geht. Respektieren und ermutigen Sie Ihren melancholischen Ehepartner bei seinen ernsthaften Unternehmungen, auch wenn Sie ihn dazu ermuntern, doch ein bisschen Spaß zu haben.

Das Problem mit den Socken

Ist es möglich, dass durch die Art des Zusammenlegens von Socken ein Eheproblem entsteht? Einmal benutzte ich während eines Vortrags dieses Beispiel, als Linda, eine reizende sanguinische Phlegmatikerin, anschließend auf mich zukam und meinte: „Ich habe auch dieses Sockenproblem."

Linda hatte wie ich gelernt, die Socken zu Kugeln zusammenzurollen. Als Linda dann den melancholisch veranlagten Jim heiratete, lernte sie bald, wie man Socken richtig zusammenlegt. Er informierte sie darüber, dass man die Socken aufeinander legen muss, diese dann an den Fersen auf die Hälfte faltet und anschließend einen Schaft über beide Socken zieht, sodass ein flaches Gebilde entsteht. Nun sei es möglich, den Platz besser auszunutzen und außerdem die Fersen stets in einer Richtung in den Schrank zu legen. Außerdem solle das Gebilde schön gleichmäßig aussehen und nicht etwa eine Sockenspitze oben herausschauen.

Sie erzählte mir diese Geschichte mit ungläubigen großen Augen. Sie konnte überhaupt nicht begreifen, dass sich jemand mit so einer Nichtigkeit beschäftigen konnte. „Er sagte mir sogar, er könne nachts nicht schlafen, wenn er nicht wisse, dass alle Socken gleichmäßig gefaltet in der gleichen Richtung liegen." Linda lachte und erzählte mir dann, wie die Geschichte weiterging.

Linda hatte Jim kennen gelernt, als beide in der Buchhaltung einer Elektrogerätefirma arbeiteten. Sie fühlte sich von Jims Genauigkeit angezogen, davon, wie er seinen Arbeitsplatz geordnet hatte und von seinem stillen, würdevollen Auftreten. Als sie darüber nachdachten, ob sie heiraten sollten, nahm sie an, dass er in ihrem sanguinischen Leben als beruhigendes Element wirken werde, und er wiederum schätzte ihre Begeisterung und ihre Freude am Lachen.

Schnell aber verwandelten sich die liebenswerten Qualitäten, die sie zueinander hingezogen hatten, in ein Schlachtfeld. In ihrem gemeinsamen Büro bei ihnen zu Hause ließ Linda die Post stapelweise auf ihrem Schreibtisch liegen, die Aktenordner waren auf dem Fußboden verteilt und die Schubladen standen offen, damit sie schnell sehen konnte, womit sie gefüllt waren. Wenn dann Jim hereinkam, schob er lärmend die Schubladen zu und forderte sie auf, ihren Mist gefälligst auf ihren Arbeitsplatz zu beschränken.

Nachdem Linda das Buch *Einfach typisch* gelesen hatte, machte sie gemeinsam mit Jim den Persönlichkeitstest. Sie fand heraus, dass sie zwar einige sanguinische Elemente in sich trug, dass aber die Jahre der Arbeit als Buchhalterin jeden Spaß aus ihrem Leben getilgt hatten. Sie entdeckte, dass der melancholische Jim sie nicht absichtlich ärgerte. Er brauchte einfach ein ordentliches Zuhause, denn dies gehörte zu seinen persönlichen Bedürfnissen. Und sie lernte, wie sie auch außerhalb dessen, was für sie als Sanguinikerin bequem war, handeln konnte, um damit den Bedürfnissen ihres Mannes entgegenzukommen.

Nachdem sie bei den Melancholikern das Merkmal des Perfektionisten entdeckt hatte, beschloss sie, Jim zu Weihnachten besonders zu überraschen. Dieses Geschenk kostete sie fast ein ganzes Jahr der Vorbereitung und war nicht mit Geld zu bezahlen – sie machte einen altmodischen Hausputz und brachte ihr gemeinsames Heim von oben bis unten in Ordnung.

Um diesen Plan auch tatsächlich durchzuziehen, zwang sie sich, viermal in der Woche jeweils 15 Minuten zu putzen. Manchmal machte sie das sogar täglich! Ihr Ziel bestand darin, von Zimmer zu Zimmer zu gehen, jeden Schrank und jede Schublade durchzuforsten, bis sie das ganze Haus aufgeräumt hatte. Jeden Tag stellte sie den Küchenwecker auf fünfzehn Minuten, damit sie nicht zu lange arbeitete. (Länger als nötig zu arbeiten ging gegen ihr sanguinisches Temperament.)

Um ihre Motivation aufrechtzuerhalten, entwickelte sie ein Belohnungssystem für sich, das ihr half, ihre Fortschritte zu sehen. Sie kaufte sich orangefarbene Klebepunkte, mit denen sie jeden Tag, an dem sie an ihrem Projekt gearbeitet hatte, in einem Kalender kennzeichnete. Sie nannte diese Pflichten ihre „Reise durch Schutt und Schätze". Die orangefarbenen Sticker belohnten sie, und an jedem Tag, an dem sie einen von ihnen aufkleben konnte, stellte sie sich vor, dass darauf stand: „Frau Saubermann".

An Thanksgiving war Linda schließlich im Küchenbereich angelangt und Anfang Dezember war ihr Ziel in Sicht. Irgendwie war es ihr gelungen, das Weihnachtsgeschenk für Jim geheim zu halten, obwohl er bereits einige Veränderungen im Haus bemerkt hatte. Doch er hatte nicht gewagt, es zu erwähnen, weil er fürchtete, dass sie dann aufhören würde.

Am Weihnachtstag fand Jim in seinem Weihnachtsstrumpf schließlich eine kleine Karte, auf der genau beschrieben war, was sie erreicht hatte. Dann führte sie ihn herum, öffnete Schubladen und Schränke und präsentierte das Ergebnis ihrer harten Arbeit.

Linda erinnert sich: „An seinem Grinsen konnte ich sehen, wie dankbar er für mein Geschenk war. Wahrscheinlich betete er auch, dass es anhalten möge."

Ordnung im Haus und im Büro erfreut einen stark melancholisch veranlagten Menschen wie Jim, und Linda sagt, dass es auch ihr hilft, täglich motiviert zu sein, ihren Schreibtisch etwas ordentlicher zu haben als früher. Und nach einem Besuch bei einem netten, aber extrem chaotischen Ehepaar sagt Linda, dass sie nun eine neue Wertschätzung für Jims Lebensart hat.

Wie steht es mit Ihnen? Vielleicht haben Sie auch Lust, nicht nur 15 Minuten, nicht nur einen Tag, sondern ein ganzes Jahr Ihres Lebens dafür zu investieren, Ihrem Partner eine Liebesgabe zu schenken.

Hoffentlich schläft Jim jetzt besser, wo er weiß, dass es im Haus ordentlich ist und alle Socken im Schrank in der gleichen Richtung liegen.

Ein Urlaub, den man nicht vergisst

Ein anderes charakteristisches Merkmal des Melancholikers ist seine große Liebe zum Detail. Ein Melancholiker ist der Garant dafür, dass im Haus alles in Ordnung ist und jedes Ding seinen Platz hat. Die Sorgfalt, mit der er jedes Detail behandelt, kann lebensrettend sein, wenn er mit einem zerstreuten Menschen verheiratet ist.

Aber für den Ehepartner des Melancholikers können seine perfektionistischen Gewohnheiten manchmal auch krankhaft erscheinen. Um seine Ehe im Gleichgewicht zu halten, muss der Melancholiker es schaffen, manchmal die Einzelheiten zu vergessen und einfach das Zusammensein mit seinem Partner zu genießen.

Rhonda ist eine waschechte Sanguiniker-Natur. Sie ist mit dem Melancholiker Rick verheiratet. Was Spaß angeht, haben diese beiden völlig verschiedene Ansichten. Rick liebt Ordnung. Er braucht ein Ziel, auf das er hinarbeiten kann, und eine Strategie, wie er dieses Ziel erreicht. Für Rhonda ist genau das die Antithese zu dem Begriff „Spaß". Sie gibt zwar zu, dass ein gewisses Maß an Planung notwendig ist, denn man kann wirklich schlecht aus dem Stand mit vier Kindern in den Urlaub fahren. Aber sie ist auch der Meinung, dass man zumindest ein wenig Spontaneität benötigt, um eine gute Zeit zu haben.

Wenn sie als Familie beispielsweise in einen Freizeitpark gehen, ist für Rick die erste Regel, sich zunächst hinzusetzen und zu entscheiden, wer was sehen möchte, und dann einen Aktionsplan auszuarbeiten. Rhonda ist zwar bereit, ein paar Attraktionen zu planen, damit sie nicht drei Stunden Schlange stehen müssen, aber für sie wäre ein Plan, der darüber hinausgeht, schon an der Grenze zur Zwanghaftigkeit.

Als Rhonda und Rick sich einmal die Zeit nahmen und ohne Kinder nach Florida fuhren, um sich dort auch die Universal Studios anzusehen, sagte Rick bereits in dem Augenblick, in dem sie das Gelände betraten: „Lass uns kurz planen, was wir heute machen wollen."

„Rick", unterbrach sie ihn, „wir haben *Urlaub!* Wir haben die Kinder zu Hause gelassen. Hier sind nur du und ich und der Weg, auf dem wir stehen. Lass uns mal was Verrücktes tun. Lass uns einfach mal ohne Plan losziehen und schauen, was passiert."

Rick blinzelte sie irritiert an. Für sein melancholisches Gemüt war das schwer zu akzeptieren, aber schließlich gab er nach. Er steckte den Lageplan in die Jackentasche, nahm ihre Hand und ging los. Das waren wahrlich erinnerungswürdige Urlaubstage!

Sturmwarnung für Surfer und Ehemänner

Melancholiker haben den Wunsch, dass alles in ihrem Leben vollkommen aussieht und zwar bis ins kleinste Detail. Sie kleiden sich nach der neuesten Mode, ihre äußere Erscheinung ist immer ordentlich, sauber und sehr korrekt. Ginge es nach ihnen, würde auch ihr Ehepartner wie eine Modepuppe aussehen.

Da Melancholiker jedoch häufig mit jemandem verheiratet sind, der ein völlig anderes Temperament hat, sind sie oftmals über den unvollkommenen Stil ihres Partners frustriert. Sie können nur schwer verstehen, warum jemand Kleider oder Accessoires wählt, die exzentrisch oder unmodisch sind. Wenn Sie mit einem Melancholiker verheiratet sind und sich in Ihrer Ehe nach Harmonie sehnen, ist es wichtig, dass Sie ihm erklären, warum Sie Ihren eigenen Stil bevorzugen. Und für den Melancholiker ist es wichtig zu begreifen, dass die anders gearteten Vorlieben ihres Partners ihn selbst nicht schlecht machen.

Melanie ist eine kreative Melancholikerin. Ihre Liebe zum Detail ist ihr in ihrem Beruf als Innenarchitektin sehr hilfreich. An einem lauen Sommerabend fand eine Einweihungsfeier in einem Haus am Strand statt, das sie eingerichtet hatte. Melanie plauderte mit den Lokalpolitikern, potenziellen Immobilienbesitzern und einem oder zwei Filmschauspielern. Während sie in rosa Seide gekleidet plaudernd auf dem Balkon stand, bemerkte sie Roger. Roger war auch im Immobiliengeschäft tätig. Groß, braun gebrannt und gut aussehend unterhielt er seine Umgebung mit Anekdoten und Witzen. Melanie fühlte sich unweigerlich von seinem Charme angezogen. Sie wurden ein Paar und heirateten ein Jahr später.

Aber wie in den meisten Ehen war die Flitterwochenphase schnell vorbei und Melanie ertappte sich dabei, wie sie fast zwanghaft Rogers Fehler wahrnahm. Eines der Dinge, die sie am meisten ärgerten, war die Art, wie er sich kleidete.

Roger war ein Surfer. Er war in Südkalifornien aufgewachsen

und benahm sich immer noch wie ein Beach Boy. Solange er nicht aus geschäftlichen Gründen seriös gekleidet sein musste, lief er in grellen Hawaiihemden herum und in Farben, die nie zusammenpassten. Diese Hemden waren sein Hobby. Er sammelte sie in Secondhandläden und übers Internet. Doch die Krone des Ganzen war die Art, wie er sie über seiner Hose herunterhängen ließ. Das fand Melanie einfach geschmacklos.

Melanie war stolz darauf, dass sie immer stilvoll gekleidet war, wenn sie ausgingen. Als Melancholikerin freute sie sich an guten Stoffen, schönen Farben und Designs und sie nahm ihre äußere Erscheinung sehr ernst. Roger liebte Melanies Stil, aber er wollte sich nicht von seinen Hemden trennen, wie sehr sie ihn auch dazu drängte. *Wenn er mich wirklich lieben würde*, dachte Melanie, *würde er dann nicht tun, worum ich ihn bitte? Ich gebe zu, dass ich über diese Sache ziemlich verbittert bin, aber was kann ich tun?*

Der lebhafte Roger jedoch wollte seine Hawaiihemden unbedingt behalten. Seine sanguinische Natur freute sich ebenso an Farbe und Design; mit dieser Kleidung drückte er seine künstlerische Neigung nur auf andere Art aus als Melanie.

„Meine Hemden sind meine Art, mich künstlerisch auszudrücken“, sagte Roger. „Viele Leute sind neugierig darauf zu sehen, welches neue Muster ich wieder gefunden habe. Diese Muster vermitteln vielen Menschen nostalgische Gefühle. Warum kann Melanie das nicht sehen? Sie ist so wahnsinnig pingelig!“

Dann lasen Melanie und Roger das Buch *Einfach typisch* und begannen Verständnis füreinander zu entwickeln. Nach dieser Lektüre hatte Roger den klugen Einfall, Melanie zu beschreiben, wie er seine Hemden aus künstlerischer Perspektive sah, damit sie ihn besser verstehen konnte. Als Roger ihr erklärte, seine Hemden seien mit der Farbpalette eines Malers vergleichbar und er habe genauso viel Freude an Farben, Stoffen und Mustern wie sie bei ihrer Tätigkeit als Innenarchitektin, änderte sich ihre Einstellung.

Melanie erkannte, dass sie sich zu viele Gedanken darum gemacht hatte, was die anderen Leute von ihr dachten, anstatt sich mehr mit Rogers unkonventioneller künstlerischer Tätigkeit zu beschäftigen. Der sanguinische Roger lernte, ihr gegenüber mehr Sensibilität zu entwickeln. Wenn sie heute miteinander ausgehen, fragt er, ob es ihr wichtig ist, dass er nicht im Hawaiihemd auftaucht. Wenn es sie wirklich stört, ist er bereit, etwas anderes anzuziehen.

Es darf nur nicht jedes Mal so sein. Melanie hat in ihrer für sie typischen Nachdenklichkeit Rogers Wunsch nach Aufrichtigkeit schätzen gelernt. Sie kann mittlerweile bei vielen Gelegenheiten die Hawaiihemden durchgehen lassen.

Es mag manchmal so scheinen, dass eine Nebensächlichkeit den Stoff, aus dem die Ehe gemacht ist, zum Zerreißen bringt, aber sogar das Hemd, das Sie tragen oder nicht tragen, kann Teil von Gottes Plan für Ihre Persönlichkeit sein. Wenn Sie Ihre Kleidung in einem tiefen Verständnis über sich selbst wählen, können Sie als Person wirklich ein Kunstwerk sein!

Nachbesserungsverträge in der Ehe

Melancholiker brauchen Stabilität, um ihr Leben genießen zu können. Wenn ihr Partner häufig Versprechen bricht oder ihre Ziele oder Termine missachtet, sind Melancholiker enttäuscht und fühlen sich ungeliebt. Sie brauchen die Sicherheit, dass die Dinge perfekt erledigt werden, daher fordern sie auch von ihren Partnern das Versprechen, dass sie die Dinge so tun, wie der Melancholiker es sagt.

Wenn Sie mit einem Melancholiker verheiratet sind, fühlen Sie sich vielleicht verletzt, wenn er diese Forderung stellt. Aber versuchen Sie einmal, die Dinge aus der Sicht Ihres Partners zu betrachten, und Sie werden verstehen, dass das seine Art ist, um Unterstützung und Stabilität zu bitten. Ihr melancholischer Ehepartner braucht es, dass Sie Ihre Versprechen halten, also versprechen Sie nichts, was Sie nicht zu halten beabsichtigen.

Andy mochte Wendys unbekümmerte Art, weil sie seine eher akribisch melancholische Natur ergänzte. Nach der Hochzeit jedoch sah das, was Andy anfangs als unbekümmert gesehen hatte, einfach chaotisch aus.

„Wendy ist so liebenswert und ich liebe sie von Herzen, aber sie lässt monatelang überall im Haus ihre Sachen herumliegen. Sie ist nicht wirklich schlampig, aber ich brauche eine Ewigkeit, um alles aufzuräumen. Das macht mich wirklich verrückt!“, berichtete Andy.

Wendy gab zu, dass ihr sanguinischer Charme es nicht immer vermochte, Andy zu besänftigen. „Am ärgerlichsten wird er, wenn er unseren gemeinsamen Schreibtisch im Schlafzimmer sieht." Weil beide den Computer benutzen, versucht sie, um den PC herum die von ihm gewünschte Ordnung zu halten. Aber sie hat ständig so viele lustige Projekte, dass sie lange braucht, um die Dinge zu organisieren und aufzuräumen. Irgendwann schafft sie es zwar schließlich, aber er hasst es, wochenlang die herumliegenden Stapel von Papieren zu sehen.

Zu guter Letzt beschlossen Andy und Wendy, Geld für einen größeren Schreibtisch einzuplanen, sodass jeder genug Platz für alle Papiere und Bücher hatte. Bei einer samstäglichen Einkaufstour fanden sie einen großen Schreibtisch, der im Schlafzimmer über die ganze Wand reichte. Andy war über die vielen Schubladen, Regale und Fächer begeistert und Wendy dachte, dass die geweißte Eiche leicht und luftig wirkte und perfekt in ihr Haus in der Wüste hineinpasste. Sobald sie sich einig waren, begann Andy sich voller Sorge vorzustellen, welche Berge an Unordnung entstehen würden, wenn sie die Schreibtische austauschten. Er beschloss, seiner Frau eine Grenze zu setzen.

„Wendy, ich meine, wir sollten den Schreibtisch kaufen, aber ..."

Wendy unterbrach ihn: „Ich weiß, ich weiß. Du traust mir nicht zu, ihn in Ordnung zu halten. Ich verspreche, das werde ich."

„Nun, Liebling, du hast schon früher Versprechen gemacht. Ich möchte, dass du einen Vertrag unterzeichnest, dass alles, was im und auf dem alten Schreibtisch war, nicht auf dem Fußboden landet, sondern innerhalb von zwei Wochen aufgeräumt ist, sonst bringen wir den Schreibtisch zurück."

Wendy zögerte und dachte, das sei doch etwas zu kontrollierend. Aber sie erkannte auch, dass sie ihren früheren Versprechen nicht nachgekommen war und Andy deshalb nun mit dem dadurch entstandenen Misstrauen zu kämpfen hatte. Andy und Wendy kannten beide die vier Temperamente und Wendy erinnerte sich daran, dass eine aufgeräumte Arbeitsecke, besonders im Schlafzimmer, für ihren Ehemann ein starkes emotionales Bedürfnis war.

„Okay, Liebling! Einverstanden", lächelte Wendy. „Wo muss ich unterschreiben?"

Zwei Wochen später war Wendy mit ihrer Freundin Ronda gerade im Einkaufszentrum, als sie zufällig auf ihre Uhr sah und in Panik ausrief: „O nein! Ich muss sofort nach Hause!"

„Was ist denn los?“, fragte Ronda in der Annahme, dass es in Wendys Familie einen Notfall gegeben hatte.

„Ich habe es vergessen!“, antwortete Wendy. „Heute ist der letzte Tag von meinem Vertrag. Ich muss schnell nach Hause und den Schreibtisch aufräumen. Ich habe noch nicht einmal angefangen!“

Wendy kam pünktlich nach Hause und erledigte ihre Aufgabe noch am selben Abend, sehr zur Freude ihres Mannes. Wendy war nicht beleidigt wegen Andys Frage nach einem schriftlichen Vertrag, weil sie erkannte, dass ihre Schwächen ihrem Mann etwas vorenthalten hatten, das er brauchte – eine Verpflichtung ihren Versprechen gegenüber. Wendy liebte Andy und sah die Grenze, die er ihr gesetzt hatte, als einen liebevollen Kompromiss von seiner Seite. Schließlich waren zwei Wochen Frist für einen Melancholiker ziemlich großzügig!

„Ich bringe ihn schon auf Vordermann“

„Zu der Zeit, als Larry und ich sieben Jahre verheiratet waren und unsere Familie sich um zwei Kinder erweitert hatte, war Larry nur selten zu Hause. Und es waren genau die Qualitäten, die ich anfangs an ihm so geschätzt hatte, die nun die Quelle für manche Irritation waren. Warum hatte ich je geglaubt, dass seine manische Geschwindigkeit und seine entschiedenen Haltungen charmant seien?“

So schrieb die melancholische Kathy über den Beginn ihrer Ehekrise. Obwohl sie zu dieser Zeit die vier Temperamente nicht kannte, wusste sie, dass sie eine perfekte Ehe erwartet hatte. Sie hatte die richtigen Seminare besucht, hatte die entsprechenden Ehevorbereitungsbücher gelesen und war nun bereit, alles Gelernte in die Tat umzusetzen. Sie wusste außerdem, wie man sich modisch kleidete. Alle Schuhe und Accessoires passten perfekt zusammen. Was konnte da noch schief gehen?

Da sie all diese richtigen Dinge, die für einen Melancholiker typisch sind, getan hatte und immer noch nicht glücklich war, kam sie zu dem Schluss, dass es Larrys Fehler sein musste. Larry war ein starker Choleriker mit einem Anteil sanguinischen Charmes, der Kathy in die Ehe mit ihm hineingezogen hatte. Aber gleich vom

Anfang der Ehe an sah Kathy die Löcher in Ritter Larrys Rüstung. Als sie ihn nun eingehender betrachtete, sah sie Rostflecken, die sie bis dahin nicht entdeckt hatte.

Die wische ich weg, dachte sie. *Ich bring ihn wieder auf Vordermann!*

Kathy machte sich daran, Larry zu einem perfekten Ehemann zu machen. Schnell verfiel sie der melancholischen Schwäche der Nörgelei und wies ihn auf jeden kleinen Fehler hin, den sie an ihm entdeckte.

Larry war sprachlos. Warum konnte sie ihn nicht akzeptieren, wie er war? Andere Frauen fanden ihn schön und charmant, warum konnte Kathy ihn nicht auch so sehen?

Als er darüber nachdachte, erkannte er, dass er viel fröhlicher war, wenn er nicht zu Hause war. Aber je öfter er weg war, desto ärgerlicher wurde Kathy, wenn er heimkam. Sie versuchte dann noch intensiver, ihn zu einem perfekten Ehemann zu machen, wodurch für ihn das Leben zu Hause noch schlimmer wurde. Der Kreislauf setzte sich fort und Larry kam immer seltener heim.

Eines Morgens kündigte er an, er werde einen Tag nach San Jose fliegen. Kathy, die sich allein gelassen und abgelehnt fühlte, rief: „Nimm mich doch mit! Ich mache schnell die Kinder fertig. Wir werden einen schönen Familientag haben!“ Larry erinnert sich noch gut daran, wie er sie mitleidig anschaute, als sie ihn so anbettelte.

„Nein, Kathy, du kannst nicht mit. Das ist eine Geschäftsreise. Du würdest da nicht hinpassen und die Kinder schon gar nicht.“

„Wenn wir nicht mitkommen können, kannst du dann nicht wenigstens einmal daheim bleiben?“

Larry wandte sich zu Kathy und sagte in einem herablassenden Ton: „Ich tue das für dich. Ich arbeite all diese Stunden, um deine finanzielle Zukunft zu sichern.“

Während Larry zum Auto ging, schrie Kathy hinter ihm her.

„Das Geld hilft mir aber nicht, mit den Kindern fertig zu werden.“

Larry rief zurück: „Kathy, das ist nur der typische Mütterblues. Dir wird es schon wieder besser gehen. Ich komme heute Abend gegen zehn Uhr zurück. Du bleibst zu Hause und verbringst einen netten, ruhigen Tag mit den Kindern, ja?“

„Einen ruhigen Tag?“, brüllte Kathy, als Larry lächelte und winkte.

In rasender Wut schleuderte Kathy den halb aufgegessenen Apfel in ihrer Hand durch die Eingangshalle. Die Kinder schauten erschreckt zu, wie der Apfel an die Wand krachte und zerbrach.

Kathy rannte ins Schlafzimmer, warf sich neben dem Bett auf den Boden und begann zu schluchzen und zu beten.

„Herr, lass das Flugzeug abstürzen! Ist mir doch egal, wenn er überhaupt nicht mehr zurückkommt.“

Wie war dieses attraktive, intelligente christliche Paar in diese Probleme geraten? Würden wir diese Frage Frau Lämmle aus dem Südwestrundfunk stellen, bekämen wir eine klare und einfache Antwort. Er muss sie zweimal im Monat mitnehmen und sie muss erkennen, dass der Mann das Haus verlassen und Geld verdienen muss. Also sollte sie ihn ermutigen und nicht so selbstsüchtig sein. Aber wird das ihre Einstellungen verändern? Beide wussten, was sie tun sollten, aber keiner von ihnen tat es.

Larry blickt heute voll Bedauern auf diese Zeit zurück. „Es machte keinen Spaß, mit Kathy zusammen zu sein. War ich zu Hause, beklagte sie sich ständig. Ich konnte nichts dagegen tun. Also lernte ich, auf Durchzug zu schalten und fernzusehen.“

Während jener Zeit bemühte sich Larry nicht, mit Kathy zu reden, weil nichts, was er sagte, ihren perfektionistischen Erwartungen entsprach. Er versuchte jedoch zu erklären, dass der große Stress, unter dem er in seinem Beruf stand, in ihm das Bedürfnis entstehen ließ, zu Hause Ruhe und Frieden zu finden. Aber die sensible melancholische Kathy wünschte sich etwas Unterstützung und Liebe. Wenn er sich einfach still in seinen Sessel setzte, war sie sofort da und fragte: „Warum sprichst du nicht mehr mit mir?“

Zunächst zogen sowohl Kathy als auch Larry sich etwas voneinander zurück und versuchten, um der Kinder willen ein vordergründig friedliches Leben zu führen. Keiner wollte eine Scheidung, aber keiner erlebte, dass in dieser Ehe seine Bedürfnisse gestillt wurden. Für den cholerisch-sanguinischen Larry war das Leben außer Kontrolle und ohne Spaß, für die melancholische Kathy war es in absoluter Unordnung und voller Mängel.

Beide beteten unabhängig voneinander für eine Erneuerung ihrer Ehe und Verständnis. Freunde schenkten ihnen Bücher und Kassetten und versuchten, sie zu ermutigen. Eines der Bücher war

Einfach typisch. Kathy las es und sie begannen über ihre Unterschiede zu reden. Das war die erste sinnvolle Diskussion, die sie seit Monaten geführt hatten, und sie begannen einander in einem neuen Licht zu sehen.

Die melancholische Kathy lernte, die Stärke und den Charme von Larrys Persönlichkeit zu schätzen. „Anders" war für sie in der Vergangenheit immer gleichbedeutend mit „falsch" gewesen. Und als perfektionistische Melancholikerin war sie immer entschlossen gewesen, Larrys „andere" Persönlichkeit zu verändern, weil sie in ihren Augen nicht vollkommen war. Die Kenntnis der vier Temperamente ermöglichte es Kathy zu sehen, dass beide von ihnen richtig lagen, auch wenn sie sehr unterschiedlich waren.

Als Kathy begann, diese Gedanken auf ihre Beziehung zu Larry zu übertragen, wurde sie in ihren Erwartungen an ihn realistischer. Als sie aufhörte, ihm das Gefühl zu geben, ein Versager zu sein, und begann, ihn zu unterstützen, fühlte er sich wieder zu ihr hingezogen. Seine Reisen wurden seltener. Und 23 Jahre später ist ihre Ehe so vorbildlich geworden, dass sie in Seminaren über ihr gemeinsames Leben berichten.

Kathys Entscheidung, Larry zu lieben, auch wenn er ihren Erwartungen nicht völlig entsprach, bietet eine wichtige Lektion für alle Melancholiker. Der Drang, Ihren Ehepartner „aufzupolieren", ist vielleicht stark, aber denken Sie daran, dass seine andere Persönlichkeit nicht bedeutet, dass er falsch ist. Wenn Sie aber lernen, die unterschiedlichen Sichtweisen zu schätzen, dann kann es sein, dass Sie Ihre Polierkünste lieber auf sich selbst konzentrieren möchten!

Vorhänge und Fenster ...

Ist es möglich, eine Ehekrise hervorzurufen, indem Sie über einem großen Panoramafenster einen hellen Vorhang anbringen? Die Kolumnistin Michelle Slatalla erzählt, dass sie genau das erlebt hat.

Sie kam eines Tages nach Hause und fand ihren Ehemann damit beschäftigt, ihren dramatisch drapierten Vorhangschal abzuhängen, wobei er sowohl den Stoff als auch die Vorhangstange ruinierte. Obwohl sie ihren Charakter nicht mit einer bestimmten Bezeichnung belegt, ist sie offensichtlich sanguinisch veranlagt, denn sie dachte, so ein Überwurf würde dem Raum den letzten Schliff geben. Ihr Ehemann, ein Melancholiker, fühlte sich jedoch verletzt, weil sie ihn nicht nach seiner Meinung gefragt hatte. Er tolerierte den Stoff, solange er konnte, und holte ihn dann eines Tages von seiner wackligen Befestigung.

Michelle weinte und fragte sich lautstark: „Wie konnte ich nur einen Menschen heiraten, der sich an meinen Vorhängen vergreift?"

Ihr Mann war von dieser Reaktion verwirrt; er hatte bisher nicht gewusst, dass seine Frau wegen Vorhängen in Tränen ausbrechen konnte.

Nun, da sie einige Dinge über die Ehe gelernt hat, blickt sie voll Verständnis auf diese Situation zurück: „Ich wünschte, ich hätte damals gewusst, was ich heute weiß. Anstatt anzunehmen, dass unsere Hochzeit ein schrecklicher Fehler war, hätten wir das dahinter liegende Problem angehen können: unsere unterschiedlichen Erwartungen an die Ehe."

Unterschiedliche Erwartungen – die hatten sie mit Sicherheit!

Melancholiker gehen davon aus, dass jedes Projekt perfekt durchgeführt wird, und sie erwarten von ihrem Partner, dass er seinem Perfektionismus zustimmt und die nötigen Dinge auch entsprechend erledigt. Aber die anderen Temperamente teilen diesen Wunsch nach Vollkommenheit nicht. Die sanguinisch veranlagte Michelle erwartete sicher nicht, dass die Reaktion ihres perfekten Ehemanns darin bestand, dass er ihren dramatischen Vorhang einfach herunterriss.

Michelles Eheberater forderte sie auf, ihre Unterschiede zu entdecken und entsprechende Kompromisse zu finden, die beide akzeptieren konnten. Ein hervorragender Ratschlag – aber wird auch das durchschnittliche unglückliche Ehepaar wissen, was diese Worte tatsächlich bedeuten, geschweige denn, wie es diese Worte in die Tat umsetzen kann? Nur wenn wir die vier verschiedenen Temperamente kennen, haben wir ein Werkzeug zur Verfügung, das uns dabei helfen kann, unsere gemeinsame Grundlage zu festigen und dabei sogar noch Spaß zu haben.

Der Melancholiker-Blues

Mit ihrer nachdenklichen und sensiblen Natur sind Melancholiker leicht verletzbar. Durch ihren ständigen Wunsch nach Vollkommenheit sind sie durch die Realität einer unvollkommenen Welt schnell niedergeschlagen. Wenn Sie mit einem Melancholiker verheiratet sind, ist es wichtig zu erkennen, mit welchen Dingen Sie Ihren Partner traurig machen. Wenn Sie seine Persönlichkeit besser verstehen, können Sie ihn auch unterstützen, wenn er mal wieder seinen Melancholiker-Blues hat.

Die sanguinisch-cholerisch veranlagte Marita gab mir ein Beispiel, wie sie gelernt hat, auf ihren melancholisch veranlagten Chuck positiv zu reagieren. Wenn er sich über etwas aufregt und auf dem Weg in eine Depression ist, reagiert sie nicht länger mit den Worten: „Reiß dich zusammen! Lass es hinter dir und geh weiter!“ Denn solche cholerischen Kommentare treffen seinen melancholischen Geist genau an der falschen Stelle und er verschließt sich und schweigt.

Nachdem Marita das Prinzip der Temperamente kennen gelernt hatte, begann sie seinem Charakter entsprechend auf ihn zu reagieren. Wenn sie nun die schwarzen Wolken am Horizont heraufziehen sieht, setzt sie sich zu ihm und sagt sanft: „Ich weiß, dass dich etwas beschäftigt. Wenn du willst, dann erzähl mir doch davon.“

Im Gegensatz zu Marita hat Lucys strahlender, cholerischer Mann keine Ahnung, was es bedeutet, ein melancholisches Gemüt zu haben. Lucy war Redakteurin bei einem Kirchenmagazin und die ehrenamtlichen Mitarbeiter, die für sie bestimmte Arbeiten erledigen sollten, nahmen ihre Aufgaben nicht ernst genug. Sie verpassten Termine und schienen sich um nichts wirklich zu kümmern. Doch der melancholischen Lucy war sehr daran gelegen, alle Beiträge für das Magazin pünktlich und perfekt vorliegen zu haben, aber sie hatte Schwierigkeiten, diese Leute immer wieder an ihre Termine zu erinnern.

Eines Tages, an dem sie ziemlich unter Stress gestanden hatte, wollte sie mit ihrem Ehemann Doug über ihre Probleme reden. Sie begann, von ihren Schwierigkeiten mit den Volontären zu erzählen, und hoffte, von ihm ein wenig mitfühlende Unterstützung zu bekommen. Als sie ihn in Erwartung eines ermutigenden Wortes anschaute, gab er ihr eine für ihn typische Antwort: „Das ist ganz einfach. Du musst die ganze Meute einfach feuern!"

Mit seiner Antwort zufrieden stand er auf und verließ den Raum, während sie klagte: „Wie kann ich sie feuern? Sie arbeiten doch ehrenamtlich."

Der cholerische Doug reagierte nicht sehr gut auf das Bedürfnis seiner Frau nach Unterstützung. Hätte er innegehalten und die Dinge von ihrer Warte aus betrachtet, hätte er erkannt, dass „feuern" für ihr sensibles und nachdenkliches Gemüt keine Lösung war. Er hätte ihr einfach ein offenes Ohr schenken sollen, als sie ihm von ihren Schwierigkeiten erzählte.

Denken Sie stets daran, dass es für einen Melancholiker schlimm ist, das Gefühl zu haben, Sie würden nur darauf warten, dass er über seine Depression „hinwegkommt". Er braucht vielmehr jemanden an seiner Seite, der mit ihm durch die schwierigen Zeiten hindurchgeht.

Ihr melancholischer Partner wird Ihnen im Leben ein wertvoller Freund sein. Seine sorgfältige Aufmerksamkeit fürs Detail wird Ihr Heim und Ihre Familie mit Sicherheit vor Katastrophen bewahren. Und seine Sensibilität wird ihn zu einem nachdenklichen, tiefgründigen Partner und Freund machen. Bedenken Sie diese wunderbaren Wesenszüge, während Sie ihm helfen, nicht zu pingelig zu werden und auch mal etwas Spaß zu haben. Egal auf welche Weise Sie zueinander gehören, bieten Sie Ihrem melancholischen Gegenüber stets genügend Raum, Ruhe und Unterstützung. Gott wusste, dass diese einmalige Kombination von Wesenszügen genau die richtige Person für Sie ist.

Der Klang des Cholerikers

Die Posaunen erschallen

Anna ist eine fleißige, viel beschäftigte Mutter, die eine Gebetsgruppe mit dem Namen „Gottes Gebetsgarten" leitet. Nachdem sie eines meiner Seminare besucht hatte, informierte sie mich darüber, dass mein Name nun auch auf ihrer Liste stand. Sie bat mich, ihr monatlich meinen Veranstaltungsplan zuzuschicken, damit sie die Informationen an ihre Gebetspartnerinnen weitergeben konnte.

Nun bin ich schon vielen wohlmeinenden Christen begegnet, die sagten: „Ich werde für dich beten." Aber Anna betet wirklich für mich. Über 15 Jahre haben Anna und ihre Gebetsgruppe mich nun schon unterstützt. Und jedes Mal, wenn ich von einer Vortragsreise nach Hause komme, finde ich eine Blumenkarte vor mit den Worten: „Wir von ‚Gottes Gebetsgarten' beten für dich."

Annas tatkräftige Einstellung ist das Markenzeichen eines echten Cholerikers. Dieser Persönlichkeitstyp übernimmt für alles und in jeder Situation Verantwortung. Er ist ein Schnelldenker, was ihm ein gutes Urteilsvermögen verleiht und ihn zu einem geborenen Leiter macht.

Choleriker kommen gut mit Menschen aus, die sie unterstützen und sich ihnen unterordnen. Jeder, der die Dinge genauso sieht wie sie oder ihnen das Lob für ein gelungenes Projekt allein überlässt, wird ein guter Freund des Cholerikers. Aber Menschen, die faul oder einfach müde sind, gehen den cholerischen Kraftpaketen auf die Nerven.

Wenn diese Charakteristika gut zu Ihrem Ehepartner passen, dann sind Sie mit ziemlicher Sicherheit mit einem Choleriker verheiratet. Es ist wichtig für Sie, dieses starke Temperament zu verstehen, damit Sie lernen, wie Sie seinen Bedürfnissen begegnen, auf seine dominanten Gewohnheiten reagieren und ihm helfen können, seine Schwächen als Choleriker zu überwinden.

Die emotionalen Bedürfnisse des Cholerikers

Im Gegensatz zum Sanguiniker oder Melancholiker sind die Bedürfnisse des Cholerikers nicht emotionaler oder fordernder Natur. Sie sind praktisch und einfach: „Tu was ich sage, und tu es jetzt. *Beweg dich*!“

Das grundlegende Bedürfnis des Cholerikers besteht darin, die Dinge unter Kontrolle zu haben. Wenn Sie dieses Bedürfnis verstehen, dann haben Sie den Schlüssel dazu gefunden, wie Sie das Verhalten Ihres Ehepartners begreifen können. Manchmal führt die Tendenz des Cholerikers, in allen Situationen die Führung zu übernehmen, dazu, dass sein Ehepartner sich unzulänglich fühlt. Es geschieht leicht, sich inkompetent zu fühlen, wenn ein willensstarker Choleriker die Führung innehat. Dabei hat aber das cholerische Bedürfnis nach Führung rein gar nichts mit Ihren Fähigkeiten zu tun. Es ist nur so, dass seine persönliche Sicherheit davon abhängt, dass er sein Leben unter Kontrolle hat – und Sie sind ein Teil seines Lebens.

Die folgende Liste gibt Ihnen einige Hilfen, wie Sie die Bedürfnisse Ihres cholerischen Partners verstehen und erfüllen können:

1. *Wertschätzung*: Ein Choleriker muss wissen, dass Sie alles schätzen, was er für Sie getan hat. Und er hat viel getan! Was immer nötig ist – er besorgt es. Und was immer kaputt ist – er repariert es. Alles, was er von Ihnen will, ist große Dankbarkeit. „Ich kann kaum glauben, dass du das alles getan hast!“
2. *Action*: Ein Choleriker will Action, auch von Ihrer Seite. Er liebt die Arbeit und erwartet von anderen, dass sie ein ähnlich hohes Arbeitstempo wie er selbst an den Tag legen. Er tendiert dazu,

einen Phlegmatiker zu heiraten, weil dieser friedlich und friedliebend ist. Doch dann wiederum ärgert es ihn schnell, wenn sein Ehepartner eine Pause braucht. „Was ist los mit dir? Es ist erst 2.00 Uhr nachmittags, und wir müssen noch die Garage aufräumen!“

3. *Gelegenheit, die Leitung zu übernehmen*: Ich selbst habe meine Kinder mit meinem cholerischen Temperament erzogen. Mein Motto war: „Wenn Mutter steht, stehen alle!“ Choleriker können Faulheit nicht ertragen und sie wollen stets die Leitung haben. Sie erwarten, dass Sie aufstehen, springen, rennen, arbeiten und gewinnen – alles auf ihren Befehl. Sorgen Sie dafür, dass Ihr cholerischer Ehepartner genügend Gelegenheiten bekommt zu leiten, und stellen Sie vor anderen nie seine Autorität in Frage.
4. *Etwas, was er kontrollieren kann*: Wenn Sie das cholerische Temperament verstehen, werden Sie erkennen, dass Ihr cholerischer Partner Sie nicht auf Schritt und Tritt beobachtet; er ist einfach so. Er braucht etwas, das er kontrollieren kann, und damit fängt er häufig bei seinem Ehepartner an. Bieten Sie einem starken Choleriker Bereiche an, in denen er die Kontrolle hat. Dann hat er nicht das Gefühl, *Sie* kontrollieren zu müssen!

Wenn Sie ein sehr starker Choleriker sind, ist es wichtig für Sie zu erkennen, wie anstrengend es für andere sein kann, Ihren emotionalen Bedürfnissen zu begegnen. Machen Sie sich bewusst, dass drei Viertel der Menschen, denen Sie täglich begegnen, nicht so viel Energie haben wie Sie. Und wenn Sie nicht aufpassen, wird Ihre ständige Aktivität Ihre Mitmenschen verscheuchen, und Sie werden irgendwann allein übrig bleiben.

„Das war meine Idee!“

Weil Choleriker gerne über alles die Kontrolle haben, reagieren sie nicht immer positiv auf die Vorschläge von anderen. Sie wollen von den anderen Menschen als Leiter angesehen werden, weshalb sie es nicht gut finden, wenn diese eine bessere Idee haben als sie selbst. Wenn man ihnen aber etwas Zeit lässt, kommen sie zu der Erkenntnis, dass die Idee des anderen doch irgendwie klug und weise war. Und sobald diese Meinungsänderung stattgefunden hat, müssen Sie sich auch schon in Acht nehmen! Denn dann gibt es für die Choleriker kein Halten mehr, sie beginnen sofort mit dem neuen Projekt und machen es mit Sicherheit zu ihrem eigenen.

Robert ist ein sehr ausgeprägter Choleriker mit wenig anderen Temperamentsanteilen in seiner Persönlichkeit. Als er und seine Frau sich entschieden hatten, ihr Haus zu verkaufen, schlug sie vor, es zunächst zu streichen, damit es besser aussah, und so eventuell einen höheren Kaufpreis erzielen zu können. Seine erste Antwort war: „Nein, ich stecke keinen Cent mehr in dieses Haus, wenn wir schon dabei sind, es zu verkaufen.“ In typisch cholerischer Manier verwarf er ihre Idee und blieb bei seiner eigenen.

Seine Frau Sarah biss sich auf die Lippen und sprach ein stilles Gebet, dass er doch noch seine Meinung ändern möge. Nach einer Weile erkannte Robert, dass ein Neuanstrich des Hauses wahrscheinlich eine gute Idee und gar nicht sehr aufwendig war. Zwei Tage nach seiner abschlägigen Antwort stand er früh am Morgen auf und ging in den Baumarkt, um 15 Eimer Farbe zu kaufen. Und Sie werden es nicht glauben, das komplette Haus war innerhalb eines Tages mit Hilfe eines Farbspraygerätes gestrichen. Sarah lächelte über die Stärke ihres cholerischen Ehemanns – wenn er einmal eine Entscheidung getroffen hatte, machte er sich immer mit vollem Einsatz auf den Weg und verfolgte hundertprozentig die einmal eingeschlagene Richtung.

Robert bietet ein eindeutiges Beispiel dafür, wie Choleriker innerhalb einer Ehe handeln. Er nahm keine Vorschläge an und weigerte sich, Sarah Recht zu geben, auch als ihm klar geworden war, dass sie eine gute Idee gehabt hatte. Als er die Farbe und das Werkzeug kaufte, war ihm bewusst, dass er es aufgrund ihres guten Vorschlages tat; er konnte ihr dafür aber keine Anerkennung zollen. Glücklicherweise erkannte die phlegmatische Sarah sein Bedürfnis nach Kontrolle und lernte, dass es am besten war, ihn nicht auf sein widersprüchliches Verhalten hinzuweisen. Auch wenn es ihre Idee gewesen war, das Haus zu streichen, wusste sie, dass es besser war, wenn Robert es für sein eigenes Projekt hielt. Sie hatte das Haus in Gedanken gestrichen, und das reichte ihr. Schließlich streicht sich ein Haus nicht durch Lob allein!

Wenn Sie einen cholerischen Ehepartner haben, ist es wichtig für Sie, an sein Bedürfnis nach Kontrolle zu denken. Wenn er sich weigert, Ihre guten Ideen zu akzeptieren, geben Sie ihm etwas Zeit, noch einmal darüber nachzudenken. Und wenn er sich entscheidet zu tun, was Sie vorgeschlagen haben, sagen Sie nie: „Hab ich dir doch gesagt!“ Und vor allen Dingen sollten Sie kein Wort der Anerkennung von ihm erwarten. Es ist stattdessen viel besser, still zu lächeln, während er Ihr Projekt durchführt. Akzeptieren Sie einfach, dass das die cholerische Art ist, Sie wissen zu lassen, dass er Ihre Idee letzten Endes doch gut fand.

Freiwillige Ratschläge

Als Person, die sich durch Macht und Kontrolle entfaltet, tendiert ein Choleriker häufig dazu, in seiner Umgebung den Boss zu spielen. Er ist so darauf ausgerichtet, die Führung zu übernehmen, dass er nicht merkt, wenn er andere herumkommandiert oder ihnen Ratschläge erteilt, um die er nicht gebeten wurde. Er nimmt einfach an, dass Sie etwas falsch machen, und weiß, wie Sie es besser machen können. Darüber hinaus geht er davon aus, dass Sie gerne so schnell wie möglich über diese bessere Alternative informiert werden möchten. Sobald er jemanden – egal wen – einen Fehler machen sieht, verteilt er hilfreiche Ratschläge. „Ich bin sicher, du möchtest gerne wissen, wie man das besser machen könnte.“

Zu seinem großen Erstaunen weiß jedoch nicht jeder seinen unverlangten Rat zu schätzen. Er hat nicht gelernt, dass das, was richtig ist, nicht notwendigerweise auch beliebt ist, und kann einfach nicht verstehen, dass die Menschen auf seine Vorschläge nicht positiv reagieren. „Wenn diese Dummköpfe es nur so machten, wie ich es ihnen sage, wären alle glücklich.“

Patty schrieb mir kürzlich einen Brief und berichtete darin von ihren cholerischen Neigungen. Sie hatte sich nie als herrschsüchtig eingeschätzt und fragte sich, warum manche Menschen so abwehrend auf sie reagierten und sich weigerten, ihren wohlmeinenden und korrekten Anweisungen zu folgen. „Ich empfinde das Bedürfnis, alle Probleme meiner Freunde zu lösen, Fremden den Kragen gerade zu rücken und anderen meine Meinung aufzuzwingen, wenn ich von einer Sache sehr überzeugt bin.“

Einmal hatte die Drogerie an ihrem Wohnort eine neue Telefonanlage angeschafft, um unnötige Zeitverschwendungen für ihre Angestellten abzustellen. Patty hatte es sich angewöhnt, dort zunächst anzurufen, um nachzufragen, ob ihr Film bereits entwickelt sei, bevor sie sich auf den Weg machte. Aber nun konnte sie kein menschliches Wesen mehr ans Telefon bekommen. Da sie noch nie zu schüchtern gewesen war, um ihre Verbesserungsvorschläge zu äußern, beschwerte sie sich wiederholt beim Marktleiter. „Ich will nicht mit einer Maschine reden. Ich will eine echte Person. Dieses neue System ist nicht kundenfreundlich!“ Sie war überrascht, dass er ihren freiwilligen Rat einfach ignorierte. Stattdessen verschwand er immer hinter der nächsten Ecke, wenn er sie kommen sah.

Bei einer anderen Gelegenheit war sie mit ihrer Schwester und ihrer Mutter am Sonntag zum Mittagessen ausgegangen. Im Restaurant angekommen, mussten sie zunächst warten, und dies, obwohl mehrere Tische frei waren. Getreu ihrer cholerischen Natur wollte Patty diesbezüglich mit dem Besitzer sprechen. Doch dieser erklärte ihr, dass sie jedem Kellner nur eine gewisse Zahl Kunden zuordnen konnten. Sofort versuchte sie ihm zu sagen, dass es lächerlich sei, so viele Menschen warten zu lassen, während die Tische nicht voll besetzt waren. Er müsse einfach mehr Kellner anstellen!

Für ihre Mutter war Pattys Verhalten sehr peinlich, außerdem bekamen sie ihren Tisch dadurch keine Minute früher. Nach einigem Nachdenken erkannte Patty, dass der Besitzer sich des Problems mit Sicherheit bewusst war und dass sie einfach den Mund hätte halten sollen.

Positiv an der Neigung des Cholerikers, das Wort zu ergreifen, ist, dass diese sich nicht auf Beschwerden beschränkt. Sie sind auch die Ersten, die Komplimente verteilen, wenn eine Arbeit entsprechend ihren Erwartungen erledigt wurde. Solange sie das Gefühl haben, dass die Menschen sich ihrer Leitung untergeordnet haben, lassen sie sie auch gerne wissen, dass sie gut gearbeitet haben.

Ihr cholerischer Ehepartner bringt Sie vielleicht manchmal in peinliche Situationen, wenn er anderen Menschen ungefragte Ratschläge erteilt. Versuchen Sie sich in solchen Momenten daran zu erinnern, dass seine Bemühungen aus einer guten Absicht heraus erfolgen. Anstatt darüber zu schimpfen, danken Sie ihm einfach und gehen Sie wieder zur Tagesordnung über. Sie können ihn auch ermutigen, seine Tendenzen konstruktiv zu nutzen, indem Sie ihm empfehlen, sich in Aktivitäten einzubringen, wo Meinungen und Ratschläge gebraucht werden.

Faul und verrückt

Cholerische Ehepartner sind immer beschäftigt. Weniger aktive Ehepartner gewinnen dann schnell den Eindruck, ihr Gegenüber müsse verrückt sein, weil es Dutzende von Aufgaben auf einmal erfüllen will. Der cholerische Partner hingegen neigt dazu, die anderen Persönlichkeitstypen als faul zu betrachten. Er kann dann die Tendenz entwickeln, zu nörgeln oder sich über seinen Partner zu ärgern, weil er sich nur so wenig in seine Projekte investiert. Sally kam zu einem unserer Seminare, um zu lernen, wie sie anderen diese einfachen Persönlichkeitsmerkmale verständlich machen konnte. Sie war Cholerikerin mit einigen melancholischen Anteilen und so wollte sie, dass die Dinge auf ihre Art und außerdem perfekt getan wurden. Sie erreichte an einem Tag mehr als andere Frauen in einer ganzen Woche. Sogar ihre sechs Kinder, die ständig durch die Stadt chauffiert werden mussten, kamen immer pünktlich. Und ganz nebenbei nähte sie ihnen auch noch zueinander passende Sonntagskleider. Die Leute staunten nicht schlecht über Sallys Fähigkeit, alles so schnell und gut zu erledigen.

Sallys Drang nach Perfektion wurde von ihrer Erziehung genährt. Sie war bei Eltern aufgewachsen, die Perfektion als Norm betrachteten, und sie hatte von ihnen das Gefühl vermittelt bekommen, stets unzulänglich zu sein. Bevor sie die vier Temperamente kennen gelernt hatte, hatte sie ein schlechtes Selbstwertgefühl und das Empfinden, nie ganz so sein zu können, wie andere sie gerne hätten.

Als extrem getriebene Cholerikerin ärgerte Sally sich häufig über ihren phlegmatischen Ehemann. Der unsichere melancholische Anteil in ihrer Persönlichkeit hielt sie zwar davon ab, sich ständig zu beklagen, aber seine Faulheit und Gleichgültigkeit machten sie verrückt. Zu guter Letzt gab es Tage, an denen sie sein Verhalten keine Minute länger mehr ertragen konnte. Sie explodierte. Ihr Mann hörte dann seelenruhig zu, während sie über ihre unfaire Beziehung und ihre übergroße Belastung schimpfte: „Das ist nicht gerecht! Ich mache die ganze Arbeit und du hängst nur im Sessel rum!“ Natürlich vergaß Sally in solchen Momenten, dass ihr Ehemann sechs Tage in der Woche arbeitete, um seine große Familie finanziell zu versorgen, und dass er sein Zuhause und seinen Sessel zur Erholung brauchte.

Nachdem sie die vier Temperamente kennen gelernt hatte, begann Sally, die liebenswerte, stabile Persönlichkeit des Phlegmatikers zu schätzen. Sie erkannte, dass sie vollkommen aus dem Blick verloren hatte, wo seine Stärken lagen und dass sein Temperament ein guter Ausgleich für ihres war. Als sie verstanden hatte, dass ihre Unterschiede kein Fehler waren, sondern sogar notwendig für die Harmonie innerhalb der Familie, änderte sie ihre Haltung und konnte ihren Ehemann besser annehmen. Und seit ihr Mann nicht mehr fürchten muss, dass seine cholerische Frau ständig an ihm herumnörgelt, hat er zunehmend Grund zum Lächeln und verbringt von selbst weniger Zeit in seinem Phlegmatiker-Sessel!

Wenn Sie mit einem Choleriker verheiratet sind, werden Sie oft erstaunt beobachten, wie er mit seinem engen Zeitplan hin und her jongliert. Aber denken Sie daran, dass dieser Grad an Aktivität für den kontrollierenden, energiegeladenen Choleriker alles andere als verrückt scheint. Wenn Sie selbst Choleriker sind, vergessen Sie nicht, dass die meisten Menschen nicht so viel Schwung und Energie haben wie Sie selbst. Ihr Bedürfnis nach etwas Ruhe macht sie noch nicht zu Faulpelzen – es macht sie nur menschlich!

Schmutzige Wäsche

„Jede willensstarke, dickköpfige cholerische Ehefrau braucht einen liebevollen Ehemann, der sie im Gleichgewicht hält. Ohne Eds friedliebende Natur wären wir schon längst geschieden." So beschrieb die cholerische Marge, wie sich ihre Neigung zur Nörgelei auf ihre Ehe ausgewirkt hatte.

Als Ed und Marge heirateten, erwartete Marge, dass Ed ohne Diskussion einige Haushaltspflichten übernahm. Eine dieser Pflichten bestand darin, seine schmutzige Wäsche an dem richtigen Ort zu deponieren. Da sie einen Wäschekorb besaßen, ging Marge davon aus, dass Ed seine Kleidung auch dorthin bringen würde. Zuerst versuchte sie sich noch als pflichtbewusste Ehefrau zu verhalten und hob seine schmutzigen Kleider auf, die er am Fußende des Bettes hatte liegen lassen, aber das war nur von kurzer Dauer. Bald war ihre für einen Choleriker typisch kurze Geduld erschöpft und sie gab ihm Anweisungen, wo er seine schmutzige Wäsche hinbringen sollte.

Zunächst nickte der phlegmatische Ed zustimmend und befolgte sogar einige Tage lang die Befehle seiner Frau. Doch dann lag die Wäsche wieder auf der Erde.

Nun war Marge in ihrer Ermahnung nicht mehr so liebevoll, sondern schlug einen barscheren Ton an und drohte ihm mit Konsequenzen, die das Liegenlassen seiner Unterwäsche haben würde: „Wenn du erwartest, dass deine Wäsche sauber wird, dann wirf sie in den Wäschekorb."

Wieder gehorchte Ed für ein paar Tage ihren Worten, dann kehrte er zu seiner alten Gewohnheit zurück.

An diesem Punkt verkündete Marge ihre dritte und letzte Warnung: „Wenn es deine Klamotten nicht bis in den Wäschekorb schaffen, dann kommen sie nicht in die Waschmaschine!"

Ed sagte nie ein Wort; er machte in seiner netten, sturen phlegmatischen Art einfach weiter. Der Berg seiner Schmutzwäsche wuchs, während Marge mit zusammengepressten Lippen ihrem Entschluss folgte, nichts davon aufzuheben, damit er seine Lektion lernte.

Schließlich kam der Tag. Ed stieg aus der Dusche und entdeckte, dass er keine saubere Unterwäsche mehr hatte. Er war wütend. Er tobte und schimpfte, während Marge nur selbstgefällig daneben stand.

„Ich sagte dir, wenn du deine Wäsche nicht in den Wäschekorb tust, wird sie nicht gewaschen", erinnerte sie ihn. Sie empfand eine große Genugtuung darüber, dass ihr Ehemann an diesem Tag mit schmutziger Unterwäsche zur Arbeit gehen musste. Sie hatte gewonnen!

Hatte sie gewonnen?

Erst als Marge die vier Temperamente kennen lernte, erkannte sie, dass sie mit ihren Drohungen wohl eine Schlacht gewinnen konnte, den Krieg aber verlor. Im Fall ihrer Wäscheschlacht hatte Marge sich durchgesetzt, aber sie hatte Ed immer noch nicht dahin bringen können, seine Wäsche so aufzuräumen, wie sie es wollte.

Das Wissen über die Temperamente befähigte Marge, die Veranlagung des Phlegmatikers zu verstehen. Auf diese Weise konnte sie ihren Mann mit seinen Eigenheiten durchs Leben begleiten, anstatt seine nörgelnde Feindin zu sein.

Wenn Ed heute seine Wäsche auf den Boden wirft, regt sie sich nur noch selten auf. Sie versucht sich in seine Lage zu versetzen, und das hilft ihr, daran zu denken, dass es manchmal sinnvoll ist, eine Schlacht zu verlieren, wenn man dafür gemeinsam den Krieg gewinnt.

Eine himmlische Ehe ...

Die Dynamik des Cholerikers macht ihn zu einem guten Leiter. Er kann wunderbar andere motivieren und eine Aufgabe bis zum Ende durchziehen. Allerdings kann seine Stärke in der Ehe auch zur Schwäche werden. Hartnäckige Choleriker wollen sich nicht die Zeit nehmen zu verstehen, wie ihr Ehepartner die Dinge sieht. Sie wollen einfach, dass die Dinge nach ihrem Willen erledigt werden, weil sie davon ausgehen, dass dies der beste Weg ist. Die Folge davon kann sein, dass sie ihre Partner kontrollieren und in ihrer Persönlichkeit behindern.

Wie viele Frauen träumte auch Cheri von einer Ehe, die „glücklich bis an ihr Lebensende" verlaufen sollte. Sie war im Süden der Vereinigten Staaten aufgewachsen, wo man von Frauen erwartete, dass sie demütig, sanft und zur Unterordnung bereit waren. Cheri besuchte die richtigen Schulen, hatte einen guten familiären Hintergrund und kleidete sich angemessen. Sie spielte ihre Rolle gut und versteckte ihre cholerische Veranlagung vor ihrer Familie und ihren Freunden.

„Frauen sagen ihre Meinung nicht", hatte ihre Mutter immer gesagt.

Als es dann an der Zeit war, dass ein ordentliches Mädchen heiratete, gewann Cheri den Hauptpreis, Randy. Randy war ein bildhübscher, charmanter junger Mann, der alle Erwartungen übertraf. Sein Sinn für Humor, sein Optimismus, sein Vertrauen und seine Persönlichkeit waren genau so, wie Cheri es sich gewünscht hatte. Jeder mochte Randy und nichts schien ihn zu ärgern. Die älteren Damen in der Kirche schwärmten von ihm, und die jüngeren wünschten, er hätte sich für sie anstatt für Cheri entschieden. Die Hochzeit war das gesellschaftliche Ereignis des Jahres, perfekt ausgestattet mit Handschuhen und Hüten wie in *Vom Winde verweht*.

„Eine himmlische Hochzeit", seufzten alle Damen der Gemeinde.

Aber bald begann es in dieser himmlischen Ehe zu bröckeln.

Nach sechs Jahren wusste Cheri nicht, was mit dem Mann geschehen war, den sie geheiratet hatte. Er war nicht mehr der, der sie ausführte, nur um mit ihr zu reden, der große Träume hatte und darauf vertraute, dass er sie auch erreichte, der sie zum Lachen brachte und den jedermann mochte. An seine Stelle war ein Mann getreten, der keine Entscheidungen fällen konnte, der seine Gedanken und Gefühle für sich behielt, der nicht mehr lustig, sondern voller Angst war, wenn sie miteinander reden mussten. Das war nicht mehr der Prinz aus ihren märchenhaften Träumen.

Was war mit dieser Märchenehe passiert? Wenn wir die Temperamente kennen, sehen wir, warum dieses Paar Probleme hatte. Cheri hatte ihr Leben als süße Südstaatenprinzessin verbracht und ihre sanfte Art verbarg ihre Fähigkeit, jeden in ihrem Leben zu kontrollieren. Nach ihrer Hochzeit konnte sie es kaum erwarten, ihr neues Juwel aufzupolieren. In echt cholerischer Art und Weise glaubte sie, er würde ihr dafür ewig dankbar sein! Randy hatte keine Ahnung davon, dass irgendetwas an ihm verbesserungswürdig war. Alle mochten ihn! Sogar seine Schwiegermutter fand ihn fantastisch. Warum war seine Frau die Einzige, die ihn nicht akzeptieren konnte, wie er war?

Schließlich erreichte Cheri einen Punkt, an dem sie auf die Knie ging und zu Gott schrie: „Ich weiß, als ich heiratete, habe ich dir versprochen, dass es fürs ganze Leben sein wird, aber ich kann so einfach nicht mehr weitermachen. Ich habe alles getan, was ich weiß, und nichts funktioniert. Ich bin zu allem bereit, wenn ich damit diese Ehe retten kann. Bitte tu etwas!“

Noch während sie so betete, klingelte ihr Telefon. Es war ihre Freundin Lynn. Cheri schüttete ihr das Herz aus. Als sie geendet hatte, war Cheri verblüfft zu hören, dass Lynn schon lange so etwas vermutet hatte. Lynn empfahl ihr mein Buch *After Every Wedding Comes a Marriage* (Nach jeder Hochzeit kommt eine Ehe). „Es wird dir nicht gefallen, aber es ist genau das, was deine Ehe braucht“, sagte sie.

Als sie von Gottes Plan für die Ehe las, erkannte Cheri, dass sie nur ihren eigenen Plänen gefolgt war. Sie hatte ihr Temperament nicht genutzt, um ihren Mann zu vervollständigen, sondern als Waffe, um ihren Willen durchzusetzen. Obwohl sie ihn wegen seiner sanguinisch-phlegmatischen Art geheiratet hatte, hatte sie versucht, die Kontrolle zu übernehmen und ihn zu etwas anderem zu machen. Sie hatte sein Vertrauen zerstört und auf seinen Humor nicht reagiert. Und sie hatte ihn vor anderen lächerlich gemacht. Sie hatte Gottes Plan ignoriert, der vorsieht, dass sie sich Randys Leitung unterordnete. Stattdessen hatte sie ihre manipulierende Art eingesetzt, um ihn zu kontrollieren.

Es war ein hartes und manchmal sehr schmerzvolles Stück Arbeit, Cheris und Randys Ehe wiederherzustellen. Aber als Cheri gelernt hatte, Randy zu akzeptieren, wie er war, und Gott das Verändern zu überlassen, kehrte der charmante Mann, den sie einmal geheiratet hatte, wieder zurück und ebenso die wunderschöne Frau. Sie genießt nun seinen Humor, seine Unterhaltungen und kann seine Führung entspannt annehmen. Das liegt daran, dass sie sich an den Baumeister gewandt und ihn gebeten hat, ihr zu zeigen, wie sie das, was sie in ihrer Unwissenheit zerstört hatte, wieder aufbauen konnte.

In Jesaja 58,11 heißt es: „Ich, der Herr, werde euch immer und überall führen, auch im dürren Land werde ich euch satt machen und euch meine Kraft geben." Wenn Sie Choleriker sind, sollten Sie sich in besonderer Weise an diese Worte erinnern. Anstatt zu versuchen, Ihren Ehepartner nach Ihren Vorstellungen zu verändern, lassen Sie lieber Gottes verändernde Kraft in Ihrem eigenen Leben wirken. Dann werden Sie, anstatt in jeder Situation die Kontrolle zu übernehmen, lernen, sich von Gott führen zu lassen. Diese Wahrheit wird nicht nur Ihre persönliche Beziehung zu Gott bereichern, sondern Ihnen auch dabei helfen, in Ihrer Ehe nicht immer die Kontrolle übernehmen zu wollen.

Überprüfen Sie Ihren Terminkalender

Weil Choleriker so gut mehrere Aufgaben gleichzeitig erledigen können, neigen sie dazu, einem detaillierten Zeitplan zu folgen. Während ein Melancholiker noch gut mit den Details zurechtkommt, verlieren Sanguiniker und Phlegmatiker schnell den Faden und finden es schwierig, gleichzeitig an derart viele verschiedene Dinge zu denken.

Choleriker, Männer oder Frauen, haben ein inneres Bedürfnis, jene herunterzuputzen, die nicht so schnell handeln oder denken wie sie. Und wenn sie merken, dass andere auf ihre Zurechtweisungen nicht hören, beginnen Choleriker schneidende Bemerkungen zu machen oder sie klagen die anderen direkt an. Aber wenn Choleriker ihre große Stärke richtig einsetzen, können sie mit Lösungen aufwarten, die ihrem Ehepartner nicht das Gefühl geben, dumm zu sein.

Die cholerische Karen ist mit einem Phlegmatiker verheiratet, der Schwierigkeiten hat, mit den Details mitzukommen. Sie ist schnell und braucht ständig Action – er bewegt sich langsam und ist lieber still. Sie denkt über das nächste Projekt nach, bevor sie das laufende beendet hat – er hat alle Hände voll zu tun, sich auf das gegenwärtige Projekt zu konzentrieren.

Im Bereich ihrer Unterschiedlichkeit hat Karen ihre cholerischen Stärken gut genutzt, indem sie Lösungen fand, die ihren Ehemann George nicht als Dummkopf dastehen ließen oder verletzten. Ein Problem war die Zeitplanung. Sie hatte ihren Zeitplan schon ein Jahr im Voraus parat, aber er schien nie zu wissen, was sie als Nächstes vorhatte.

„Ich war so frustriert darüber, dass er nichts über unsere Pläne wusste", erzählte Karen mir. Sie führte einen detaillierten Kalender, in den sie alles eintrug, inklusive Listen mit Dingen, die bis zu verschiedenen Terminen erledigt werden mussten. Dann sagte sie ihm, welche Termine auf sie zukamen, und erwartete, dass er daran dachte. Aber er vergaß die Termine sehr häufig und das machte sie verrückt! Er versuchte es mit einem eigenen Kalender und Computerprogrammen, aber die passten einfach nicht zu seiner phlegmatischen Natur. Egal was sie ausprobierten, er konnte mit ihren Listen und Plänen nicht Schritt halten.

Eines Tages hängte sie einen Monatskalender neben seinen Rasierspiegel an die Wand. Darin trug sie ihre gemeinsamen Termine ein und fügte noch eine Liste mit der Überschrift „Meine Pläne und Projekte" dazu. Endlich hat Karen eine Methode gefunden, die George sogar gut findet. Jetzt kann er jeden Morgen auf dem Kalender sehen, was in der nächsten Woche oder im nächsten Monat auf ihn zukommt. Er vergisst ihre Pläne nur noch selten und sie müssen nicht mehr darüber streiten. Zu Karens Freude schreibt er sogar eigene Termine in den Kalender, damit auch sie Bescheid weiß!

Was für einen Unterschied es machen kann, wenn Sie danach streben, die Bedürfnisse Ihres Partners zu erfüllen, anstatt zu kontrollieren, ob Sie Ihren fairen Anteil bekommen. Das Leben ist nicht fair und Sie bekommen vielleicht nicht Ihren Anteil, aber Sie werden viel glücklicher sein, wenn Sie großzügig geben, ohne eine Vergütung für Ihre Investition zu erwarten. Wenn Choleriker ihre Stärken zu einem guten Zweck nutzen anstatt dazu, andere zu kontrollieren, werden sie für ihre Anstrengungen großen Lohn erhalten.

Sobald die Zeit des Werbens vorbei ist ...

Viele Frauen, die mit cholerischen Männern verheiratet sind, haben mir erzählt, dass für diese zielstrebigen Typen die Zeit des Werbens den aufregenden Teil ihrer Freundschaft ausmachte. War diese abgeschlossen, änderte sich ihre Einstellung schnell und sie sagten: „Jetzt, da wir verheiratet sind, lass uns an die Arbeit gehen." Sie verschwenden kaum noch einen Gedanken an die emotionalen Bedürfnisse ihrer Frau, an Spaß und Lockerheit. Und sie interpretiert daraufhin seine geschäftsmäßige Haltung als: „Er liebt mich nicht mehr." Darauf reagiert er, indem er ihr Jammern als unreifes Verhalten tituliert: „Werde erwachsen. Was habe ich hier? Ein Kind?"

Der Choleriker betrachtet nicht nur verletzte Gefühle als unreif, er kann auch nicht verstehen, warum seine Frau keine sofortigen Antworten auf ihre Probleme wünscht. Männer erkennen nicht, dass Frauen, besonders sanguinische Frauen, über das Problem nur reden und es nicht gleich lösen wollen. Fred sagte mir einmal in einer dramatischen Situation zwischen uns: „Ich muss nicht alle Einzelheiten hören. Gibt es ein Problem, das wir lösen müssen?"

Shirley erzählte mir, wie genau dieses Problem in ihrer Ehe auftauchte. „Zuerst fühlte ich mich durch sein Aussehen angezogen. Ich bewunderte seinen Verstand, seine Ziele, sein unabhängiges Wesen", sagte sie.

Nach der Hochzeit jedoch wurden seine Ziele und seine Unabhängigkeit zu einem großen Hindernis für sie. Sie war sanguinisch veranlagt und wollte in allem von ihm abhängig sein. Sie wollte Spaß haben, Aufmerksamkeit und Annahme erleben, aber sein zielgerichteter Lebensstil machte überhaupt keinen Spaß mehr.

Shirleys cholerischer Mann wollte aber, dass sie unabhängig war und in der Lage, die Familie zu führen, wenn er auf Reisen war oder lange arbeitete. Für ihn als Choleriker hatte die Herausforderung darin bestanden, sie zu erobern. Aber jetzt, da die Zeit des Werbens vorbei war, richtete er seine Gedanken auf andere Herausforderungen wie Arbeit und Familie, und er wollte sich mit den anspruchsvollen Bedürfnissen seiner Frau nicht länger beschäftigen. Nachdem er sich nicht mehr um ihre Bedürfnisse kümmerte, meinte Shirley, sie müsse sich auch nicht mehr um seine Bedürfnisse kümmern. Diese Haltungen führten während der Jahre, in denen sie die Kinder großzogen, zu heftigen Kämpfen und Streitigkeiten.

Shirleys cholerischer Ehemann war Militäroffizier und damit daran gewöhnt, auf Konflikte schnell zu reagieren. Seine Aufgabe war es, das Land zu verteidigen, und so war er Tag für Tag in Alarmbereitschaft. Wenn er nach Hause kam, wollte er hilfreich sein, indem er Shirleys Probleme löste. Wenn sie sich über Frauen aufregte, die sie gemein behandelt hatten, bot er ihr eine simple Lösung an: Sie sollte sie einfach ignorieren. Dabei wollte sie lediglich, dass er ihren humorvollen Ausführungen zuhörte und sie dafür lobte, dass sie wieder einmal einen Tag überlebt hatte.

Jene unter Ihnen, die mit einem Choleriker verheiratet sind, können Shirleys Geschichte sicher nachvollziehen. Versuchen Sie daran zu denken, dass Ihr Partner mit seinen Antworten nicht beabsichtigt, Sie zu verletzen. Wenn sie kurz und auf den Punkt gebracht ausfallen, dann nur, weil Choleriker eben so funktionieren. Für jene unter Ihnen, die selbst der ungeduldige Choleriker sind: Lernen Sie, öfter auf Ihr Herz zu hören. Denken Sie daran, dass für andere Persönlichkeitstypen eine schnelle Problemlösung dazu führt, dass sie sich unwichtig und ungeliebt fühlen. Entwickeln Sie stattdessen ein mitfühlendes Herz und ein großes Ohr, mit dem Sie Ihrem Partner zuhören können.

„Schnell und Wild“ heiratet „Langsam und Stetig“

Choleriker tendieren häufig dazu, einen gegensätzlichen Persönlichkeitstyp zu heiraten, nämlich den Phlegmatiker. Diese Kombination verbindet eine extrem getriebene und ständig aktive Persönlichkeit mit einer sehr ruhigen, inaktiven und passiven Persönlichkeit. Gott muss einen großen Sinn für Humor haben, wenn er solche seltsamen Paare zusammenführt.

Aber manchmal kann Gottes Volk die Mischung von Persönlichkeitstypen nicht schätzen, die Gott in unterschiedlichen Kombinationen zusammenstellt. In vielen christlichen Gemeinschaften wird von Frauen erwartet, dass sie demütige Hausfrauen sind, die ihre starken, dynamischen, geistlichen Männer anbeten, die wiederum in ihre Frauen vernarrt sind. Was für ein hübsches Bild! Die Männer sind alle cholerische Leiter, die Frauen unterwürfige Phlegmatiker, und die Kinder sind alle Melancholiker, die emsig studieren, ihre Bibelverse auswendig lernen und im Kinderchor mitsingen. Nur die Sanguiniker passen nicht in diese Gemeinden, weil sie zu laut und aufregend sind und offensichtlich zu wenig geistlichen Tiefgang haben.

Was aber tut eine Gemeinde in Anbetracht dieses „Ideals“ mit einer Familie, die eine starke, kontrollierende Mutter, unkontrollierbare Kinder und einen Vater hat, dem alles egal ist? Schickt man sie woandershin? Ohne ein Verständnis der vier Temperamente machen die Gemeinden nicht das Beste aus starken cholerischen Frauen, stillen Männern und wissbegierigen Kindern.

Karen und George sind Vertreter für so ein Paar. Sie ist die schnelle weibliche Exekutive in einer Männerwelt. Sie reist um die Welt und bekommt für ihre Erfolge viel Beifall. Der phlegmatische George ist in seinem Beruf ebenso erfolgreich und fühlt sich daher von Karens Erfolgen nicht bedroht. Er ist immer friedlich und hat ein viel ruhigeres Temperament als seine cholerische Ehefrau.

Aber bevor Karen die Temperamente kannte, versuchte sie, ihren Mann stets zu mehr Aktivitäten zu drängen, und fragte sich, wann er ihr wohl ähnlicher werden würde. Sie hatte das Gefühl, dass er in der Gemeinde nicht respektiert werden würde, wenn er nicht seine Führungsqualitäten zeigte. Karen versuchte ihn zu drängen, aber er blieb fest.

Mit diesen Unterschieden wäre es nur natürlich für die beiden gewesen, getrennte Wege zu gehen, aber sie einigten sich darauf, dass sie ihre extremen Positionen verlassen und einen Mittelweg finden wollten. Sie haben das mit Liebe, einer positiven Einstellung und einem wachsenden Sinn für Humor getan.

„Eine Sache, die uns gerettet hat“, sagt Karen, „ist die Tatsache, dass wir beide auch etwas von einem Sanguiniker haben, sodass wir über unsere Unterschiede und Meinungsverschiedenheiten lachen können.“

Wie haben diese beiden Menschen es geschafft, 35 Jahre glücklich verheiratet zu bleiben? Karen erzählte mir von einigen praktischen Antworten:

1. „Ich habe versucht, ihm ähnlicher zu werden, indem ich mein Tempo gedrosselt habe, mich hin und wieder ausruhe und in einer Krise erst mal ruhig bleibe. Er hat versucht, mir ähnlicher zu werden, indem er sich an meinen Projekten beteiligt und versucht, Begeisterung zu zeigen, wenn das wichtig für mich ist."
2. „Er hat gelernt, zu Partys zu gehen und sich zu amüsieren (was übrigens auch wichtig für mich ist, weil ich mich nicht amüsieren kann, wenn ich merke, dass er unglücklich ist). Ich danke ihm oft dafür, dass er mit mir eine Veranstaltung besucht, und jedes Mal lächelt er und sagt: ‚Ich weiß, du liebst Partys!'"
3. „Ich habe gelernt, zu Hause zu bleiben und einfach einen ruhigen Tag zu genießen. Ich kann an einem Samstag meinen Zeitplan weglegen und einen Ausflug aufs Land machen, obwohl das keinem besonderen Zweck dient. Ich gebe zu, dass ich mich selbst mehr mag, seit ich einige Wesenszüge von ihm übernommen habe."

Karen und George haben bewiesen, dass eine starke cholerische Frau mit einem sanften phlegmatischen Mann zusammenleben kann und beide in beispielhafter Weise als christliche Leiter tätig sein können. Es war beiden wichtig genug, dass sie gelesen, studiert, Seminare besucht und Diskussionen über ihre Unterschiedlichkeit geführt haben. Sie respektieren gegenseitig die ihnen von Gott gegebenen persönlichen Stärken und haben gelernt, über die Schwächen hinwegzusehen. Sie sind nicht das, was wir für ein typisches christliches Paar halten, aber ihr Bibelkreis liebt sie und sie sind ein Beweis dafür, dass jede Kombination von Persönlichkeitstypen dazu dienen kann, Gott zu ehren.

Der wunderbare Dienst des „Mundhaltens"

Die Religion führt interessanterweise oft zu Eheproblemen, auch wenn keiner der beiden Partner besonders religiös ist. Wenn einer über den religiösen Hintergrund des anderen spottet, kann es passieren, dass dieser, auch wenn sein Glaube nur schwach ist, in die Kirche eilt, nur um seinen Standpunkt zu unterstreichen.

Ein wunderbarer Wesenszug des Cholerikers ist seine dynamische Hingabe an den Glauben. Wenn so ein Persönlichkeitstyp sich einmal für Christus entscheidet, gibt es für ihn kein Halten mehr. Er engagiert sich voller Hingabe im christlichen Dienst. Der Schwung und die Aktivität des Cholerikers machen ihn zu einem natürlichen Evangelisten, der jeden, dem er begegnet, vom Glauben überzeugen will.

Jaqueline und Chris waren eine Kombination aus Choleriker und Phlegmatiker, die in ihrer Ehe bereits viele Konflikte durchlebt hatten. Alles von Geld bis hin zu Lebensmitteln wurde in ihrer problembeladenen Beziehung zu einem Streitpunkt. Leider hatten sie keinen gemeinsamen Glauben, der sie zueinander bringen konnte, vielmehr gerieten sie auch über religiöse Themen aneinander. An bestimmten Punkten in ihrer Ehe hatten sie schon die Scheidung in Betracht gezogen, weil sie einfach nicht zueinander zu passen schienen.

Bei ihrer Hochzeit hatten sie nie über Religion gesprochen. Aber über die Jahre hinweg wurde dieser Bereich für sie zu einem grundlegenden Problem. Chris war katholisch erzogen und glaubte, das sei genug, um in den Himmel zu kommen. Jaqueline war erst später zum Glauben gekommen, aber dafür glaubte sie sehr intensiv. Chris wollte natürlich nicht, dass sie versuchte, etwas an ihm zu ändern, oder dass sie ihm erzählte, er bräuchte eine persönliche Beziehung zu Christus, wo er doch viele Jahre als Ministrant aktiv gewesen war. Aber natürlich war Jaqueline bemüht, ihn auf die eine oder andere Art und Weise zum Herrn zu führen.

An einem Punkt begann dieses zerstrittene Paar gemeinsam einen Bibelkreis zu besuchen. Dazu gehörte auch, dass sie ein Tagebuch führten. Ihre Tagebücher bekamen die Form eines persönlichen Dialogs mit Gott, und durch ihre Aufzeichnungen begannen sie zu hören, was jeder von ihnen hören musste. Schließlich hörten sie auf, für eine „bessere Ehe“ zu beten, und baten Gott stattdessen, sich in ihrer Ehe zu verherrlichen.

Jaqueline begann zu erkennen, dass ihre cholerischen Predigten bei Chris nur eine Mauer aufbauten anstatt eine Brücke zum Glauben zu sein. Sie sagte mir einmal: „Als ich schließlich Gott um Hilfe bat, zeigte er mir liebevoll, aber bestimmt, dass ich das Problem war und mich nur um meine eigene Beziehung zu Gott kümmern sollte."

Als Jaqueline sich Gottes Willen unterstellte, schenkte er ihr den wunderbaren Dienst des „Mundhaltens". Sie lernte, Chris geistlich Raum zu lassen, sodass er sich selbst für Christus entscheiden konnte, was er schließlich auch tat. Nachdem Chris diesen Schritt getan hatte, lernte Jaqueline außerdem, Gottes Anleitung zu folgen und sich Chris als dem Haupt der Familie unterzuordnen. Das war nicht leicht für ihr Temperament, aber heute weiß sie die geistliche Weisheit und Stärke zu schätzen, die sie in der phlegmatischen ruhigen Art von Chris sieht.

Jaqueline ist heute Chris' liebste Bibellehrerin und beide haben erkannt, welche verwandelnde Kraft die Liebe hat. Gott hat ihnen die Tür geöffnet, die vier Temperamente kennen zu lernen, und ihre Ehe hat sich dadurch völlig verändert. Nun, da sie einen gemeinsamen Glauben haben und beide unter der Herrschaft Christi leben, wissen sie, dass Gott in ihnen seinen Willen wirkt.

Wie sehr hat Gott die Ehe von Jaqueline und Chris verändert – und nur, weil Jaqueline gelernt hat, dass sie manchmal den Dienst des „Mundhaltens" tun muss. Indem sie ihre cholerischen Neigungen überwunden und gelernt hat, sich Chris unterzuordnen, ist ihre Ehe weit über ihre Erwartungen hinaus bereichert worden. Jaqueline schrieb mir kürzlich über ihre Erfahrung und schloss mit den Worten: „Letzten Endes stellt sich heraus, dass die Menschen, die Chris und ich heute sind, genau die Menschen sind, die wir vor langer Zeit zu heiraten hofften!"

Wenn Sie mit einem Choleriker verheiratet sind, können Sie sicher sein, dass es bei Ihnen zu Hause nie an Projekten und Aktivitäten mangelt. Sie werden besondere Aufmerksamkeit auf sein Bedürfnis nach Wertschätzung, Aktion, Leitung und Kontrolle legen müssen. Und vielleicht müssen Sie ihm helfen, einige seiner rauen Kanten zu glätten. Aber vergessen Sie nie, welcher Segen es ist, einen hart arbeitenden und schnell denkenden Ehepartner zu haben, der Ihre Familie zu motivieren weiß. Gott wusste, dass Sie diese besondere cholerische Person in Ihrem Leben brauchen würden.

Das sanfte Saitenspiel des Phlegmatikers

Weck mich, wenn alles vorbei ist

Carols Mann strapaziert seinen Kopf von morgens bis abends, indem er für die Regierung Computer programmiert. Wenn er nach Hause kommt, gönnt er seinem Hirn etwas Ruhe und sieht fern. Da es ihn anstrengt, wenn er währenddessen Carol durchs Haus springen sieht, hat er gelernt, sie aus seiner Wahrnehmung zu streichen und sich ganz in die Quizshow am Bildschirm hineinzuversetzen. Er führt geistig Buch darüber, wie viel er gewonnen hätte, wenn er selbst dort gewesen wäre.

„Warum gehst du denn nicht wirklich mal hin und machst mit?“, fragt ihn Carol dann immer.

„Wohin?“, antwortet er, denn offensichtlich hat er den Kontakt zu ihr vollkommen verloren.

Carol hatte zu Beginn ihrer Ehe noch eine Weile lang versucht, seine Aufmerksamkeit zu erregen, indem sie sich in einem sexy Negligé zwischen ihn und den Fernsehapparat platzierte. Als das nicht mehr funktionierte, versuchte sie es nackt, aber er sagte nur sanft: „Kannst du bitte zur Seite gehen, Liebling, du verstellst mir die Sicht.“

Jetzt greift sie zur einzig wirksamen Methode: Sie marschiert mit einer Kettensäge in Richtung Terrasse.

Er aber hebt daraufhin eine Augenbraue (das braucht nur halb so viel Energie wie zwei) und fragt: „Was willst du denn heute zerschneiden?“

Erinnert Sie Carols Ehemann an Ihren eigenen? Wenn Sie selbst schon einmal extreme Methoden angewendet haben, um ihn in Bewegung zu setzen, sind Sie wahrscheinlich mit einem Phlegmatiker verheiratet.

Phlegmatiker fühlen sich stets zu nichts gezwungen, und auch wenn sonst um sie herum niemand etwas tut, sind sie zufrieden. Sie haben einen niedrigen Energielevel und sehnen sich nach Frieden und Ruhe. Sie hassen Konfrontationen und würden lieber still einen Schmerz ertragen, als ihren Gefühlen Luft zu machen und damit einen Konflikt heraufzubeschwören.

Phlegmatiker sind gerne mit anderen Menschen zusammen, die für sie Entscheidungen treffen, weil es ihnen selbst so schwer fällt, sich zu etwas zu entschließen. Wenn Sie aber ihre Stärken erkennen, diese respektieren und sich bemühen, ihre stille Art nicht zu ignorieren, finden Sie in einem Phlegmatiker einen besten Freund.

Menschen, die Phlegmatiker herumschubsen, hören vielleicht nicht viele Kommentare von diesen friedliebenden Typen, aber im Stillen ärgern sich die Phlegmatiker über diese Behandlung. Sie mögen Leute nicht, die drängen, laut sind oder von ihnen eine Menge Arbeit und Aktivität verlangen.

Wenn Sie mit einem Phlegmatiker verheiratet sind, stehen Sie vor einer einmaligen Herausforderung und auch Freude im Zusammenleben mit diesem Persönlichkeitstyp. Dieses Kapitel widmet sich der Erforschung des phlegmatischen Temperamentes und will Ihnen helfen, mit Menschen dieses Persönlichkeitstyps auszukommen.

Die emotionalen Bedürfnisse des Phlegmatikers

Das Grundbedürfnis des Phlegmatikers ist Frieden. Sie vermeiden Streit, treffen ungern Entscheidungen und flüchten, wenn es zu Kontroversen kommt. Sie wünschen sich um jeden Preis Frieden und Ruhe. Anders als die anderen Temperamente brauchen Phlegmatiker die besondere Aufmerksamkeit ihrer Mitmenschen, die sich um ihr Selbstwertgefühl und ihre Bedeutung kümmern.

Um Ihren phlegmatischen Ehepartner zu motivieren und ihm zu mehr Selbstsicherheit zu verhelfen, müssen Sie lernen, seine emotionalen Bedürfnisse zu erfüllen. Wenn er durch Ihre Liebe und Fürsorge an Selbstvertrauen und Kontrolle gewinnt, entwickelt er sich zu einem ruhigen, starken Leiter. Die folgende Liste gibt Ihnen einige Tipps dazu, wie Sie den tiefsten Bedürfnissen des Phlegmatikers begegnen können.

1. *Frieden*: Phlegmatiker wünschen sich Frieden und keinen Druck. Im Gegensatz zum Choleriker, der ständig Action braucht und unter Druck am besten arbeitet, benötigt der Phlegmatiker zumindest gelegentlich eine Ruhepause. Sein Unterbewusstsein sucht eigentlich ständig nach einem Sessel. „Wenn ich mich nur ein paar Minuten setzen könnte ..." Werden Phlegmatiker hart dazu gedrängt, aktiv zu sein, frieren sie manchmal förmlich ein und werden völlig unbeweglich – also drängen Sie sie nicht. Wenn Sie einen Phlegmatiker in Bewegung bringen möchten, sollten Sie dafür sorgen, dass es einfach klingt, und versichern Sie ihm, dass Sie ihm beistehen und helfen werden. Ein freundliches Überreden führt zu guten Ergebnissen. Schreierei hingegen produziert nur eine Lähmung. Diese Person ist nicht faul; sie mag nur einfach keinen Druck und wird sich gegen die Arbeit entscheiden, wenn sie die Wahl hat.
2. *Selbstwertgefühl*: Der Phlegmatiker braucht Selbstwertgefühl. Häufig kommen Phlegmatiker aus Familien, wo sie eher ignoriert wurden, weil die Eltern sich um ein anspruchsvolleres Kind kümmern mussten. Diese passive Familienrolle hat in ihm negative Gefühle entstehen lassen und möglicherweise sein Selbstwertgefühl zerstört. Sie haben gelernt, sich ruhig zu verhalten. Sie sind nicht niedlich wie die Sanguiniker, sie sind nicht vorlaut wie die Choleriker, und sie werden nicht melancholisch emotional. Stattdessen stopfen sie alles in sich hinein und geben vor, glücklich zu sein. Wenn Sie diese Person heiraten, werden Sie keine spontanen Gefühle, Action oder Meinungen bekommen. Sie werden sie eher sagen hören: „Ist mir egal", „Macht nichts", und: „Was immer du tun willst." Aber in Wirklichkeit kümmert es sie doch und sie brauchen jemanden, der ihnen hilft, ihr Selbstwertgefühl aufzubauen, indem er sie ermutigt, ihre Gefühle zum Ausdruck zu bringen.

3. *Bedeutung*: Phlegmatiker brauchen Bedeutung und das Gefühl dazuzugehören. Weil sie reserviert bleiben und sich von Konflikten fern halten, bekommen sie weniger Aufmerksamkeit als andere – weniger negative und weniger positive Aufmerksamkeit. Während es einerseits das Leben friedlicher macht, wenn man ignoriert wird, entsteht andererseits ein Gefühl der Bedeutungslosigkeit. Mir sagte einmal jemand: „Ich habe mich immer wie ein Möbelstück gefühlt." Diese Person muss in Familienentscheidungen und Unterhaltungen einbezogen werden, auch wenn es sie nicht zu interessieren scheint. Hören Sie auf ihre Meinung und unterbrechen Sie sie nicht. Weil sie so viel Zeit mit dem Beobachten anderer Menschen verbringt, hat diese Person Zeit, wichtige Dinge wahrzunehmen. Geben Sie ihr das Gefühl, wertvoll zu sein, und behandeln Sie sie nicht wie ein Möbelstück.

Wenn Sie Phlegmatiker sind, bedenken Sie, dass Ihre Bedürfnisse für die anderen manchmal nur schwer zu erkennen sind, wenn Sie nicht darüber reden. Ihr stilles Temperament sorgt dafür, dass Sie mit andern in Frieden leben, aber es kann Ihre Mitmenschen auch daran hindern, Sie zu verstehen. Fordern Sie sich selbst heraus, anderen Ihre Bedürfnisse mitzuteilen. Wenn Sie mit Ihrem Ehepartner über Ihre Bedürfnisse reden, kann das zwar zu Konflikten führen, aber Sie werden einen tieferen Frieden finden, wenn Sie sich durch Ihre Schwierigkeiten hindurchgekämpft haben.

Hier brennt nichts

Phlegmatische Persönlichkeitstypen sind durch ihre angenehme, umgängliche Art etwas ganz Besonderes. Nichts scheint so eine Person genug aufrütteln zu können, dass sie aktiv wird. Und der Ehepartner eines Phlegmatikers wird mit Sicherheit erstaunt darüber sein, mit welcher Ruhe der Phlegmatiker die verrücktesten Situationen aussitzen kann.

Als ich eines Morgens mein Büro betrat, sah ich einige sanguinisch veranlagte Mädchen, die in einer Gruppe zusammenstanden und kicherten. Als sie mich sahen, riefen sie wie aus einem Mund: „Warte, bis du das hörst!"

„Was hörst?"
„Was Jeff getan hat."
Jeff war in unserem Büro voller sanguinischer Mädchen unser beständiger Phlegmatiker. Jeff war der Liebling meines Mannes Fred, weil er mit allem einverstanden war, was Fred sagte, und weil er sogar auf Fehler höflich reagierte.
Die Mädchen redeten alle durcheinander und erzählten mir, was geschehen war. Als sie an diesem Morgen hereingekommen waren, bemerkten sie einen Brandgeruch, der aus Jeffs Büro kam.
Eine von ihnen ging hinein und fragte: „Brennt hier drinnen irgendetwas, Jeff?"
Er schaute sich ruhig zu ihr um und antwortete: „Hier drinnen brennt nichts."
Also ging sie hinaus, aber der Geruch wurde stärker. „Bist du sicher, dass hier drinnen nichts brennt?"
Wieder traf sie zuerst ein Blick und später kam wieder dieselbe Antwort: „Hier drinnen brennt nichts."
Als aber der Geruch anhielt, marschierte die cholerische Karen, gefolgt von einem Kontingent sanguinischer Frauen, in sein Büro, passierte Jeffs Schreibtisch und schaute in der Nähe seines Stuhls auf den Boden. Dort erblickten sie einen Heizlüfter in der Nähe seines Beins und seine Hose hatte Feuer gefangen! Die Mädchen schrien, als Jeff aufstand, einen Haufen Asche auf dem Boden und den Geruch verbrannten Polyesters hinterließ. Nur ein friedlicher Phlegmatiker konnte mit brennender Hose ruhig in seinem Büro sitzen, ohne etwas zu merken.
Treu seines zurückhaltenden Temperaments bot er mir später seine halb verbrannte Hose an. „Ich dachte, du könntest sie als Beispiel benutzen, wenn du diese Geschichte erzählst."
Ich erzähle diese Geschichte häufig und da Jeff sich um unseren Büchertisch kümmert, hole ich ihn dann meist auf die Bühne und stelle ihn als denjenigen vor, dessen Hose brannte. Er mag den Applaus und so ist er selbst zu einem visuellen Hilfsmittel geworden.

Cholerische Männer, die ohne Weisheit handeln, gehen davon aus, dass es ihr Recht sei, die Wahrheit zu sagen, auf liebevolle oder lieblose Weise. Egal wie verletzend es für ihre Partnerin sein mag, sagen sie voller Überzeugung: „Sicher willst du die Wahrheit wissen!“ Leider hat diese Neigung besonders auf einen phlegmatischen Ehepartner eine zerstörerische Wirkung.

Katie ist eine phlegmatische Ehefrau, die mit einem ehrlichen, offenen Choleriker verheiratet ist. Von Kindheit an fühlte Katie sich in ihrer aggressiven Familie fehl am Platz. Sie war begeistert, als der dynamische John sie unter all den attraktiven Mädchen aus der Klasse zur Freundin wählte.

„Ich habe mich immer ungeschätzt und sogar unsichtbar gefühlt. Ich dachte, die Ehe würde alles verändern, weil John mir sagte, er liebe mich“, sagte sie.

Katie hoffte auf zwei Dinge, die nach der Hochzeit aber nicht eintraten. Erstens wünschte sie sich, dass die Ehe ihr niedriges Selbstwertgefühl verändern würde, und zweitens rechnete sie damit, dass John ihr auch weiterhin Auftrieb geben würde. Aber genau das Gegenteil geschah. Er machte immer wieder kritische Bemerkungen und sie versank immer tiefer in einem emotionalen Meer der Wertlosigkeit.

Da das dringendste und tiefste Bedürfnis des Phlegmatikers darin besteht, dass er sich wertvoll fühlt, können Sie sich vorstellen, wie sie sich fühlte, als sie in einem neuen, geblümten Kleid in Größe 44 zu ihm ging und auf seine Zustimmung wartete. Er warf einen Blick in ihre Richtung und hielt mit dem, was er für die Wahrheit hielt, nicht hinter dem Berg: „Weißt du nicht, dass Leute mit deiner Kleidergröße versuchen sollten, etwas Unauffälliges anzuziehen?“

Katie schrieb mir in einem Brief: „Mit diesen Worten nahm er mein Gefühl der Wertlosigkeit und verwandelte sie in eine Tatsache.“

Wie viele Paare, die es am Anfang nur gut meinten, haben es nicht geschafft, die emotionalen Bedürfnisse ihres Partners zu verstehen, und sie deshalb auch nicht erfüllt? Wenn Sie mit einem Phlegmatiker verheiratet sind, denken Sie daran, dass sich Ihr wohlmeinender Rat auf das Selbstwertgefühl Ihres Partners zerstörerisch auswirken kann. Denken Sie nach, bevor Sie reden, und sorgen Sie dafür, dass Ihr Lob wesentlich zahlreicher ist als Ihre Kritik.

Die Phantom-Terrasse

Als Carol und Gordon außerhalb von Washington D. C. ihr Haus im Kolonialstil kauften, plante Carol den Garten und kaufte kleine Stiefmütterchen und blühende Büsche.

Der Hinterhof fiel steil nach unten ab, sodass man, wenn man im Esszimmer die Gartentür öffnete und hinaustrat, 1,5 Meter nach unten fiel und sich wahrscheinlich sein Bein brach. Als ihre Kinder größer wurden, hatte Carol Angst, dass eines von ihnen die Tür aufschließen und alle miteinander abstürzen könnten. Jedes Mal, wenn Carol das Thema anschnitt, dass sich ihre Kinder möglicherweise den Hals brechen könnten, versicherte Gordon ihr, dass er etwas gegen diesen großen Absatz tun wollte, sobald er es durchgeplant hatte. Es war kein Grund zur Eile (phlegmatisch) und er wollte, dass es perfekt aussah (melancholisch). Viele Männer mit dieser Kombination verbringen so viel Zeit mit kreativem Denken, dass sie keine Energie mehr haben, die Aufgabe auch zu erledigen. In den meisten Fällen ist dieses endlose Nachdenken ein Hinhaltemanöver, das möglicherweise niemals zu einer Tat führt.

Jedes Frühjahr brachte Carol also erneut das Thema dieser 1,5 Meter tiefen Absturzmöglichkeit zur Sprache. „Was ist, wenn wir Besuch haben, und es ist dunkel und jemand geht raus und fällt runter?“

Gordon antwortete darauf in seiner ruhigen Art. „Dann haben wir eben nur tagsüber Besuch, wenn man was sehen kann.“

Phlegmatiker haben einen trockenen Humor und einfache Antworten auf komplexe Probleme.

Um seine guten Absichten zu beweisen, pflanzte Gordon kleine italienische Fichten um den Platz, der später einmal die Terrasse sein sollte. Er vermaß sorgfältig, wie groß die Terrasse sein sollte, wobei er auch die Wachstumsrate der Bäume mit einbezog, die schließlich das umrandeten, was Carol die „Phantom-Terrasse“ nannte. Als die Kinder Teenager wurden, schoben sie einen stabilen Gartentisch an den Platz unter der Schiebeglastür, an dem Carol damit rechnete, dass die Menschen in den Tod stürzen würden. Sie stellten den Tisch direkt an die Außenwand und eine Bank davor, sodass auf diese Weise große Stufen vom Haus zum Garten entstanden. Bald wuchs das Unkraut um die Tischbeine, festigte seine Position und machte es nicht länger dringend, dass hier eine richtige Treppe gebaut wurde.

Siebzehn Jahre lang lebte Carol mit der Phantomterrasse. Während dieser Zeit entwickelte sie eine Comedyversion, wenn sie einem Besucher erklärte, was es mit dieser Gartentischtreppe auf sich hatte. Gordon hörte diese Geschichte stets mit an, lächelte und nickte, aber er tat nichts, um die Situation zu verändern. „Wenn ich das ausbessern würde, hättest du nichts mehr zu erzählen", war sein einziger Kommentar.

Aber in diesem siebzehnten Jahr heiratete ihre Tochter und wollte die Menschen in ihren Garten einladen. Sie sagte Gordon, er müsse etwas wegen dieses dummen Tisches unternehmen, denn sie wollte nicht eines ihrer Blumenmädchen an diesen Abgrund verlieren. Und ohne weiteres Drängen baute Gordon ein Deck aus Zedernholz vor die Tür, von dem aus einige Stufen in den Garten führten. Die verwilderten Bäume, die am Rand der Phantomterrasse standen, wurden zurückgeschnitten, Blumen wurden gepflanzt und verliehen dem Platz im Garten sofort ihre Schönheit. Der Empfang konnte stattfinden.

Später kaufte Gordon eine Hängematte für das Deck und sagte zu Carol: „Das hätten wir schon längst bauen sollen. Es ist ein toller Platz, um sich hinzulegen und nachzudenken."

Carol hielt sich schnell die Hand vor den Mund und schaffte es irgendwie, nicht zu schreien.

Anders ist nicht falsch

Phlegmatiker tendieren dazu, ihre Entscheidungen langsam und methodisch zu treffen, was andere Persönlichkeiten ziemlich auf die Palme bringen kann. Sanguiniker und Choleriker haben besonders mit phlegmatischen Ehepartnern zu kämpfen, weil sie daran gewöhnt sind, schnelle, manchmal auch voreilige Entscheidungen zu treffen. Deshalb wird es dem Phlegmatiker in einer Ehe, in der diese Temperamente aufeinander treffen, sehr leicht gemacht, gleich alle Entscheidungen seinem stärkeren und lebendigeren Partner zu überlassen.

Tonnie war eine junge, naive Phlegmatikerin. In ihrer Zeit auf dem College, traf sie Shawn, der mit seinem sanguinisch-cholerischen Temperament alle mitriss. Sie war von seiner begeisternden Art überwältigt und auch von der Tatsache, dass alle Mädchen verrückt nach ihm waren. Er genoss es, dass sie ihn bewunderte und, wenn er sprach, regelrecht an seinen Lippen hing. Sie war eine nette Marionette, die Miniröcke trug und fantastische Beine hatte!

Ihre Beziehung entwickelte sich und nach einigen Höhen und Tiefen heirateten sie, da waren sie gerade mal 19. Nach der Hochzeit verbot Shawn seiner jungen Frau, in der Öffentlichkeit Kleider zu tragen, die zu offenherzig oder provokativ waren. „Deine Beine sind nur für meine Augen bestimmt", sagte er.

Tonnie war über diese plötzliche Änderung seiner Einstellung sehr überrascht und fragte sich, ob Shawn nun alle Dinge in ihrem Leben kontrollieren wollte. Diese Erfahrung gab beiden einen ersten Eindruck davon, wie verschieden sie waren.

Diese unterschiedlichen Sichtweisen des täglichen Lebens wurden mit der Zeit immer offensichtlicher. Tonnies Vorstellung darüber, wie man sich entspannen konnte, war, dass man es sich gemütlich machte und ein Buch las. Shawn, der nicht verstand, dass das zu ihrer Persönlichkeit gehörte, meinte, sie sei faul. Tonnie fand es gemein von ihm, dass er sie an überfüllte und laute Orte zerrte, während sie einfach ihre Ruhe haben wollte.

Ein weiterer Bereich, in dem Spannungen entstanden, war Tonnies Aussehen. Shawn hatte immer eine Frau gewollt, die wie ein Model aussah, und es war Tonnies Aussehen, das ihn anfangs zu ihr hingezogen hatte. Als nun aber Tonnies Arzt ihr aus medizinischen Gründen die Pille verschrieb, führte dies bei ihr dazu, dass sie an Gewicht zunahm. Shawns ständige Bemerkungen diesbezüglich wurden zu einem großen Konfliktpunkt für die beiden. Weil Tonnie mit ihrem phlegmatischen Temperament es aber brauchte, dass ihr Partner ihr Selbstwertgefühl unterstützte, begann sie nun sich ungeliebt und minderwertig zu fühlen.

Tonnie ging einem offenen Konflikt aus dem Weg und tat, was viele Phlegmatiker tun – sie wurde in ihrer stillen Art stur. Sie kam zu dem Schluss, dass Shawn sie nicht mehr liebte, warum sollte sie dann also versuchen, dünn zu bleiben? Und so nahm sie immer mehr zu. Mit der Zeit erkannte Tonnie, dass diese Reaktion nicht richtig war, aber sie wusste nicht, was sie sonst tun konnte. Sie und Shawn waren beide jung und unreif und hatten keine Ahnung von den emotionalen Bedürfnissen des anderen.

Tonnies medizinisches Problem blieb bestehen und sie wurde im Lauf ihrer Ehe immer passiver. Als Phlegmatiker hatte sie es immer schwierig gefunden, Entscheidungen zu treffen. Nun überließ sie einfach alle Entscheidungen ihrem Mann, weil es einfacher war und auf diese Weise Konflikte vermieden wurden. Aber unter der Oberfläche fühlte sie sich weiterhin sehr unsicher, und indem sie Shawn erlaubte ihr Leben zu kontrollieren, wurde es mit ihrem Selbstwertgefühl natürlich nicht besser.

Inmitten dieser schwierigen Zeiten erfuhr Tonnie, dass sie schwanger war. Sie befand sich innerlich in einem sehr angespannten Zustand und wusste nicht, wie sie mit dem Stress fertig werden sollte, den ein Baby mit sich bringt. Wie sollten die beiden je mit einem Baby zurechtkommen?

Als ihr erstes Kind geboren wurde, waren Shawn und Tonnie gezwungen, erwachsen zu werden und sich der Wirklichkeit zu stellen. Zu diesem Zeitpunkt bot ihre Gemeinde Ehekurse an und begann in diesem Zusammenhang auch, über die vier Temperamente zu lehren. Durch diese Kurse lernten Tonnie und Shawn endlich, warum sie so unterschiedlich waren und warum das in ihrer Ehe zu Problemen geführt hatte.

Jahrelang hatte Tonnie sich alle Schuld für ihre Eheprobleme gegeben. Sie war diejenige, die zugenommen hatte, und sie war diejenige, die keine Entscheidungen treffen konnte. Und Shawn war natürlich schnell damit einverstanden gewesen, dass sie an allem schuld war. Das Wissen über die Temperamente hat beiden geholfen zu erkennen, dass ihrer beider Schwächen zum Zusammenbruch ihrer Ehe beigetragen hatten.

Tonnie ist heute eine selbstbewusste phlegmatische Persönlichkeit und ihr Ehemann hat Verständnis für ihr emotionales Bedürfnis nach Bestätigung ihres Selbstwertes. Sie hat gelernt, im Umgang mit anderen ihre Gedanken und Gefühle geltend zu machen, und wenn es nötig ist, kann sie reife Entscheidungen treffen.

Der Choleriker Shawn hat gelernt, wie wichtig es ist, mit seiner phlegmatisch veranlagten Frau Geduld zu haben. Er sieht nun, dass seine starke Persönlichkeit in ihrer Ehe zerstörerisch wirken kann, wenn er sie nicht unter Kontrolle hält.

Manche Paare verbringen ihre gesamte Ehe mit gegenseitigen Schuldzuweisungen. Oft werden die Phlegmatiker wie Tonnie zu Opfern dieses Schuldspiels, sie nehmen die Schuld für alle Probleme in der Ehe auf sich. Aber es ist für einen Phlegmatiker sehr schwer, jemanden zu lieben, dessen Hauptinteresse darin besteht zu beweisen, dass der Phlegmatiker Unrecht hat.

Das richtige Verständnis der vier Temperamente macht diesem Schuldspiel ein Ende. Und Ihr phlegmatischer Ehepartner wird in besonderer Weise erleben, dass Sie nicht auf seinen Schwächen herumhacken. Sagen Sie ihm vielmehr, dass Sie sein einmaliges Wesen lieben und schätzen – und sagen Sie es ihm häufig.

Landminen

Man sagt, dass Gegensätze sich anziehen. Auf die Ehe angewendet, brauchen Menschen, die in ihrer Persönlichkeit gegensätzlich geprägt sind, Durchhaltevermögen und Geduld, um in Harmonie zu leben. Wenn ein starker Choleriker eine sanfte Phlegmatikerin heiratet, führt das zu Konflikten. Der Choleriker will stets das letzte Wort haben und die Umstände kontrollieren.

Wenn Sie Phlegmatiker sind, ist es besonders wichtig für Sie, das cholerische Temperament zu verstehen. Wenn Sie lernen, auf gesunde Weise mit diesem Persönlichkeitstyp umzugehen, können Sie sich vor einer Ehe schützen, in der Ihr Partner die völlige Kontrolle übernimmt. Solange Sie seine Stärken und Schwächen nicht erkennen, werden Sie Ihr Leben in stiller Bitterkeit und Rebellion verbringen.

Cindy ist eine liebenswerte Phlegmatikerin, die sich in ihrem Alltag nach Frieden und Beständigkeit sehnte und versuchte, ihre Gefühle zu verstecken. Ihr Ehemann Sam ist ein eigensinniger Choleriker, der in einem hektischen beruflichen Umfeld erst richtig aufblüht und meint, er habe immer Recht.

Cindy beschreibt ihre chaotischen Ehejahre als „Kriegsgebiet", in dem es täglich zu Explosionen, Aufbrüchen und Angst vor Landminen kam. Aber sie hatte beschlossen, aus dieser Ehe nicht auszubrechen, sondern vielmehr Gott zu gehorchen und einen Tag nach dem anderen zu leben. Aber aufgrund ihres phlegmatischen Wesens vermied sie jeden Konflikt und lebte in fortwährender Verletzung, Schmerz und Verwirrung.

Cindy war der Meinung, dass Sam meist im Unrecht war, weil er alles nur auf seine Weise erledigen wollte.

„Ich hatte das Gefühl, dass es ihn nicht kümmerte, was mit mir oder unserer Ehe los war", sagte Cindy.

Sams Grundhaltung gegenüber anderen Menschen gipfelte in völliger Missachtung. Sie hingegen war ruhig, gelassen und gesammelt; Freundlichkeit und Sympathie waren ihre Erkennungsmerkmale. Sie sagte: „Also war mein Handeln richtig und sein Handeln war falsch."

Cindy und ihre drei Söhne führten Krieg gegen ihren Mann. Sie verstanden ihn nicht und meinten, sie seien im Recht, wenn sie ihn angriffen, weil sie davon ausgingen, er sei im Unrecht.

„Er war ein Blödmann!", erklärt Cindy. „Warum konnte er uns nicht nett behandeln? Er verdiente es nicht, dass wir ihn respektierten."

Nach einigen düsteren Jahren erhielt Cindy eine Einladung zu einem Seminar über die vier Temperamente. Sie bezweifelte, dass ihr das helfen würde, aber sie ging trotzdem hin. Sie erklärt: „Jedes Kapitel öffnete mir die Augen, und ich begann mich zu verändern. Es war, als ginge ein Licht an, und ich erkannte, dass Sams Andersartigkeit nicht falsch war."

Cindy machte einige neue Entdeckungen über ihren Ehemann und über sich selbst. Zum ersten Mal wurden ihr die Augen für die Erkenntnis geöffnet, dass Menschen nach dem Bilde Gottes geschaffen sind und dass jedes Individuum eine besondere Persönlichkeit hat. Cindy begann zu sehen, dass sie und Sam völlig gegensätzlich waren und trotz ihrer Unterschiedlichkeit doch beide richtig liegen konnten.

In der Vergangenheit hatte ihr phlegmatisches Wesen jeden direkten Konflikt mit Sam vermieden. Aber sie hatte als Rache oft einen subtilen Sarkasmus und auch Kritik an seiner Person in Gegenwart anderer Leute eingesetzt, um ihn zu verletzen. Sie fragt sich heute, was sie damit hatte erreichen wollen. Keiner der beiden wusste, wie man über ein Thema richtig streitet.

Heute, da sie ihre eigenen phlegmatischen Schwächen kennt, hat sie gelernt, ihm ihre Gefühle auf liebevolle Weise mitzuteilen.

Außerdem gelingt es Cindy nun, seine Worte und Taten nicht persönlich zu nehmen, sondern ihn vielmehr in vernünftiger und nicht drohender Weise damit zu konfrontieren. Und sie hat gelernt, zunächst zu überlegen, ob eine Angelegenheit in einem Monat immer noch wichtig ist, bevor sie eine Auseinandersetzung vom Zaun bricht.

Das Wissen über die unterschiedlichen Wesenszüge hat ihrer Beziehung enorm geholfen. Cindy versteht nun, dass es für Sam ein „Sieg" ist, wenn er in einer Diskussion das letzte Wort hat. Warum also soll sie ihm diesen Sieg nicht gönnen? Cindy hat nicht das Bedürfnis, die endgültige Entscheidung zu treffen, und es ist ihr auch irgendwie egal. Das ist eine kleine Konzession, die sie macht, um den Frieden zu sichern.

Cindy erkannte auch, dass ihre kriegsähnliche Ehe ihren Kindern das Vorbild zeigte, dass Kämpfen und Kritik in einer Familie zum normalen Verhalten gehören. Als sie aber die Veränderung in Cindy sahen, waren auch sie frei, ihren Vater zu lieben, ohne sich ihrer Mutter gegenüber schuldig zu fühlen. Cindy lehrte sie, dass Gott uns alle bedingungslos liebt und dass wir einander in gleicher Weise lieben sollen.

Cindy ist nun so weit, dass sie ihren Ehemann lieben kann wie er ist, mit seinen Stärken und Schwächen. Mittlerweile schätzt sie Sams Stärke, mit der er den Haushalt führt. Und sie hat ihre phlegmatischen Schwächen überwunden, sodass sie sich ihm entgegenstellen kann, wenn es um wichtige Dinge geht. Cindy zählt heute ihre Segnungen, während sie durch die „Landminen" ihrer Ehe geht und in der Friedenszone auf der anderen Seite Zuflucht findet.

Vergiss den Stress! Genieß das Chaos!

Das unbeschwerte Wesen der Phlegmatiker wird nicht nur in ihrer entspannten Persönlichkeit sichtbar, sondern auch in ihrer Umgebung. Ihre Welt muss leicht zugänglich sein, sie müssen alles in Reichweite haben, auch wenn sie es nicht finden können. Im Gegensatz zum Melancholiker, der für jedes Ding einen Platz und jedes Ding auch an seinem Platz hat, verteilt der Phlegmatiker alles überall!

Janice ist eine friedliebende phlegmatische Person, die mit einem sanguinischen Vater und einer cholerisch-melancholischen Mutter aufgewachsen ist. Ihr immer zu Späßen aufgelegter Vater gab ständig Partys oder lud die ganze Gemeinde zum gemeinsamen Kochen ein. Wenn so eine Einladung ausgesprochen war, schuftete sich ihre Mutter wie verrückt ab, um alles für das große Ereignis vorzubereiten. Wenn die Gäste dann kamen, zog Janice sich mit einem Teller Essen in ihr Zimmer zurück und hoffte, dass sie sich vor dem Aufräumen drücken konnte, wenn sie unsichtbar blieb.

Janice war ihre ganze Kindheit hindurch ständig erschöpft, sie versuchte für ihren Vater ein nettes, aus sich herausgehendes sanguinisches Kind zu sein und ein ordentliches, sorgfältiges cholerisch-melancholisches Kind für ihre Mutter. Typisch für einen Phlegmatiker hat sie immer versucht, ihren Eltern zu gefallen, um dadurch den Frieden in der Familie zu sichern.

Irgendwann ging Janice aufs College und sie war sehr erleichtert, zum ersten Mal in ihrem Leben sie selbst sein zu können. Sie wollte tun, was ihr gefiel und wann es ihr gefiel. Ihr Zimmer war ein einziges Chaos, aber die phlegmatische Janice hatte ihre Ruhe und fühlte sich wohl.

Eines Nachmittags hörte sie jemanden klopfen. Sie öffnete und sah Keith, den Zimmerverwalter, in der Tür stehen. Keith war ein sanftmütiger Mann mit einer beruhigenden freundlichen Stimme.

„Hallo, ich bin hier, um den Rauchmelder in deinem Zimmer zu überprüfen. Ich weiß, ich war für gestern angekündigt, aber das habe ich leider nicht geschafft."

Janice wusste nichts von einer Ankündigung, aber sie nahm an, dass sie irgendwo auf dem Regal unter tausend anderen Zetteln begraben liegen musste. Sie antwortete: „Das ist in Ordnung; komm rein, wenn du kannst."

Keith nahm keine Notiz von der Unordnung, weil sie ihn an sein eigenes Apartment erinnerte. Er kam herein und wechselte die Batterie im Rauchmelder aus. Das war der Beginn einer heitergelassenen phlegmatischen Beziehung zwischen den beiden.

Keith und Janice sind mittlerweile über zehn Jahre miteinander verheiratet. Wie viele andere Ehen hat auch ihre Ehe schnell einige Höhen und Tiefen durchgemacht. Obwohl sie einige Eheprobleme hatten, streiten sich diese zwei Phlegmatiker höchst selten. Ihre Probleme entstehen eher aus einem Mangel an Kommunikation und Motivation. Den Umgang mit den Finanzen beispielsweise mieden beide wie die Pest, und wenn es darum ging, das Haus oder den Garten aufzuräumen, waren sie sich immer einig: „Das machen wir morgen." Sie waren sehr aktiv in der Gemeinde und sagten immer zu, wenn sie um Mithilfe gebeten wurden, aber wenn es dann darum ging, die Arbeiten durchzuführen, konnte sich keiner der beiden mehr an den Tag oder die Uhrzeit oder das zugesagte Projekt erinnern.

Für Freunde und Verwandte schien ihr Leben ein unorganisiertes, undiszipliniertes Durcheinander zu sein, aber sie selbst als zwei bequeme Phlegmatiker nahmen keine Notiz davon.

Alles in ihrem Leben erschien einfach und unkompliziert, bis der Tag kam, an dem ihr neu gekauftes Auto wieder ins Eigentum des Verkäufers überging. Beide hatten den Kaufvertrag unterschrieben und beide erwarteten vom anderen, er würde die Raten überweisen. Sie hatten die Zahlungserinnerung nicht geöffnet, sondern achtlos zur Seite gelegt in der Erwartung, der andere würde die Post schon öffnen und lesen. Das war die Erfahrung, die Keith und Janice die Augen öffnete und sie veranlasste, Hilfe für ihre Partnerschaft zu suchen.

Zu dem Zeitpunkt lernten Keith und Janice auch die vier Temperamente kennen. Sie hatten schon immer erkannt, dass sie ähnliche Vorlieben und Abneigungen hatten, aber sie hatten nie länger über die Tatsache nachgedacht, dass sie die gleichen Stärken und Schwächen teilten. Sie waren so damit beschäftigt, jede Arbeit zu vermeiden und fernzusehen, dass keiner bemerkt hatte, dass auf diese Weise niemand mehr da war, der sich um die grundlegenden Haushaltspflichten kümmerte.

Das Wissen über die Temperamente gab ihnen die notwendigen Werkzeuge an die Hand, um ihre Finanzen und ihren Haushalt in Ordnung zu bringen. Sie engagierten einen Buchhalter, der sich um ihre Finanzen kümmerte, und sie entrümpelten und organisierten ihr Haus so, dass es leicht und mit wenig Aufwand in Ordnung gehalten werden konnte. Was ihre Verpflichtungen in der Gemeinde betrifft, haben sie es sich zur Gewohnheit gemacht, die andere Seite zu bitten, sie am Tag vor einem vereinbarten Termin anzurufen und sie daran zu erinnern.

Obwohl das Haus nicht tipptopp ist und der Rasen voller Unkraut, sind doch jetzt die Finanzen unter Kontrolle und ihr Auto steht in der Einfahrt!

Eine Überraschung von Bill

Sara Jean wuchs als phlegmatisches Einzelkind in einem Haushalt voller rasender Choleriker auf. Sie lernte früh, dass sie nur überleben konnte, wenn sie ihr schüchternes Wesen, das einem kleinen Schaf ähnlich war, in einen Wolfspelz kleidete. Wenn Phlegmatiker ein cholerisches Verhalten an den Tag legen müssen, das nicht ihrer Natur entspricht, dann übernehmen sie schnell sowohl dessen Stärken als auch Schwächen. Die kleine Sara Jean lernte in frühem Alter, zu schreien und zu toben, damit jemand auf sie reagierte. Wenn sie keinen Lärm machte, wurde sie ignoriert.

Als sie Tom heiratete, hatte sie ihre phlegmatischen Neigungen ihr ganzes Leben lang unter einer Maske versteckt und wünschte sich nichts sehnlicher als Frieden. Tom war ein gut aussehender Phlegmatiker, der ihr keine Probleme machte, der ihr aber auch keine Führung gab. Sara Jean kam zu der Überzeugung, dass sie einigermaßen zufrieden war, weil es wenigstens keinen Streit gab – außer mit ihren Kindern. Ohne gesunde Vorbilder, anhand derer sie hätte anders handeln können, erzog Sara Jean sie in dem Stil, den sie selbst als Mädchen erlebt hatte. Sie schrie mit ihren cholerischen Kindern herum und versuchte ihrer aggressiven, streitsüchtigen Art standzuhalten. Wie so viele Phlegmatiker konnte Sara Jean nicht gewinnen. Sie war ständig erschöpft, die Kinder hatten das Heft in der Hand, und Papa war im anderen Zimmer und hoffte, das Kämpfen würde bald aufhören.

Der phlegmatische Tom wusste, dass er hier seine Leitung ausüben sollte, besonders wenn er beobachtete, wie seine Kinder die Hausregeln missachteten und ihre Mutter beleidigten, aber er wusste einfach nicht, wie. Daraufhin bestellte Tim sich heimlich ein Video zum Thema männliche Leiterschaft, und er hörte einige *Einfach-typisch*-Kassetten, die ein Freund ihm geliehen hatte. Eines Tages, nachdem ihre zwölfjährige Tochter Lisa ihre erschöpfte Mutter gekonnt in Grund und Boden geredet hatte, kam Tom ins Zimmer und sagte den beiden, sie sollten still sein und sich hinsetzen. Sara Jean und Lisa waren überrascht zu sehen, dass Tom sich in ein „typisches Frauending“ – wie er es nannte – einmischte. Sie warteten und wollten hören, was der sonst so passive Tom zu sagen hatte.

In festem Tonfall sagte er zu seiner Tochter: „Liebling, du musst die Hausregeln nicht beachten und deine Mutter nicht respektieren ... wenn du woanders leben willst. Aber wenn du hier unter unserem Dach lebst, wirst du die Regeln befolgen und deine Mutter mit Achtung behandeln, oder du wirst dir dein Essen selbst kochen, deine Wäsche selbst waschen, selbst zur Schule gehen und alle Privilegien bezüglich Telefon und Fernsehen verlieren. Ab sofort. Ist das klar?" Sara Jean war erleichtert, dass ihr Ehemann endlich seinen Standpunkt klarmachte und den Kindern gesunde Grenzen setzte, und sie entspannte sich etwas in ihrem Sessel.

Lisa antwortete umgehend: „Du kannst mich nicht zwingen!"

Tom entgegnete: „Da hast du Recht. Ich kann dich nicht zwingen. Du hast die Wahl. Du bist zu groß für eine Tracht Prügel, aber ich kann dir immer noch das Leben schwer machen, wenn du weiterhin so selbstsüchtig und respektlos bist. Diese Frau ist meine Frau und keiner wird in diesem Ton mit ihr sprechen, wie du es gerade getan hast. Ich liebe dich zu sehr, als dass ich es zulassen könnte, dass du dich wie eine kleine verzogene Göre aufführst."

Lisa saß mit offenem Mund da. Noch nie hatte sie ihren Vater in dieser Weise mit ihr reden hören. Dann überraschte Tom sie beide, indem er fortfuhr: „Und ich erwarte von dir, dass du deiner Tochter nicht länger erlaubst, dich zu missachten. Sie kann das nur tun, wenn du sie lässt, Sara Jean. Ich will nicht, dass du das noch länger hinnimmst. Also ehre und respektiere dich bitte selbst genügend, um das zu tun!"

Sara Jean sah ihrem Mann sprachlos zu, wie er nach diesen Worten schnell die Zeitung nahm und auf die Veranda ging.

Einerseits geschockt darüber, dass ihr Ehemann sowohl sie selbst als auch ihre Tochter zurechtgewiesen hatte, fühlte sie sich doch erleichtert, dass er die Rolle des Leiters übernommen hatte. Neue Gefühle der Zuneigung und Wärme wuchsen in ihr für den Mann, zu dem sie in letzter Zeit sehr kühl und distanziert gewesen war.

Weil Tom bereit war, seine Stimme zu erheben und seinen Standpunkt zu beziehen, als seine cholerische Tochter außer Kontrolle geraten war, indem er ihr in seiner ruhigen, aber festen Art Grenzen setzte, erklärte auch Sara Jean sich bereit, ähnlich zu handeln. Mit der Zeit konnten Sara Jean und Tom sich darin abwechseln, die Last der Leiterschaft zu tragen, denn es war etwas, womit beide sich manchmal unwohl fühlten. Aber sie hielten durch und lernten es schließlich sehr gut.

Wie diese Geschichte zeigt, sind Phlegmatiker nicht unfähig zu leiten oder ihren eigenen Standpunkt zu vertreten. Sie regen sich normalerweise nur nicht so schnell auf und warten, bis es zu einer Krise kommt, bevor sie handeln, weil sie hoffen, dass jemand anders die Situation klärt oder sie sich von selbst löst.

Mit diesem Verständnis sollten wir als Eltern unseren phlegmatischen Kindern schon früh helfen, Leiterrollen zu übernehmen, die sie in ihrer eigenen Ehe und in ihren familiären Beziehungen brauchen werden. Und wenn Sie mit einem Phlegmatiker verheiratet sind, ist es womöglich an Ihnen, ihn in die Leiterposition hineinzustupsen, der er vielleicht aus dem Weg geht. Mit der geeigneten Erziehung und besonders dem Wissen über die vier Temperamente können Phlegmatiker zu großartigen Leitern werden, solange sich ihre endlose Geduld nicht in ein endloses Vermeiden ausweitet.

Ein Tribut an den Phlegmatiker

Leslie Vernick ist Autorin mehrerer Bücher, unter anderem des Buches *The Truth Principle* (Das Prinzip Wahrheit). Sie arbeitet als Sozialarbeiterin in verschiedenen Kliniken und benutzt das Bild von den vier Temperamenten als Werkzeug, um die Problemfälle, mit denen sie sich beschäftigt, besser zu verstehen. Kürzlich erzählte sie mir eine rührende Geschichte darüber, wie ein Kindheitstrauma ihre Entscheidung als Erwachsene beeinflusst hatte, einen friedlichen Phlegmatiker zu heiraten.

Gerade bevor Leslie und Howard ihre Silberhochzeit feierten, stellte eine von Leslies Freundinnen die Frage: „Wenn du etwas an deinem Mann verändern könntest, was wäre das?"

Als Leslie über diese Frage nachdachte, fiel ihr ein, dass sie sich manchmal gewünscht hatte, ihr Mann sei ein bisschen lustiger.

Howard und Leslie waren beide Erstgeborene, sehr erfolgreich und ernsthaft. Keiner von ihnen hatte im Persönlichkeitstest auch nur einen einzigen Punkt in der Testspalte für Sanguiniker. Sie war eine relativ ausgeglichene Mischung von Melancholiker und Choleriker; er war zum großen Teil Phlegmatiker mit einem geringen Anteil von Melancholiker. Ausgelassenes Gelächter war sehr selten bei ihnen zu hören. Sie konnten zwar miteinander Spaß erleben, aber sie brauchten immer einen Katalysator von außen, der ihr Feuer zum Brennen brachte.

Als Leslie darüber nachsann, erkannte sie jedoch auch, wie sie die Stetigkeit und friedliche Einstellung ihres phlegmatischen Ehemanns vermissen würde, wenn er plötzlich lustiger wäre. Howard war nicht der Typ, der emotional oder stimmungsvoll wurde – er handelte sehr vorhersagbar. Und während manche solche Qualitäten langweilig finden, erlebte Leslie sie als tröstend, weil sie ihr melancholisches Bedürfnis nach Sicherheit und Stabilität stillten.

Beim weiteren Nachdenken über ihre Ehe wurde ihr bewusst, dass auch ihre cholerisch-sanguinisch veranlagten Geschwister einen phlegmatischen Partner geheiratet hatten. Mit ihrem beruflichen Hintergrund als Sozialarbeiterin überlegte sie, ob es in ihrer gemeinsam verbrachten Kindheit etwas gab, das dazu beigetragen hatte, sich diesen Persönlichkeitstyp als Partner zu suchen.

„Unsere Eltern wurden geschieden, als ich acht Jahre alt war“, erklärte Leslie. „Meine Schwester war vier und mein Bruder erst zwei.“

Leslies Leben wurde chaotisch und sehr unvorhersagbar, nachdem ihre Eltern geschieden waren. Manchmal kam ihre Mutter nach der Arbeit nicht nach Hause, und Leslie und ihre Geschwister wussten nicht, wo sie war. Andere Male war sie schlechter Laune und sie mussten ihr aus dem Weg gehen. Dann spielten sie draußen, bis es dunkel war, und schlichen sich leise durch die Hintertür ins Haus. Manchmal aber auch überraschte ihre Mutter sie mit herrlichen Wochenendausflügen, doch meistens war das Geld knapp.

Als Leslie und ihre Geschwister etwas älter wurden, lernten sie, leere Wasserkästen von der Veranda anderer Häuser zu stibitzen und das Leergut gegen je zwei Cent einzutauschen, damit sie etwas zu essen kaufen konnten. Ihr bevorzugtes Menü bestand aus Süßigkeiten und Pommes frites. Auch wenn diese Dinge nicht nahrhaft waren, so füllten sie doch wenigstens die leeren Bäuche der Kinder, wenn wieder einmal Ebbe im Kühlschrank war.

Als Leslie Teenager wurde, nahm man sie und ihre Geschwister der Mutter weg, und es wurde vom Gericht angeordnet, dass sie bei ihrem Vater und ihrer Stiefmutter leben sollten. Das Leben wurde wesentlich stabiler und vorhersagbarer. Endlich wurde das Zuhause zu einem sicheren Ort für sie.

„Als Erwachsene“, sagt Leslie, „denke ich, hat jeder von uns einen phlegmatischen Ehepartner ausgesucht, nicht nur weil er natürlicherweise zu unserem eigenen Temperament passt, sondern auch aufgrund unserer frühen Kindheitserfahrungen." Sie erklärt weiter, wie sie intuitiv wussten, dass es ihnen mit einem Partner am besten ginge, der stetig und ruhig war und sie nicht wieder in die Ängste ihrer jungen Jahre versetzen würde.

„Ich glaube, wir haben gut gewählt!", sagt Leslie heute nach 25 Jahren Ehe. „Keiner von uns ist geschieden oder getrennt."

Die melancholische Leslie schätzt ihren phlegmatischen Ehemann sehr. Sicher gibt es Zeiten, in denen sie wünschte, Howard würde mehr aus sich herausgehen oder wäre spontaner, aber sie würde diesen stetigen Menschen nie gegen alles Aufregende in der Welt eintauschen.

Wenn Sie mit einem Phlegmatiker verheiratet sind, werden auch Sie feststellen, dass Sie die Stabilität und ruhige Stärke Ihres Partners schätzen. Wenn auch ihr Mangel an Motivation und Aktivität Sie manchmal frustriert, denken Sie immer daran, ihr Selbstwertgefühl aufzubauen und ihnen die friedlichen Momente zu verschaffen, die sie einfach brauchen. Gott hat Sie nach seinem vollkommenen Plan mit diesem unbeschwerten und rücksichtsvollen Partner gesegnet, den Sie ein Leben lang in Ehren halten sollten.

Teil III

Gemeinsam Musik machen

Stärken und Schwächen der vier Temperamente

Unterschiedliche Tonarten, Skripte und Szenen

Wenn Ihr Ehepartner das gegensätzliche Temperament hat

Seitdem Fred und ich 1966 mit der Seminararbeit für Ehepaare anfingen, haben wir herausgefunden, dass man sich natürlicherweise einen Partner sucht, dessen Persönlichkeit konträr zu der eigenen ist. Wir verlieben uns in die gegensätzlichen Stärken und müssen dann aber auch mit den gegensätzlichen Schwächen unseres Partners leben. Sobald wir Letztere entdeckt haben, beginnen wir, unseren Partner in einen wunderbaren Menschen verändern zu wollen, er soll so werden „wie ich“!

Die flatterhafte, Spaß liebende sanguinische Frau verfällt dem tiefsinnigen, organisierten, ernsthaften melancholischen Mann mit seinen vielen Kalendern und Zeitplanern. Nach einer Weile beginnt sie, sich gegen seine langen Listen mit zu erledigenden Pflichten zu sträuben. „Das macht keinen Spaß.“ Und er liebt ihre Fähigkeit, mit jedem über alles zu reden – bis er entdeckt, dass sie ständig redet, sobald jemand in Sicht ist, und dass auch noch die Hälfte von dem, was sie sagt, gelogen ist.

Die supererfolgreiche cholerische Frau kann an einem Tag mehr erledigen, als mehrere ihrer Freundinnen zusammen schaffen. Und ausgerechnet sie verliebt sich in einen phlegmatischen Mann, der einen stillen Humor hat und frei von zwanghaften Verhaltensweisen ist. „Er ist so friedlich!“, sagt sie, bis sie erkennt, dass er für ihren Geschmack vielleicht zu friedlich ist. Und er mag ihre zupackende Art und ist erleichtert, dass er keine Entscheidungen mehr treffen muss. Aber nach einer Weile hat er es satt, ständig bevormundet zu werden. Er hat das Gefühl, dass seine Meinung überhaupt nicht zählt. „Habe ich hier denn gar nichts zu sagen?“

Paare mit gegensätzlichen Persönlichkeitstypen stehen sowohl einmaligen Freuden als auch einmaligen Herausforderungen gegenüber. Wenn die Stärken des einen Partners die Schwächen des anderen zudecken, dann wird so eine Kombination optimal gelebt.

Doch wenn die Stärken beider Partner im Extrem ausgelebt werden, verwandeln sie sich häufig in Schwächen. Wenn Paare auf diese Schwächen nicht vorbereitet sind, kann ihre Ehe schnell in einen Missklang geraten.

Wenn Stärken zu Schwächen werden

Wenn wir jedes Paar, das später zu uns in die Seminare kommt, vor seiner Hochzeit sprechen könnten, wären wir in der Lage, ihnen ein realistisches Bild darüber zu vermitteln, wie mit großer Wahrscheinlichkeit ihre gemeinsamer Zukunft aussehen wird. Aber junge, verliebte Menschen wollen nicht, dass ihnen jemand die rosarote Brille abnimmt. Sie sind davon überzeugt, dass sie füreinander geschaffen wurden, und rechnen damit, bis an ihr Lebensende glücklich zusammenzubleiben.

Leider sind sie aber häufig nicht auf die anders geartete Persönlichkeit ihres Partners vorbereitet. Sie sind sich nicht darüber bewusst, dass sich das, was sie bei ihrem Partner anfangs als so anziehend erlebt haben, schon bald für sie zu einem Ärgernis entwickeln kann. Die Spannungen, die ein Leben mit einem gegensätzlichen Charakter mit sich bringt, führen oft dazu, dass sich die Stärken der Partner in Schwächen verwandeln.

Ruth ist eine wunderbare, sanftmütige phlegmatisch veranlagte Frau, die einen energischen Choleriker geheiratet hat. Sie traf ihren Mann bei einer College-Abschlussfeier, die an Weihnachten in ihrer Gemeinde veranstaltet wurde. Ironischerweise hatte sie sich gerade entschlossen, ihre Wunschliste, wie ihr Traummann sein müsse, wegzulegen und das Leben allein zu genießen. Sie war vierundzwanzig und hatte keine Lust mehr, noch Jahre auf ein Phantom zu warten.

Mit diesen Gedanken im Hinterkopf ging sie also zu der Weihnachtsparty und genau da trat ihr zukünftiger Ehemann ein – 1,90 m groß, braune Haare und die blausten Augen, die sie jemals gesehen hatte. Er kam gerade frisch von der USS Downs, einem Militärschiff, um bei seiner Familie seine Weihnachtsferien zu verbringen.

Ruth erinnert sich an ihren ersten Gedanken, nachdem sie ihn gesehen hatte: *Oh, oh, ist er womöglich der, auf den ich gewartet habe*?

Nach einer kurzen Vorstellung und einer nervösen Unterhaltung ging sie wieder daran, heißen Apfelwein auszuschenken. Den Rest des Abends fühlte sie sich wie ein Teenager. Jedes Mal, wenn sie den Raum verließ, folgte er ihr, wenn auch nicht immer persönlich, aber auf jeden Fall mit seinen betörend blauen Augen. Ruth hatte keine Ahnung, dass Matt sie schon vier Monate zuvor in einem Gottesdienst gesehen und seitdem darauf gewartet hatte, die Gelegenheit zu bekommen, sie anzusprechen.

Es ist überflüssig zu berichten, dass ihre Beziehung an diesem Abend ihren Anfang nahm. Sein gutes Aussehen und sein Charme hatten sie geködert. Was sie dann aber richtig anbeißen ließ, war die Tatsache, dass er sich vor kurzem zu Christus bekehrt hatte und nun den Wunsch verspürte, mehr über Gott zu erfahren. Nach einigen Wochen in einer Fernbeziehung (er lebte in San Diego und sie in Los Angeles) wusste sie, dass sie an seinem Haken hing. Seine Hingabe, Energie und sein Durchhaltevermögen hatten sie für ihn eingenommen. Beide hatten außerdem ähnliche Interessen wie Skifahren und Bergsteigen, sodass sie ein perfektes Paar waren.

Rückblickend sieht Ruth heute diese ersten Tage als selige Unwissenheit: „Man sagt, dass Liebe blind macht, und das stimmt. Wenn du verliebt bist, könnte der Himmel voller Wolken hängen, und es würde dir einfach nichts ausmachen.“ Sie beschloss, die Tatsache zu übersehen, dass er zwei Jahre jünger war als sie, und sie verschwendeten keine Zeit. Nach sechs Monaten waren sie verlobt, und bereits ein Jahr nach ihrer ersten Begegnung heirateten sie.

Glücklicherweise, sagt Ruth, hatten sie eine sehr gute Seelsorge, die sie auf die Ehe vorbereitete. Außerdem gab ihnen eine weise Tante das Buch *After Every Wedding Comes a Marriage* (Nach jeder Hochzeit folgt eine Ehe). Sobald sich ihre Flitterwochen dem Ende neigten, lasen beide das Buch und erlebten es als echten Segen. Sie lernten etwas, das in der Ehevorbereitung nicht angesprochen worden war: dass sie nämlich trotz ihrer Ähnlichkeiten auch sehr unterschiedlich waren.

„In der Anfangsphase unserer Liebe“, erklärt Ruth, „wurden meine melancholisch-phlegmatischen Unsicherheiten und meine Unentschlossenheit durch Matts cholerisch-melancholische Stärke und Sicherheit übertönt.“

An diesem Punkt ihrer Beziehung sah sie noch keinen Hinweis darauf, dass Matt intolerant war und nicht weit vorausdachte. Keiner von beiden wusste, dass ihr Mitgefühl und ihr mangelndes Durchhaltevermögen sie in ihrer Rolle als Mutter scheitern lassen würden.

Es dauerte etwas fünf Jahre, bis die Veränderung in ihrer Ehe sichtbar wurde. Matts Charme begann zu verblassen und verkümmerte zu einem sehr kurz angebundenen Verhalten. Ruth hatte zuvor nicht bemerkt, dass seine Kommentare und Entscheidungen oft wie aus der Hüfte geschossen kamen. Sein Bedürfnis danach, Dinge zu „erledigen", konnte zu unbefriedigenden und schlampigen Ergebnissen führen. Aber ihr wurde auch bewusst, dass ihr melancholisch bedingter Perfektionismus diese Schwäche gut kompensieren konnte. Ein Beispiel dafür ist folgende Begebenheit:

Als Matt ein Wohnmobiloberteil für seinen allradgetriebenen Toyota kaufen wollte, beschloss er, dafür das Geld zu nehmen, das sie für einen Urlaub angespart hatten. Die schmuddelige rote Farbe passte jedoch überhaupt nicht zu dem strahlend blauen Truck, aber das war Matt egal, denn der Preis stimmte. Ruth ließ ihn machen, und sie begaben sich mit dem unschönen Teil auf den Heimweg. Da Ruth etwas von einem Perfektionisten in sich hatte und außerdem die Dinge vorher durchdenken musste, brauchte sie eine Weile, bis sie den Mut fand, ihre Gefühle über diesen lächerlichen Einkauf zum Ausdruck zu bringen. Als Ruth erklärte, wie sie sich fühlte, sah Matt ein, dass sein voreiliger Kauf falsch gewesen war, und er brachte das Wohnmobiloberteil zurück.

Ruth hatte zum Glück schon in den frühen Jahren ihrer Ehe von den verschiedenen Temperamenten erfahren und sie hatte einen Ehemann, der bereit war, ihr zuzuhören. Das Bewusstsein ihrer Schwächen hat Matt und Ruth von Anfang an geholfen, in gegenseitiger Verantwortung füreinander zu leben. Sie können nun gut mit den Situationen umgehen, in denen ihre Stärken zu Schwächen werden. Sie können sogar ernste Probleme nutzen, um durch sie in ihrer gegenseitigen Liebe und im Verständnis zu wachsen.

Wie Matt und Ruth können auch Sie sich vor den heißen Eisen und steilen Abgründen schützen, wenn Sie verstehen, dass Gott jeden Menschen unterschiedlich geschaffen hat. Wenn Sie entschlossen sind zusammenzubleiben, dann ist es am besten, schnell zu lernen, wie Sie mit Ihren Unterschieden umgehen können. Sie werden ständig damit beschäftigt sein, raue Kanten zu glätten und Ecken abzurunden, aber es wird mit jedem Tag leichter, an die

Wurzeln Ihrer Meinungsverschiedenheiten zu kommen und gemeinsam einen guten Mittelweg zu suchen.

Die Bibel sagt: „Mein Volk vergeht, weil es keine Weisheit hat", und das Gleiche gilt auch für die Ehe. Je mehr Sie über die verschiedenen Persönlichkeitstypen lernen, desto freier werden Sie in dem Wissen, dass Gott sogar Ihre Eigenarten und Ihre Schwächen erdacht hat. Es ist in Ordnung, auf bestimmte Art und Weise zu handeln und zu reagieren. Aber Gottes Stärke kann uns auch helfen zu vermeiden, dass unsere Stärken zu Schwächen werden. So wie Eisen Eisen schärft, funktioniert es auch mit den Temperamenten. Und ein Paar, bei dem verschiedene Temperamente miteinander kombiniert sind, trägt die besondere Fähigkeit in sich, die Wesenszüge des Partners jeweils zu ergänzen.

Wie man Stärken und Schwächen erkennt

Eine der besten Methoden zu vermeiden, dass Ihre Stärken sich in Schwächen verwandeln, ist, sich der Wesenszüge beider bewusst zu sein. Wenn ein Mensch seine Stärken und Schwächen kennt, kann er daran arbeiten, das Positive auszubauen und das Negative zu minimieren. Die Ehe bietet einem Menschen den besonderen Segen eines liebenden Ehepartners, der ihn in diesem Prozess der Verfeinerung und Läuterung zur Verantwortung ziehen kann.

Es ist eine wertvolle Übung für Ihre Ehe, wenn Sie sich die Zeit nehmen, Ihrer beider Stärken und Schwächen zu bestimmen und zu diskutieren. Wenn Sie beide die Stärken des jeweils anderen kennen, können Sie sich auch gegenseitig ermutigen, diese in positiver Weise zu gebrauchen. Dabei gewinnen Sie außerdem mehr Vertrauen in Ihre Fähigkeiten. Wenn Sie in ähnlicher Weise Ihre Schwächen erkennen und besprechen, können Sie einander daran erinnern, sie zu vermeiden, anstatt nur im Stillen auf den anderen ärgerlich zu sein. Und ein gesundes Bewusstsein Ihrer eigenen Schwächen wird Sie davor schützen, verletzt oder wütend zu werden, sobald Ihr Ehepartner Sie liebevoll darauf hinweist. Wenn beide Partner dieses gesunde Bewusstsein haben, können sie ein Team werden, das gemeinsam daran arbeitet, einander aufzubauen, anstatt zwei Einzelpersonen, die sich gegenseitig herunterziehen.

Die folgende Liste zeigt einige attraktive Wesenszüge, die uns vor der Ehe zu unserem Partner hinziehen, und sie zeigt, wohin sich diese Charakteristika entwickeln können, wenn sie nicht beachtet werden. Wie bereits erläutert, werden die extrem ausgelebten Stärken zu Schwächen. Nehmen Sie sich etwas Zeit, um die Stärken und Schwächen von Ihrem eigenen Persönlichkeitstyp und dem Typ Ihres Partners zu betrachten, und sprechen Sie dann darüber. Gibt es bestimmte Stärken und Schwächen, die in besonderer Weise auf Sie zutreffen? Was kann Ihr Partner tun, um Ihnen zu helfen, diese Stärken auszubauen und die Schwächen zu minimieren?

Sanguiniker

Stärken	**Schwächen**
redselig, Geschichtenerzähler	übertreibt
kann farbenfroh beschreiben	lügt
gibt den Ton an	laut
freundliches Wesen	spricht mit jedem
Freidenker	undiszipliniert
lockere Einstellung	kein Zeitgefühl
unbekümmert, nicht in Hetze	kommt überall zu spät
geht gerne einkaufen	verschuldet sich leicht
großzügig	gibt jedem
optimistisch	kann nicht vorausdenken
spontan	plant nie
anziehende Persönlichkeit	lädt ständig Leute ein

Melancholiker

Stärken	**Schwächen**
ordentlich und sorgfältig	ist zwanghaft ordentlich
managt die Finanzen gut	geizig
nachdenklich und tiefsinnig	redet nicht gern
introvertiert	brütet
ernsthaft	depressiv
plant voraus	ist nicht spontan
beharrlich	will nie aufgeben
sensibel	leicht verletzbar
analytisch	braucht ewig
idealistisch	zu wenig Bezug zur Wirklichkeit
achtet auf Details	pingelig
Langzeitgedächtnis	kann nicht vergeben

Choleriker

Stärken	**Schwächen**
der geborene Leiter	herrisch
Schnelldenker	verwegene Entscheidungen
gut in Geschäft und Beruf	impulsiv
arbeitet hart	wird zum Workaholic
überzeugend	Hochstapler
willensstark	stur
wetteifernd	muss gewinnen
unabhängig und selbstständig	braucht niemand anderen
spricht Dinge direkt an	anklagend
trifft schnell Entscheidungen	ungeduldig

Phlegmatiker

Stärken	**Schwächen**
unbekümmert	faul
friedliebend	kann nicht begeistern
sieht gerne gute Filme	sieht sich jeden Mist an
hört scheinbar zu	schaltet Sie aus seiner Wahrnehmung aus
lächelt und nickt	hört nicht zu
kühl, hat inneren Abstand	gleichgültig
beständig	steckt in eingefahrenen Gleisen fest
anpassungsfähig	unentschlossen
sanfte, ruhig Stimme	murmelt vor sich hin
passt überall hin	geht in der Menge verloren
ausgeglichener Denker	keine Meinung
verführerisches Aussehen?	zu müde

Ich bin ihm nicht wichtig

Wenn zwei unterschiedliche Temperamente in der Ehe zusammenfinden, ist das Potenzial für Missverständnisse hoch. Was der Sanguiniker als fröhlichen Spaß beabsichtigt, trifft den Melancholiker wie ein spitzer Pfeil ins Herz. Die Annahme des Cholerikers, dass jeder so viel arbeiten möchte wie er, wertet sein phlegmatischer Partner als absichtliches Bemühen, ihm das Gefühl der Unzulänglichkeit zu geben.

Solche Missverständnisse beginnen normalerweise bei scheinbar kleinen und unbedeutenden Gelegenheiten. Mit der Zeit jedoch können diese Missverständnisse zunehmen. Und wenn Ehepartner das Temperament des anderen nicht verstehen, können sich diese Konflikte zu einer permanenten Verbitterung oder sogar Angst entwickeln.

Shirley lernte Nate in den 50er-Jahren kennen, als sie noch zur Highschool gingen. Endlich war der Krieg zu Ende und alle waren optimistisch. Die Alliierten hatten Hitler besiegt, die Truppen kamen nach Hause, und viele Paare planten zu heiraten und bis an ihr Lebensende glücklich zu sein. Das Fernsehen trug seinen Teil zu diesen Erwartungen bei, indem es Bilder von netten, kleinen Familien vermittelte, in denen die Mutter zu Hause blieb und die geliebten Kinder großzog. So kam es dann, dass auch im echten Leben die meisten Frauen von ihren Männern erwarteten, dass diese das Geld verdienten, während sie die Kinder großzogen und ein friedliches Heim schufen.

Diese Zeit wird in Amerika auch als die Baby-Boomer-Zeit bezeichnet und Shirley trug ihren Anteil dazu bei. Sie bekam innerhalb von viereinhalb Jahren vier Kinder. Ihr Ehemann wurde Offizier in der Air Force und betrachtete seine wachsende Familie wie eine weitere Einheit, die er zu führen hatte. Weder Nate noch Shirley kannten die vier Temperamente und jeder erwartete vom anderen, dass er genauso funktionierte wie er.

Aufgrund seiner Position hatte Nate viele gesellschaftliche Verpflichtungen, die er als berufliche Notwendigkeit ansah. Als Choleriker wollte er die richtigen Dinge tun, die richtigen Partys besuchen, mit den richtigen Leuten reden und sich dann schnell wieder aus dem Staub machen. Shirley, die mit den vier kleinen Kindern sehr belastet war, betrachtete diese Partys als Fluchtmöglichkeit und eine Gelegenheit, ihrem sanguinischen Bedürfnis nach Spaß nachzukommen. Sie machte sich schick, unterhielt sich mit jedem, der bereit war ihr zuzuhören, und aß alles, was in Sicht war. Diese Partys waren ihre großen Momente der Abwechslung. Doch wenn sie gerade mit der Gesellschaft warm wurde, hatte Nate seine geschäftlichen Dinge bereits abgeschlossen und sagte: „Ich habe erledigt, was ich zu erledigen hatte, jetzt kann ich gehen." Für ihn war es Zeitverschwendung, einen Abend mit charmantem Smalltalk zu verbringen, wenn seine Verpflichtungen erfüllt waren.

Sobald Nate mit entschlossenem Blick durch den Raum auf sie zusteuerte, wusste Shirley bereits, wann sich ihre geselligen Abende dem Ende zuneigten. In solchen Situationen ging sie in Tränen aufgelöst nach Hause – wie Aschenputtel, die um Mitternacht den Ball verlassen musste. Und Nate war wütend, dass sie so weinerlich reagierte, wo er doch nur eine Pflicht erfüllte, die nichts mit ihr zu tun hatte.

„Sei dankbar, dass ich dich überhaupt mitgenommen habe!", war seine Antwort auf ihre Tränen.

Er konnte nicht verstehen, warum sie bei so einer langweiligen Veranstaltung unbedingt länger bleiben wollte. Und sie konnte nicht sehen, warum er eine so lustige Party verlassen wollte. Keiner dieser beiden intelligenten Menschen konnte die Denkweise des anderen verstehen. Und beide fühlten sich im Nachhinein, als wollte der andere ihm etwas Böses.

Bevor sie die unterschiedlichen Temperamente kennen lernten, wiederholten sich solche Szenen sehr häufig. Nates Bedürfnis, zu kontrollieren und Dinge in Ordnung zu bringen, überschnitt sich oft mit Shirleys Bedürfnis nach Annahme und Bestätigung. Er konzentrierte sich auf das, „was als Nächstes dran ist“, während sie versuchte, Spaß zu haben und Aufmerksamkeit auf sich zu ziehen. 30 Jahre lang empfand Shirley seine kontrollierende „Ich-bringe-das-in-Ordnung“-Art als Bedrohung für ihre Spaß liebende „Ist-doch-egal-solange-jeder-glücklich-ist“-Haltung. Sie wünschte sich Zuneigung und Aufmerksamkeit, das sind Bedürfnisse, die ein Choleriker nur schwer nachvollziehen und erfüllen kann. Nates Bedürfnis, alles unter Kontrolle zu haben und in Ordnung zu bringen, produzierte bei Shirley Gefühle der Unzulänglichkeit und sie fühlte sich nicht geliebt.

Seit sie die vier Temperamente kennen gelernt haben, ist der Groll, den Shirley und Nate gegeneinander hegten, ein großes Stück weniger geworden. Anstatt zu erwarten, der andere müsse so sein wie man selbst, haben sie gelernt, die Andersartigkeit ihres Gegenübers zu schätzen. Und was am wichtigsten ist: Indem sie die Sichtweise des anderen wahrgenommen haben, konnten sie begreifen, dass sie es nicht aufeinander abgesehen hatten.

Unterschiedliche Menschen, unterschiedliche Bedürfnisse

Eine der größten Segnungen, die in dem Verständnis der vier Temperamente liegen, ist, dass man fähig wird, die Bedürfnisse des Partners besser zu erfüllen. Sie haben bessere Chancen, eine romantische Liebe zu pflegen, wenn Sie mit Ihrem Partner entsprechend seiner Persönlichkeit und nicht Ihrer eigenen umgehen. Wenn Sie dem anderen gegenüber auf seiner Ebene Ihre Liebe ausdrücken, kann er diese Liebe besser verstehen. Das versetzt wiederum Ihren Partner in die Lage, Ihr Handeln zu schätzen und auf Sie zu reagieren.

Für Paare mit gegensätzlichem Temperament ist das besonders wichtig. Anderenfalls erschöpfen sich beide Partner darin, ihre Liebe auf eine Art zu zeigen, die der andere einfach nicht versteht. Der logisch denkende Choleriker meint vielleicht, seinem Partner zu helfen, indem er ein Problem analysiert und zu lösen versucht. Aber wenn seine sanguinische Partnerin einfach jemanden möchte, der ihr zuhört, bleibt ihr Bedürfnis unbefriedigt.

Diese Partner müssen vielmehr ihre unterschiedlichen Bedürfnisse erkennen und aufhören zu erwarten, der andere müsse wie man selbst sein. Der Gedanke, dem anderen Ihre Liebe auf eine Weise zu zeigen, auf die Sie selbst gar nicht reagieren würden, ist etwas gewöhnungsbedürftig, aber es zahlt sich bestimmt aus. Sie werden nicht nur erleben, dass Sie die Bedürfnisse Ihres Gegenübers effektiver erfüllen können, Sie sind außerdem von Ihren Bemühungen lange nicht so erschöpft!

Bring es nicht in Ordnung!

Als Shirley Probleme mit ihrer Kiefernmuskulatur bekam (die Krankheit nennt sich CMD), hatte sie beträchtliche Schmerzen. Eines Tages, die Schmerzen waren besonders heftig, kam ihr Ehemann nach Hause und fand sie in Tränen aufgelöst. Sie sagte ihm, sie habe solche Schmerzen und werde bald zu Bett gehen, da sie es einfach nicht länger aushalten könne.

In seiner typisch cholerischen Art begann Nate sofort seine 20 Standardfragen zu stellen: „Was ist los? Wann hat es angefangen? Wie hat es sich entwickelt? Welche Symptome hast du? Welche Medikamente hast du genommen?“ Und so ging es weiter.

Schließlich sah ihn die sanguinische Shirley an und sagte: „Momentan sind mir diese Fragen egal. Ich brauche dein Mitgefühl. Bitte bring mich ins Bett und hol mir etwas zu trinken. Wenn du mich dann noch in den Arm nimmst und sagst: ‚Das tut mir Leid, dass du Schmerzen hast. Kann ich irgendetwas für dich tun?‘, dann wird es mir schon gleich besser gehen.“

Überraschenderweise tat ihr Mann genau das. Zehn Minuten später, als er das Zimmer verließ, nachdem er sie zugedeckt und all die Dinge getan hatte, um die sie ihn gebeten hatte, fragte er eifrig: „Wie war ich?“

Sie antwortete: „Wunderbar, danke.“

Und dann sagte er: „Kannst du dir vorstellen, wie schwierig es für mich ist, nicht zu versuchen, deine Probleme zu lösen?“

Es mag schwierig für Nate gewesen sein, sein Fragen einzustellen und seiner Frau einfach beim Zubettgehen zu helfen. Schließlich würden alle Choleriker es vorziehen, keine Hilfsangebote zu erhalten, wenn sie krank sind. Aber Mitgefühl war genau das, was Shirley brauchte. Als Sanguinikerin wollte sie Aufmerksamkeit und keine schnelle Problemlösung. Schließlich führte Nates Bereitschaft, sich auf Shirleys Ebene zu begeben und entsprechend zu reagieren, dazu, dass beide zufrieden waren. Shirley schlief mit dem Gefühl ein, geliebt und umsorgt zu sein, und Nate wusste, dass er ihr seine Liebe auf eine Art vermittelt hatte, die seine Frau verstehen konnte.

Zusammenwachsen

Wenn man lernt, mit einem gegensätzlichen Temperament zusammenzuleben, kann das zu einem enormen persönlichen Wachstum führen. Die Erkenntnis, dass unser Partner es nicht auf uns abgesehen hat, macht uns frei dazu, seine Art uns zu lieben und uns in unserem persönlichen Wachstum zu unterstützen, zu akzeptieren. Anstatt unsere Energien darauf zu verwenden, ihn ändern zu wollen, lernen wir, uns gemeinsam zu verändern. Ein Ehemann und eine Ehefrau, die entschlossen sind, die Bedürfnisse des jeweils anderen auf diese Art zu erfüllen, werden erleben, dass sie sowohl charakterlich als auch in ihrer Liebe zueinander wachsen.

Die Anerkennung Gottes als den Schöpfer unserer Temperamente bietet eine Gelegenheit zu geistlichem Wachstum. In Psalm 139,13-16 heißt es, dass Gott uns schuf und kannte, bevor wir noch geboren wurden. Jeder hat Stärken und Schwächen, und wenn wir lernen, diese Wesenszüge mit den Augen unseres liebenden Vaters zu sehen, können wir sie auch besser miteinander verbinden und mischen.

Eine Freundin erzählte mir kürzlich von der ersten Begegnung mit ihrem Ehemann. Damals fühlte sie sich von seinen Stärken angezogen, aber nach der Hochzeit, als die Kinder da waren und der Alltag Einzug gehalten hatte, wurden diese Stärken für sie zu echten Ärgernissen. Nun, da sie die verschiedenen Temperamente kennen, ist sie erneut von seinen stark ausgeprägten Wesenszügen angezogen, allerdings betrachtet sie sie jetzt als von Gott gegebene Stärken, die sie selbst nicht hat. Heute kann sie sagen: „Ich bin froh, dass diese Eigenschaften in unserer Partnerschaft vorhanden sind. Das Leben ist für uns beide ein echter Segen geworden.“

Ohne ein Verständnis der Temperamente und ohne eine Verpflichtung, an dieser Ehe festzuhalten, hätte dieses Paar vielleicht nie ein so wunderbares Wachstum erleben können.

Eine sichere Grundlage

Wenn Jesus zur Grundlage unserer Ehe wird, versuchen wir, den Bedürfnissen unseres Partners so gerecht zu werden, wie Gott uns führt. Und die vier Temperamente sind ein Werkzeug, das er uns zur Verfügung stellt, um unseren Partner besser zu verstehen. Wenn wir erkennen, dass Gott das Temperament unseres Partners so geschaffen hat, dass es das unsere ergänzt und vervollständigt, fühlen wir uns nicht länger bedroht und beginnen die Stärken unseres Partners zu schätzen, weil sie unsere eigenen Schwächen ausgleichen.

Shirley und Nate haben diesen Segen in ihrer Ehe gefunden. Shirley fühlt sich durch Nates cholerischen Schwung nicht mehr angegriffen oder schuldig. Sie schätzt es nun, wie Gott ihn gemacht hat und wie er die beiden zusammengestellt hat. Anstatt zu versuchen, sich vor Nate zu beweisen, freut sie sich, dass Gott ihm den Wunsch nach einer lustigen, manchmal etwas verrückten Frau gegeben hat.

Shirley bat Gott viele Jahre lang, er möge Nate verändern. Heute dankt sie Gott, dass er ihr Gebet nicht erhört hat! Sie glaubt, dass Gott ihr etwas Besseres gegeben hat; sie sagt: „Er hat mir ein Verständnis dafür geschenkt, wie Gott Nate gemeint hat und wie er mich gemeint hat, als er uns schuf.“

Heute bittet sie Gott darum, sie zu verändern und ihr dabei zu helfen, Nate mit der bedingungslosen Liebe Christi zu lieben.

Nates und Shirleys Erfolgsgeschichte ist eine wunderbare Erinnerung daran, wie eine in Christus verwurzelte Ehe sein kann. Gott sei Ehre und Dank dafür, dass er uns das Wissen über die vier Temperamente geschenkt hat. So können wir alle mit seiner Hilfe auf gottgefällige Weise mit unserem Ehepartner umgehen. Auf dieser Grundlage können sogar vollständig gegensätzliche Persönlichkeitstypen miteinander auskommen!

In der gleichen Tonart

Wenn Sie mit einem ähnlichen Persönlichkeitstyp verheiratet sind

Gelegentlich heiraten auch zwei Menschen mit ähnlichem Persönlichkeitstyp. Das geschieht normalerweise in zweiten Ehen oder wenn ältere Menschen heiraten. Anstatt nur unserem Herzen und unseren Gefühlen gegenüber dem anderen zu folgen, setzen wir unseren Verstand ein und suchen jemanden, der uns ähnlich ist. Das Ergebnis ist eine erfreuliche Kompatibilität, die bei Paaren mit gleichem Temperament einzigartig ist.

Aber die Kombination von zwei gleichen Persönlichkeitstypen bringt ihre eigenen Probleme mit sich. Sie können sich das schnell vorstellen. Bei zwei Sanguinikern brauchen beide Publikum und Aufmerksamkeit. Bei zwei Cholerikern wollen beide die Führung übernehmen. Bei zwei Melancholikern wollen beide die Dinge perfekt erledigt haben, allerdings gehen ihre Vorstellungen darüber, was perfekt ist, auseinander. Und bei zwei Phlegmatikern kümmert sich keiner darum, dass etwas pünktlich erledigt ist, beide hoffen, der andere wird es tun.

Der gemeinsame Weg ist nicht eben, sondern sehr holprig, weil beide voneinander die gleiche Reaktionsweise erwarten. Und obwohl sie einerseits ihre Stärken verdoppeln, können sie andererseits auch ihre Schwächen gleich zweifach erleben. Ohne eine gegensätzlich geprägte Persönlichkeit ist keiner da, der den anderen vor Verzweiflung oder Chaos bewahrt. Glücklicherweise können Paare mit ähnlichen Typen ihre Kompatibilität genießen und die Fallen ihrer Schwächen vermeiden, wenn sie sich die Zeit nehmen, die Dynamik, die in ihrer Ehe herrscht, zu verstehen.

Wenn Sie mit einem Ihnen ähnlichen Temperament verheiratet sind, nehmen Sie sich ein paar Minuten Zeit und studieren Sie die „Ehe-Balance-Tabelle", die meine Tochter Marita aufgestellt hat. Sie werden darin eine kurze Liste der Stärken und Schwächen in Ihrer Ehe finden. Beim Lesen des verbleibenden Kapitels werden Sie erfahren, auf welche Weise diese Stärken und Schwächen bei allen vier Ehetypen ins Spiel kommen.

Die Ehe-Balance-Tabelle

Beliebte Sanguiniker Die „Spaß"-Ehe	**Perfekte Melancholiker** Die „organisierte" Ehe
Stärken:	*Stärken:*
▷ spontan ▷ temperamentvoll ▷ enthusiastisch ▷ erhalten die Ehe frisch ▷ flexibel ▷ kompromissbereit ▷ vergebungsbereit ▷ spielen mit den Kindern	▷ ordentliches Heim ▷ langfristige Pläne ▷ finanziell organisiert ▷ pünktlich ▷ legen Wert auf Bildung ▷ denken an wichtige Termine ▷ einander hingegeben ▷ lieben und schützen ihre Kinder
Schwächen:	*Schwächen:*
▷ mangelnde Planung und Zielsetzung ▷ unstet ▷ neigen zum Flirten ▷ unordentlich ▷ keiner hört zu ▷ oberflächliche Beziehung ▷ können keine Wurzeln schlagen ▷ verdrehte Rollen der Generationen (Kind kann zum Elternteil werden) ▷ schlechte Finanzplanung	▷ kritisch ▷ Gefahr einer Midlife-Crisis ▷ depressiv, brüten viel ▷ tragen dem anderen Fehler nach ▷ verstärken die negative Haltung des Partners ▷ stecken in der Routine fest ▷ können untreu werden ▷ hohe Erwartungen belasten die Beziehung

Starke Choleriker Die „aktive" Ehe	**Friedliebende Phlegmatiker** Die „entspannte" Ehe
Stärken: ▷ zielorientiert ▷ klare Grenzen ▷ hohe Erfolgsrate ▷ Respekt vor dem Partner ▷ hoher Energielevel ▷ sind stets die Sieger ▷ konsequente Elternschaft	*Stärken:* ▷ stetig ▷ anpassungsfähig ▷ willig ▷ wenig Druck ▷ bescheiden ▷ geduldig mit Kindern ▷ zufrieden
Schwächen: ▷ Kampf um Kontrolle ▷ überengagiert ▷ keine Zeit füreinander ▷ zwei Karrieren strapazieren die Ehe ▷ Ehe hat geringe Priorität ▷ Verdrehung von persönlichen und beruflichen Grenzen ▷ lautstarke Auseinandersetzungen ▷ Angst, sich mitzuteilen	*Schwächen:* ▷ wenig Erfolg ▷ mangelnde Planung und Richtung ▷ die Kinder übernehmen die Macht ▷ trübe ▷ Kontrolle geschieht passiv-aggressiv ▷ Mangel an Kommunikation ▷ Verlust der eigenen Identität ▷ verdrehte Generationenrollen (Kind wird zum Elternteil) ▷ Angst vor Konflikten

Viel Spaß, nichts erledigt – Wenn ein Sanguiniker einen Sanguiniker heiratet

Die Kombination von zwei Sanguinikern ist die Kombination mit dem meisten Spaß. Beide haben einen starken Sinn für Humor und können ihr Publikum mit schrillen Geschichten unterhalten. Mit entsprechenden Kommentaren ihres Partners können sie sich gegenseitig hochschaukeln und ihre witzigen Geschichten noch weiter ausbauen. Sie sind beide wunderbare Gastgeber und Partygäste und ihr größter Wunsch ist es, Spaß zu haben, und zwar doppelt!

Weil Sanguiniker Zuneigung und Beifall brauchen, neigen sie dazu, auch als Paar viel zu geben. Dieses Bedürfnis nach Liebe lässt sie alles tun, um beliebt zu bleiben, sei es, dass sie viel verschenken oder ihren Freunden das Essen vorbeibringen. Ihre Großherzigkeit führt dazu, dass sie sich auch für Freunde und Verwandte krumm legen.

Sanguinische Paare neigen außerdem dazu, sehr beschwingt und optimistisch zu sein. Wenn es um finanzielle Nöte geht, sind sie diejenigen, die völliges Vertrauen in Gott setzen, dass er sie versorgen wird. Und wenn sie zu kämpfen haben, sind sie diejenigen, die sich in ihrem Schmerz noch gegenseitig ein Lächeln schenken können.

Bestenfalls ist ein sanguinisches Paar ein großzügiges Paar, das immer für seine Freunde da ist. Sie bringen Freude und Glanz in jeden Raum und sie unterhalten sich gegenseitig ein Leben lang mit Spontaneität und Spaß!

Doppelter Spaß – doppelte Schulden

Wenn zwei Sanguiniker heiraten, gibt es natürlich auch offensichtliche Probleme. Beide wollen Spaß haben und keiner will die Kosten dafür überschlagen. Sie tendieren zu emotionaler Unreife und behalten einen kindlichen Zugang zum Leben. Diese Unschuld ist anziehend, aber ihre Unfähigkeit vorauszuplanen, kombiniert mit ihrem Mangel an reifer Verantwortlichkeit, kann ins Chaos führen.

Ein negativer Aspekt einer sanguinischen Kombination ist ihr doppelter Mangel an Verantwortungsbewusstsein. Beide meinen es gut, entschuldigen sich schnell und versprechen, es ab morgen besser zu machen. Sie wollen so unbedingt beliebt sein, dass sie alles tun, damit andere sie mögen. Unglücklicherweise sind sie nicht mehr aufzuhalten, wenn sie sich so verhalten. Als Sanguiniker werden beide ihre Verantwortlichkeiten ignorieren, wenn sie dadurch noch mehr Spaß haben und die Leute sie noch mehr mögen.

Diese Verantwortungslosigkeit wirkt sich letztlich auch in ihren Finanzen aus. Ihre freundliche Großzügigkeit ist gut, aber manchmal sind sie wie Kinder, die die Kosten nicht überschauen können, bis dann die Rechnung kommt. Ihr Optimismus und Gottvertrauen sind zwar wunderbare Wesenszüge, aber wenn sie im Extrem ausgelebt werden und darüber Gottes Weisheit vernachlässigt wird, wie sie mit ihren Finanzen umgehen sollen, dann werden diese Stärken zu Fehlern. Anstatt Gott wahrhaft zu vertrauen, beginnen sie, ihre Hoffnung auf einen „glücklichen" Zufall zu setzen, der ihnen hilft, die Rechnungen zu begleichen.

Schließlich neigen zwei Sanguiniker dazu, langweilige Budgets und Finanzpläne zu ignorieren. Stattdessen vertrauen sie ihrem Instinkt und folgen ihren impulsiven Regungen, Geld für spontane Vergnügungen auszugeben. Wenn man zwei solche feierlustigen Menschen zusammentut, kann man schnell erkennen, wie sie ins finanzielle Chaos stürzen können.

Kein Geld! Kein Spaß!

Für einen Sanguiniker wäre es ideal, einen Millionär zu heiraten und ein Leben lang Geld auszugeben. Leider habe ich noch kein reiches sanguinisches Paar getroffen. Aber ich habe sanguinische Paare beraten, die Kleider, Autos und technische Spielereien besitzen – und einen Stapel unbezahlter Rechnungen. Sie haben nicht gelernt, dass ihre Idee vom „süßen Leben" in der Realität, in der jeder für das Süße zahlen muss, nicht aufgeht.

Ben und Melanie sind beide Sanguiniker. Vor ihrer Heirat waren beide Mitarbeiter in einem Missionswerk und im Gegensatz zu der zum großen Teil aus Melancholikern bestehenden Gruppe, die die Last verspürte, die ganze Welt zu evangelisieren, waren diese beiden Sanguiniker schon froh, wenn sie einen Tag nach dem anderen bewältigen konnten. Jeder mochte sie, fragte sich aber auch, wann sie je ihre Angelegenheiten geregelt bekommen wollten. Keiner der beiden schien in der Lage zu sein, seine Zeit richtig einzuteilen, und außerdem schien es sie auch gar nicht zu kümmern. So kam es, dass ihre melancholischen Freunde ihnen stets kopfschüttelnd aus ihren Schwierigkeiten halfen. „Ob es den beiden je gelingen wird, Verantwortungsbewusstsein zu entwickeln?“, fragten sie sich.

Es schien eine ausgemachte Sache zu sein, dass Ben und Melanie heirateten und glücklich (wenn auch bankrott) werden würden. Die Hochzeit wurde klein gefeiert. Es gab keine Einladungen, stattdessen luden sie jeden ein, dem sie die Woche vor dem Fest über den Weg liefen. „Wer weiß, wer alles kommt!“ Sie hatten weder Zeit noch Geld für einen ordentlichen Empfang, also reservierten sie einfach den hinteren Teil eines mexikanischen Restaurants. Jeder bezahlte sein Essen selbst und die Mariachi-Band spielte kostenlos Musik. Das war ein billiges Vergnügen!

Sie können sich den Rest sicher vorstellen. Sie wurden Jugendpastoren und hatten ihre kleine Wohnung ständig voller Teenager. Aus ihrer sanguinischen Sicht hatte es keinen Zweck zu putzen – die Wohnung würde sowieso wieder schmutzig. Manchmal schmollte Melanie deprimiert über die traurige Lage, in der sie sich befanden. Dann führte Ben sie aus und kaufte irgendetwas Nutzloses, damit sie sich besser fühlte. Die Rechnungen stapelten sich, und es war nie genug Geld da, um das Konto auszugleichen. Das war kein Spaß!

Zehn Jahre später kämpfen sie immer noch ums finanzielle Überleben und sind immer noch auf der ständigen Suche nach Vergnügen. Sie werden sich irgendwann eine größere Wohnung suchen und eines Tages vielleicht sogar Kinder bekommen – sobald sie genug Geld zusammenhaben.

Im Gegensatz zu Ben und Melanie durchdachten Toddy und Becky ihre möglichen Probleme im Voraus. Beide waren Sanguiniker, sie wussten, dass sie lieber Geld ausgaben, als es zu sparen. Er hatte bereits einen Bankrott hinter sich, und sie kam aus einer Ehe, die ständig in ernsthafte finanzielle Schwierigkeiten geraten war. Deshalb beschlossen sie, denselben Fehler nicht noch einmal zu machen.

Becky hatte eines meiner Seminare besucht, das Buch *Einfach typisch* gekauft und konnte plötzlich erkennen, warum sie Geldprobleme hatten. Beide gaben Geld aus, ohne an die Zukunft zu denken. Sie hatten zwar beide gute Jobs, die ihnen einiges ermöglichten, aber sie mussten trotzdem ihre lockeren Gewohnheiten ändern. Also gingen sie zu einem Finanzberater, der ihnen einen Plan aufstellte. Jeden Monat schickten sie ihm ihre Rechnungen samt Überweisungsträgern und er eröffnete ein bescheidenes Sparkonto für sie, auf das er regelmäßig einen kleinen Betrag einzahlte. Am Ende eines jeden Quartals informierte er sie darüber, wie viel Geld sie noch für Essen im Restaurant und für andere Vergnügungen ausgeben konnten.

„Das ist das erste Mal in meinem Erwachsenenleben, dass ich mich sicher fühle“, erzählte Becky mir. „Ich weiß, wir könnten das auch selbst machen, aber die Erfahrung hat mir gezeigt, dass wir es einfach nicht tun.“

Einige Jahre später hatten sie sogar genug angespart, um ein Haus kaufen zu können. „Die Wolke eines möglichen Bankrotts hat sich verflüchtigt“, berichtet Becky. „Wir haben nun die Erfahrung gemacht, dass es überhaupt keinen Spaß machte, Geld für Vergnügen auszugeben, das wir nicht hatten!“

Todds und Beckys Erfahrung bietet ein gutes Beispiel für zwei Sanguiniker, die ihre Schwächen erkennen und lernen, das Beste daraus zu machen. Nicht alle Sanguiniker werden einen Finanzberater engagieren müssen, aber sie werden ihrer finanziellen Situation einige Aufmerksamkeit widmen müssen, wenn sie verantwortungsvoll mit ihren Zielen und Plänen für die Zukunft umgehen wollen. Langfristige Sparmaßnahmen mögen im Augenblick keinen Spaß machen – aber sie können verhindern helfen, dass sie in dem finanziellen Teufelskreis des „Kein Geld, kein Spaß“ gefangen werden, in den viele Sanguiniker geraten.

Zu beschäftigt mit der Suche nach Beifall – keine Zeit für die Routine!

Ein anderes Problem, dem zwei Sanguiniker begegnen können, entsteht durch ihr doppeltes Bedürfnis nach Zuneigung und Beifall. Sie wollen, dass ihr Partner sie wertvoll, anbetungswürdig, charmant und anziehend findet. Aber da ihr Partner damit beschäftigt ist, selbst nach solcher Bewunderung zu suchen, hat keiner von beiden große Chancen zu bekommen, wonach er sich sehnt.

Auch wenn Sanguiniker lernen, einander die Zuneigung und Anerkennung zu geben, die beide sich wünschen, kann ihre Beziehung problematisch werden. Denn weil Sanguiniker Spontaneität, Geschenke und Vergnügen lieben, werden sie es mit häufigen Feiern und gegenseitigen Geschenken übertreiben. Anstatt zu lernen, wie sie ihre Liebe auf weniger kostspielige Weise zeigen können, wird dieses Paar sich selbst in finanzielle Schwierigkeiten bringen, weil sie im Kreislauf des ständigen Geldausgebens gefangen sind.

Auf der ständigen Suche nach Bestätigung und Spaß tendieren sanguinische Paare außerdem dazu, ihre soziale Verantwortung und regelmäßigen Aufgaben zu vernachlässigen, die dem im Wege stehen. Aufgrund ihres Humors und ihrer offenen Art übernehmen sie zwar schnell in der Gemeinde und anderen Gruppen führende Positionen, aber sobald sie dort sind, beachten sie nicht weiter die wichtigen Details. Sanguinische Paare lieben es, ein- bis zweimal im Jahr ein großes Essen zu geben, weil sie dafür gelobt werden. Aber sie finden es langweilig, in täglicher Routine ihre Familie zu ernähren und das Haus aufzuräumen. Der Lieferservice vom Italiener und Chinesen ist wie für Sanguiniker geschaffen, wenn sie mal wieder auf die Uhr schauen und erstaunt feststellen: „Oh, ist es schon wieder Zeit zu essen?“

Können Sie sich so ein wunderbares, unverantwortliches Paar vorstellen, wenn es Kinder hat? Ein sanguinisches Kind mag herumspringen und sich seinem Vergnügen widmen, und wenn es Hunger hat, besucht es einfach seine Freunde. Aber ein melancholisches Kind wird über das Chaos und die Vergesslichkeit seitens seiner Eltern deprimiert sein und sich mit dem Schulpsychologen anfreunden. Phlegmatische Kinder werden das Durcheinander einfach ausblenden und sich nicht beklagen, bis die Lehrerin den Verdacht bekommt, dass es mangelhaft ernährt wird, und das cholerische Kind wird schon im frühen Alter die hoffnungslose Situation der Eltern erkennen und ausrufen: „Hier muss jemand das Heft in die Hand nehmen!“

Solange das sanguinische Paar seine Schwächen nicht erkennt und entsprechende Maßnahmen ergreift, um diese Schwächen zu beheben, werden ihre Familie und ihr Heim schnell nicht wieder gutzumachenden Schaden erleiden.

Doppelt gemoppelt

Die sanguinisch veranlagte Mary war in tiefer Trauer über den Tod ihres phlegmatischen Ehemanns. Er war der Fels in dieser Ehe gewesen und hatte auch die Finanzen in Ordnung gehalten. Mary besaß ein Antiquitätengeschäft, das aus zwei Gründen nie viel Gewinn gemacht hatte. Erstens verlangte sie zu niedrige Preise, zweitens wollte sie alles selbst behalten. Sie kaufte Dinge, die ihr gefielen, und konnte es dann nicht ertragen, sich wieder von ihnen zu trennen. Deshalb war ihr Mann gelegentlich ins Geschäft gekommen, um ihr zu sagen, was sie verkaufen musste, damit sie ihre Miete bezahlen konnte. Sie heulte dann stets ein wenig, aber schließlich tat sie genau das, was er in seiner ruhigen Art vorgeschlagen hatte. Als ihr Mann starb, stand sie regelrecht neben sich. Wer würde sich um die Rechnungen kümmern? Wer würde sich um sie kümmern?

Im Antiquitätenladen nebenan befand sich die Antwort auf diese Fragen – ein Mann namens Andy. Er war Mitte 60, so wie Mary, und als Witwer hatte er Zeit, Mary genügend Mitgefühl zu zeigen. Er richtete sie auf und hatte eine Menge lustiger Geschichten auf Lager, um sie aufzuheitern. Innerhalb kurzer Zeit hatte Mary das Gefühl, dass sie nicht mehr leben konnte ohne seinen Sinn für Humor und seine schützenden Arme um ihre Schultern. Sie waren seit vielen Jahren befreundet, aber nun sah sie ihn mit anderen Augen.

Mary sehnte sich nach einem Mann und ging davon aus, dass alle Männer gut mit Finanzen umgehen konnten. In Wirklichkeit aber war Andy ihr sehr ähnlich. Auch wenn sie nichts über die vier Temperamente wussten, hatten sie viele Dinge gemeinsam. Beide waren leidenschaftliche Sammler, sie gingen gerne einkaufen, liebten Besichtigungen, Restaurantbesuche und Lachen. Sie waren beide einsam und auf der Suche nach Spaß. Was für ein perfektes Paar! Sie waren außerdem beide impulsiv und eines Tages hatten sie eine großartige Idee: „Lass uns heiraten!"

Weil ihre intensive Beziehung so kurz war, hatten Mary und Andy nicht bemerkt, dass sie auch die gleichen Schwächen hatten. So waren sie überrascht, als sich diese Schwächen in ihrer Ehe bemerkbar machten. Mary war daran gewöhnt, als Einzige in der Familie einzukaufen, aber nun waren sie zu zweit. Andy, der Marys

Bedürfnis nach Geschenken erkannte, überschüttete sie mit Blumen und Geschenken. Auch nachdem sie verheiratet waren, fuhr er fort, ihr extravagante Geschenke zu machen, die sie sich eigentlich gar nicht leisten konnten.

Andy ging genauso gerne einkaufen wie Mary, was damit endete, dass sie letztlich viel zu viele Lebensmittel daheim und viele Extrapfunde auf den Rippen hatten. Auch Glückwunschkarten und Geschenke für die Enkelkinder gab es in doppelter Ausführung. So kam es, dass Andy, als Marys Enkelsohn ein Jahr alt wurde, nach Hause kam und sagte: „Ich habe eine ganz süße Karte für Graysons Geburtstag gefunden!"

Woraufhin Mary antwortete: „Oh, ich habe ihm auch schon eine gekauft; dann schicken wir ihm eben zwei Karten!"

Seit der Hochzeit empfindet Mary das Thema Geld zunehmend als Stress. All die Extrakarten und -geschenke verzehren einen Teil des Familienbudgets und Mary ist es nicht gewöhnt, einen Mann zu haben, der ähnlich verantwortungslos mit dem Geld umgeht wie sie selbst. Mittlerweile scheinen Mary und Andy sich der Realität bewusst zu werden und zu lernen, dass sie sich auch vergnügen können, ohne viel Geld auszugeben. Sie haben einige ihrer Sammelleidenschaften aufgegeben, und sie haben gelernt, über die Finanzen zu reden, bevor sie extravagante oder doppelte Geschenke besorgen.

Die Dynamik, die ein sanguinisches Paar entwickelt, erfordert es, dass die Partner ihre Pläne für zukünftige Aktionen abwägen. Sie müssen sich bewusst machen, dass keiner von beiden von Natur aus einen Blick auf die Finanzen wirft oder eine gewisse Routine für die täglichen Pflichten entwickelt. Und sie müssen daran denken, dass ihre natürliche Großzügigkeit und ihr Bedürfnis nach Aufmerksamkeit zu dem natürlichen Nebeneffekt führten, dass sie zu viel Geld ausgeben. Wenn sie diese Schwächen im Auge behalten, können Sanguiniker mit ihrem Partner nicht nur eine Menge Spaß erleben, sie werden außerdem die Mittel haben, dafür aufzukommen!

Wenn einer es richtig macht, bekommt der andere Angst – Wenn ein Melancholiker einen Melancholiker heiratet

Während das sanguinische Paar sich vergnügt, gestaltet das melancholische Paar das Leben perfekt. Sie planen, zeichnen Graphiken und Diagramme, studieren und analysieren, bevor sie sich mit Bedacht ans Werk machen. Wenn Melancholiker heiraten, sind sie ein sehr ernsthaftes Paar. Sie tun nichts impulsiv und sind sprachlos über Sanguiniker, die sorglos und ungeplant drauflosrennen. Sie bewundern die Arbeitshaltung der Choleriker, aber sie sehen auch, dass sie in Schwierigkeiten kommen, wenn sie nicht genug vorausgeplant haben. Und sie sind überglücklich, dass sie so jemanden nicht geheiratet haben.

In einem doppelten Melancholiker-Haushalt hat alles seinen Platz und befindet sich auch genau dort. Sie bevorzugen neutrale Farben, die nicht schmutzempfindlich und leicht zu pflegen sind. Und ihre Kleidung ist qualitativ hochwertig, hängt ordentlich, nach Farben sortiert im peinlich genau sortierten Melancholiker-Kleiderschrank. Ihre Finanzen sind geregelt und sie geben nichts aus, was sie nicht haben.

Dieses Paar ist still, reserviert und intellektuell. Wenn sie auf eine Frage keine Antwort wissen, haben sie ein Buch darüber und wissen genau, wo es steht! Sie mögen beide klassische Musik und lesen gerne tiefgründige Bücher, die sie intellektuell und emotional berühren.

Dies ist offensichtlich das perfekte Paar. Aber kann Perfektion auch weniger sein als perfekt? Wie sehen andere dieses Paar?

Die zwanghaften Perfektionisten

Zwanghaft sein bedeutet, „in eine Richtung gezogen zu werden". Melancholische Paare werden immer in die Richtung der Perfektion gezogen. Wenn ein von ihnen betreutes Projekt nicht vollkommen abgeschlossen wird, sind sie nicht zufrieden. Und wenn ihr detaillierter Tagesplan unterbrochen wird, gefällt ihnen das gar nicht. Dieses Bedürfnis nach Perfektion sorgt dafür, dass ein melancholisches Zuhause immer vollkommen geordnet ist. Aber wenn solche zwei Melancholiker nicht aufpassen, werden sie viele bedeutende Beziehungen und Momente im Leben verpassen, weil sie sich zu ausführlich mit den Einzelheiten abgeben.

Harold und Katheryn haben gemeinsam ein zwanghaftes Bedürfnis nach einem konstanten Tagesablauf. Harold ist im Ruhestand. Er liebt es, Dinge aus Holz herzustellen. Jeden Tag geht er um 8.00 Uhr in seine Werkstatt in der Garage, trinkt um 10.00 Uhr Kaffee, geht wieder weg bis 15.00 Uhr und isst dann früh zu Abend. Sogar am Sonntagmorgen, während Katheryn sich noch anzieht, verspürt er den Drang, kurz in die Werkstatt zu gehen und zumindest zu überlegen, was er als Nächstes tun will, wobei er seine sorgfältig gebundene Krawatte voller Sägemehl macht.

Katheryn hält jeden Morgen eine einstündige Andacht für sich. Um 8.00 Uhr geht sie dann in ihr Studierzimmer, das von einem perfekt gestalteten Kristallleuchter erhellt ist. Dort schreibt sie konsequent bis 15.00 Uhr. Nach einem frühen Abendessen begibt sie sich wieder bis 20.00 Uhr ans Schreiben. Sie kauft Bücher, weil sie gerne Neues dazulernt. Aber als zwanghafte Perfektionistin möchte sie ihre Bibliothek auf 1500 Titel begrenzt halten, daher verbringt sie häufig Zeit damit, die Titel durchzusortieren und zu entscheiden, welche sie wieder weggeben will.

Katheryn und Harold teilen außerdem ihren melancholischen Sinn für Ordnung. Seine Werkstatt ist unglaublich sauber. Seine Schraubenschlüssel hängen der Größe nach sortiert an der Wand. Beim Blick in seinen Werkzeugkasten findet man die Schraubendreher ebenfalls der Größe nach geordnet nebeneinander liegen. Dann ist da noch sein Kleiderschrank. Anzughemden hängen auf pfirsichfarbenen Bügeln, Jerseyhemden auf weißen Bügeln, Anzughosen auf braunen Bügeln und Golfhosen auf roten Bügeln.

Katheryn hat ihre Gewürze alphabetisch sortiert auf vier ausziehbaren Regalen angeordnet. Sie hat mehr Schuhe, als sie zählen kann, weil sie zu jedem Outfit passend sein müssen. Sie hat acht verschiedene Bestecke, die jeweils zu der Fülle ihrer verschiedenen Geschirre passen. Jeder Gedecksatz hat eine eigene Schublade, die in Fächer aufgeteilt ist. Jeder Raum ihres Hauses ist in einer Primärfarbe eingerichtet und gestrichen, die mit einer Sekundärfarbe kombiniert ist. Das Schlafzimmer ist gelb mit etwas Grün, das Wohnzimmer ist schwarz und pink, das Esszimmer ist weinrot und silbern ... Es gibt unzählige Details, die man im geordneten Leben dieses Paares aufzählen könnte.

In typisch melancholischer Art können beide Stunden damit verbringen, an einer Sache zu arbeiten. Zum Glück macht sich dieses Paar nicht gegenseitig mit ihren zwanghaften Gewohnheiten verrückt, weil sie beide den Drang nach Perfektion verstehen.

Aber wenn sie mit ihren nicht melancholischen Kindern und Freunden umgehen, kann ihr Perfektionismus einer tiefen zwischenmenschlichen Beziehung im Weg stehen. Anstatt sich geliebt und angenommen zu fühlen, so wie sie sind, fühlen sich Kinder eines melancholischen Paares oft, als wären sie nicht gut genug. Und die Freunde eines melancholischen Paares werden der Freundschaft schnell müde, wenn die Melancholiker nicht lernen, ein wenig Unordnung zu akzeptieren. Für dieses Paar ist es wichtig zu bedenken, dass „perfekt“ sein nicht für jeden die Priorität ist.

Perfekte Freunde sind nicht leicht zu finden

Anders als bei anderen Paaren müssen zwei melancholische Partner sich nicht an ein Leben mit einer weniger perfektionistischen Persönlichkeit anpassen. Sie haben keinen Partner, der sie daran erinnert, dass nicht alle Menschen perfekt sind, daher setzen beide sehr hohe Standards an ihre Mitmenschen.

Einmal kam die Frau eines so perfekten Paares zu mir und erzählte mir davon, dass sie sich Sorgen machte, weil sie so wenige Freunde hatten. Ich hatte sie während der letzten drei Seminartage beobachtet, weil sie als offensichtlich perfekte Persönlichkeit aufgefallen war. Ich hatte mich von ihren wunderbaren Kleidern und ihrem Sinn für Stil angezogen gefühlt. Außerdem hatte ich beobachtet, wie sie sich zurückzog, wenn während der Pause Menschen auf sie zukamen. Es war, als wollte sie sagen: „Komm mir nicht zu nahe! Du könntest mein Aussehen durcheinander bringen!“

Während ich zuhörte, wie diese Frau ihre Ehe schilderte, fand ich heraus, dass sie von einer Melancholikerin großgezogen worden war. Ihre Mutter hatte sie dazu erzogen, eine Lady zu sein. Als Kind hatte sie nie Spielkleidung angehabt und war so immer darauf vorbereitet gewesen, eventuelle Gäste zu empfangen. Und es war nicht überraschend, dass sie einen Melancholiker geheiratet hatte.

In der Gemeinde war sie als Leiterin einer Frauenbibelgruppe sehr engagiert. Und sie hatte vielen Frauen geholfen, ihr Aussehen und ihr Selbstwertgefühl zu verbessern. Wenn sie Dinnerpartys gab, kam jeder, der eingeladen war, aber weder sie noch ihr Ehemann erhielten je eine Gegeneinladung. Alle wussten, dass es unmöglich war, den Ansprüchen der beiden zu genügen!

Sanguiniker sind sehr gerne in einem schönen melancholischen Haus zu Gast, aber sie haben nicht vor, die Einladung zu erwidern. *Ich bin sicher, ich würde alles durcheinander bringen. Ich habe noch nicht einmal genügend Geschirr, das zusammenpasst. Am Ende decke ich den Tisch nicht richtig*, denken sie.

Und Choleriker wollen einfach keine Zeit damit verschwenden, alles so perfekt zu machen wie die Melancholiker. Sie bewundern die Perfektion der Melancholiker und hätten sie auch gern zu Besuch, aber sie verschieben die Einladung, bis alles perfekt ist.

Phlegmatiker hingegen wissen, dass sie nie die Melancholiker einladen werden, sobald sie die Türschwelle eines von Melancholikern bewohnten Hauses betreten. „Alles ist so perfekt. Ich könnte dem nie nachkommen. Das wäre viel zu viel Arbeit!"

Wenn die anderen Temperamente die freundliche Einladung der Melancholiker nicht erwidern, fühlen diese sich verletzt. Und in so einer Situation, in der sich die eine Seite verletzt und die andere minderwertig fühlt, kann sich eine Freundschaft nur schwer entfalten. Dieses Problem ist nicht einfach zu lösen. Sollte denn eine Melancholikerin die Brötchen extra verkohlen lassen, nur um zu zeigen, dass sie auch ein Mensch ist?

Wenn das melancholische Paar begreift, dass ihre hohen Standards und ihre Stärken bezüglich der Details und Perfektion auf andere einschüchternd wirken, können sie etwas gegen diese einschüchternde Wirkung tun. Sie können Ihren Freunden für deren einzigartige Stärken Komplimente machen. Das ist eine großartige Möglichkeit, ihnen zu zeigen, dass Sie auf ihr nicht perfektes Heim nicht herabschauen. Solange Sie Ihr Leben nicht ohne Freunde verbringen wollen, werden Sie lernen müssen, die Unordnung im Leben Ihrer Freunde zu akzeptieren, ohne den Versuch zu unternehmen, die Dinge für sie in Ordnung zu bringen. Und denken Sie daran – Ihre Freunde können Ihnen vielleicht ein oder zwei Dinge darüber beibringen, wie man sich vergnügt!

Die Tränen abwischen

Die melancholischen Dichter der alten Tage waren dafür bekannt, dass sie ihre Traurigkeit beweinten und beklagten und die Einsamkeit suchten. Sie wollten keinen Menschen, der mit ihnen mitfühlen konnte. Melancholische Menschen können sich durch einen tragischen Film hindurchweinen und dann darüber reden, wie traurig, subtil und sensibel die Botschaft des Films war.

„Ich finde ihn wirklich toll", sagen sie, während sie nach dem nächsten Papiertaschentuch greifen.

Jene, die keine Melancholiker sind, können nicht nachvollziehen, wie so ein Gejammer Spaß machen kann, aber für den Melancholiker ist so etwas einfach essenziell wichtig.

Diese Unterschiede sind vielleicht dann am offensichtlichsten, wenn man dem Tod eines geliebten Menschen gegenübersteht. Sanguiniker veranstalten Beerdigungspartys, damit sie nicht zu morbide werden, und sie wollen nicht lange trauern. „Lasst uns an die schönen Momente denken und dann weitergehen. Sie wollen bestimmt nicht, dass wir ewig unglücklich sind."

Choleriker wollen die Schränke der Verstorbenen auswischen und weitermachen. Für sie sind Gespräche über das Leben und die Tugenden des Verstorbenen Zeitverschwendung.

Und die Phlegmatiker verbergen einfach ihre Gefühle. Sie fühlen den Schmerz, wollen aber nicht darüber reden.

Wegen dieser typischen Reaktionen ihrer Freunde müssen die Melancholiker mit anderen Melancholikern oder alleine trauern. Sie können nicht riskieren, dass jemand sie anblafft: „Bist du immer noch nicht darüber hinweg? Hör endlich auf damit!"

Katheryn und Harold fühlten sich durch ihrer beider Melancholie zueinander hingezogen. Sie waren beide 50 Jahre alt und trauerten um ihre verstorbenen Ehepartner, als sie einander kennen lernten. Sie trafen sich einmal in der Woche zu einem ausgiebigen Frühstück und sprachen darüber, wie sie sich fühlten, weil ihnen sonst keiner zuhören wollte. Sogar Verwandte dachten, es sei an der Zeit, die Taschentücher wegzulegen. Was für ein Segen war es für sie, mit jemand anderem über ihren Schmerz zu sprechen!

Als Katheryn und Harold mit ihren Frühstückstreffen begannen, war es nicht ihr Ziel, einander zu lieben. Es ging vielmehr darum, den Ehepartner des anderen durch die Erzählungen kennen zu lernen. Als Melancholiker hörten sie bereitwillig zu. Katheryn erinnert sich: „Ich habe seine Frau sofort gemocht. Sie war so faszinierend für mich!“ Harolds Frau war zehn Monate zuvor gestorben und er hatte keinen gehabt, mit dem er über sie hätte reden können, weil seine Freunde bereits alles wussten. Es half ihm in seiner Trauer, über sie zu sprechen, und Katheryn liebte es, von ihr zu hören. Jedes Mal, wenn sie sich trafen, weinten sie – und genossen es, mit jemandem zusammen zu sein, der ihnen nicht sagte, sie sollten darüber hinwegkommen.

Als sie sich eine Weile gegenseitig in ihrem Trauerprozess begleitet und unterstützt hatten, waren sie in der Lage, sich zurückzusetzen und den anderen mit neuen Augen anzusehen. Sie erfuhren voneinander, dass sie die gleichen christlichen Werte vertraten. Sie kannten die tiefsten Gefühle ihres Gegenübers und es gab nichts zu verbergen oder zu unterdrücken. Sie waren frei. Mit dieser neuen Klarheit sahen sie Wärme, das Verständnis und die Sanftheit im jeweils anderen. So war die Hochzeit nur der logische nächste Schritt.

Katheryn hat mir erzählt, wie sich ihre doppelte melancholische Art zu trauern auf ihre Ehe ausgewirkt hat. Nachdem sie die Temperamente kennen gelernt hatten, hatten sie erkannt, dass ihre zweifache Tendenz zur Trauer sich gegenseitig so befruchten kann, dass sie ständig in ihren Schmerz hineinfallen. Deshalb haben sie sich entschieden, positiver zu werden und sogar einen Sinn für Humor zu entwickeln.

Obwohl sie immer noch eine Menge Dinge alleine tun, treffen sie sich nun häufiger mit Freunden. Während des Sommers öffnet Harold die Türen zu seiner Werkstatt. Menschen, die vorbeigehen, halten ein Schwätzchen darüber, was er gerade macht, und er zeigt seinen Sinn für Humor, wenn sie sich für seine Projekte interessieren. Sie haben außerdem herausgefunden, dass Gäste zu haben eine großartige Möglichkeit bietet, gemeinsam ein „perfektes Projekt“ durchzuführen und gleichzeitig im Umgang mit Menschen ihren Sinn für Humor zu trainieren.

Dieser Sinn für Humor hat auch ihr Bedürfnis nach Perfektion gemäßigt. Als sie beschlossen, ein Haus in der Stadt zu bauen, sorgten sie dafür, dass alle Details im Voraus festgelegt waren. Aber um eine gewisse Leichtigkeit zu erhalten, brachten sie den Bauarbeitern Berliner und Saft zur Bestechung mit, damit sie ordentlich arbeiteten.

Sowohl Harold als auch Katheryn haben über die Jahre eine gewisse Leichtigkeit entwickelt, die es ihnen erlaubt, ihre gemeinsame Zeit zu genießen, anstatt nur miteinander zu trauern. Sie können heute sogar herumalbern, was zeigt, dass bei Gott kein Ding unmöglich ist.

„Bleib bitte bei den Tatsachen!"

Melancholiker sind diejenigen, die sich wirklich an die Fakten halten. Im Gegensatz zu den Sanguinikern, die ihren Charme einsetzen, um über ihren Mangel an genauem Erinnerungsvermögen hinwegzutäuschen, betrachtet das melancholische Paar alles, was sich nur einen Schritt von den Fakten entfernt, als Lüge. Glücklicherweise geraten sich melancholische Paare dadurch nicht über verfälschte Geschichten oder großzügig ausgelegte Wahrheiten in die Haare. Wenn ihr Partner lange Zeit damit verbringt, die Fakten auszugraben, können sie ihn vielmehr lächelnd gewähren lassen.

Katheryn ist begeistert darüber, dass ihr melancholischer Ehemann alle eintreffenden Rechnungen überprüft. Er sieht jede Rechnung peinlich genau durch und sucht nach Fehlern. Harold hat mittlerweile herausgefunden, dass 20 Prozent der Rechnungen, die er bekommt, fehlerhaft sind. Also ruft er jede Firma an und hilft ihnen, die Rechnungen zu korrigieren.

Während Harold sich um das Geld kümmert, verbringt Katheryn viel Zeit mit dem Bibelstudium. Sie verwendet die gleiche Genauigkeit beim Studium der Schrift wie er bei den Finanzen. Sie gibt sich nicht mit dem neuesten theologischen Trend zufrieden und auch nicht mit Ideen, die schon seit Jahrhunderten kursieren. Stattdessen blättert sie durch Konkordanzen und untersucht jedes Konzept und jeden Vers genau. Die Frauen in ihrer Bibelgruppe ziehen großen Gewinn aus den überraschenden Details, die Katheryn durch ihre Studien entdeckt und mitteilt.

Wie großartig ist es, wenn zwei Melancholiker das beiderseitige Bedürfnis verstehen, nach der Wahrheit zu suchen, auch wenn es sich in unterschiedlicher Weise manifestiert. Aber dieses perfekte Paar muss aufpassen, wenn es mit nichtmelancholischen Freunden zusammen ist. Sie müssen bedenken, dass manche Menschen das komplette Bild mehr mögen als die Details. Und diese Freunde können frustriert sein oder sich beleidigt fühlen, wenn die Melancholiker ihre gute Geschichte unterbrechen, um die Fakten klarzustellen.

Kämpfen lernen

Melancholische Paare streiten selten – sie würden das als primitiv und unter ihrer Würde ansehen. Stattdessen werden sie trübsinnig und sagen dem anderen nicht, warum sie ärgerlich sind. Daraus entwickelt sich schnell ein Spiel: „Wenn du mich wirklich liebtest, würdest du wissen, warum ich mich aufrege." Andere Melancholiker flüchten sich ins Schweigen und schmollen, um ihren Standpunkt klarzumachen.

Beth und Jim hassen es beide, sich mit jemandem auseinander setzen zu müssen, der darauf besteht, zu konfrontieren und zu schreien. Wenn sie unterschiedlicher Meinung sind, sagen sie einander schnell ihre Sicht und erklären, warum sie ärgerlich sind. Dann verteilen sie sich in entgegensetzte Winkel im Haus und schmollen den Rest des Tages vor sich hin und manchmal sogar noch den Tag darauf.

Schließlich verlieren sie die Lust daran, und einer von ihnen beginnt mit der Versöhnung: „Willst du neu anfangen?" Und ohne das Thema noch einmal anzusprechen, umarmen sie sich und alles ist okay. Nun, da Jim und Beth erkannt haben, wie sie funktionieren, umarmen sie sich viel schneller als früher!

Dieses System, mit Konflikten umzugehen, kann bei manchen Problemen eine effektive Methode sein. Sich einander etwas Zeit und Raum zum Schmollen zu geben, bietet ihnen eine Chance, abzukühlen und über die Dinge etwas rationaler nachzudenken. Das erspart melancholischen Paaren manche Explosion gegenüber dem Partner und schützt sie davor, Dinge zu sagen, die sie später vielleicht bereuen würden. Und normalerweise wird ein nachdenklicher Melancholiker seinen Egoismus schnell erkennen und über einen Kompromiss nachdenken, der die Schmollphase beendet.

Aber manchmal kann dieses Schmollen auch viel zu lange anhalten. Und wenn beide Seiten sich fortwährend anschweigen, fühlen sie sich umso mehr missverstanden. Wenn das geschieht, braucht es eine sehr lange Zeit, um sich einander wieder zu nähern und den Konflikt zu lösen. Traurigerweise verpassen manche melancholischen Paare viele schöne Seiten des Zusammenlebens, weil sie so viel Zeit darauf verwenden, über ihre Probleme zu schmollen, anstatt sie zu lösen.

Um dieses Verhalten aufzubrechen, müssen Melancholiker ein System entwickeln, das sicherstellt, dass ihr Schmollen nicht zu lange anhält. Wenn sie ihre Meinungsverschiedenheiten ausgetauscht haben und zu keinem Kompromiss gekommen sind, sollten sie eine Zeit vereinbaren, in der sie wieder zusammenkommen und das Problem erneut betrachten. Das wird beiden eine „Schmoll"-Phase ermöglichen, die Melancholiker einfach brauchen, um ein Problem durchzudenken. Aber es wird sie auch zwingen, ihr Problem zu lösen, bevor das Schmollen zu einem ständigen Merkmal ihrer Ehe wird!

Die Kenntnis der Temperamente kann das melancholische Paar davor schützen, zu einem unnahbaren und pingeligen Paar zu werden. Sie werden daran arbeiten müssen, die Unordnung bei Freunden und ihren Kindern zu akzeptieren, und sie müssen daran denken, dass nicht alles Glück der Erde im Detail zu finden ist. Aber wenn sie lernen, ihre doppelten Schwächen zu vermeiden, kann dieses Paar ein sehr angenehmes Paar sein, mit Freunden und Verwandten, die ihre sorgfältige Aufmerksamkeit fürs Detail zu schätzen wissen.

Keine Zeit fürs Vergnügen. Es gibt viel zu tun! – Wenn ein Choleriker einen Choleriker heiratet

Die doppelte Choleriker-Ehe ist ein Werk, das sich anzusehen lohnt. Das ist die erfolgreiche Ehe. Beide Menschen sind zielorientierte, willensstarke Persönlichkeiten, die sich nie auszuruhen scheinen. Sie respektieren die Ambition und Erfolge des anderen, stehen früh auf, tauschen ihre Tagespläne aus und marschieren los, um die Dinge zu regeln. Wenn es ein Lied gäbe, das diese beiden beschreibt, wäre es: „Ja, jetzt wird wieder in die Hände gespuckt."

Cholerische Paare besitzen die Fähigkeit, ja sogar die emotionale Notwendigkeit, mehr als eine Sache gleichzeitig zu tun. Sie sehen ihre Zeit als wertvoll an und nutzen jede Minute bestmöglich aus. Nur eine Sache zu einer Zeit zu tun grenzt für sie an Faulheit.

Und sie wollen auf keinen Fall ihre Zeit mit wertlosen Projekten verschwenden. Ihre Fähigkeit zum Multitasking macht sie zu effektiven Leitern. Dieses Paar genießt in der Gemeinde hohes Ansehen, denn sie sind als beständige Mitarbeiter bekannt, die ihre Arbeit durchziehen. Sie treiben die anderen an wie ein Hirtenhund die Schafherde, und das in einem solchen Maße, dass Beobachter schon allein vom Zuschauen erschöpft sind.

Der doppelte Cholerikerhaushalt ist effizient, gut organisiert und produktiv. Jeder weiß, wer wann wohin geht, und es gibt keine Toleranz für Irrtümer. Diese Familie produziert cholerische und melancholische Hochleistungsmenschen, drängt Sanguiniker dazu, über ihr Bedürfnis nach Spaß hinauszuschauen, und gibt häufig auf, wenn es darum geht, die Phlegmatiker zu motivieren. Sie denken: *Wo haben wir den nur herbekommen*?

Bestenfalls wird dieses Paar es genießen, gemeinsam in vielen Projekten engagiert zu sein und für Freunde und Familie eine gute Leiterschaft auszuüben. Mit ihren doppelten Stärken, was Motivation und das Durchführen vielfältiger Projekte angeht, gewinnen sie mit Sicherheit Respekt und Bewunderung für ihre Erfolge. Und wenn jemand ihnen sagt: „Das geht nicht“, wird ihm das cholerische Paar mit Sicherheit das Gegenteil beweisen.

Nur Arbeit, kein Spiel

So wie beim Sanguiniker alles ein Spiel ist, besteht das Leben des Cholerikers nur aus Arbeit. Jeder hat so viele Projekte, dass beide der Meinung sind, gesellige Anlässe seien Zeitverschwendung. Das gesellschaftliche Leben hat eine niedrige Priorität, es sei denn, es hat mit dem Geschäft zu tun. Der Choleriker geht nur dann auf Partys, wenn er mit dem für ihn wertlosen Geschwätz einen Nutzen für die Zukunft verbinden kann. Choleriker können sogar ihre Urlaube zu Arbeitseinsätzen machen, denn sie haben ihr Mobiltelefon und ihre Aktentaschen auch auf der Reise stets dabei.

Fred und ich sind beide Choleriker, die ihre Arbeit lieben und sich dazu zwingen müssen, Zeit für einen Urlaub abzuzwacken. Aber auch dann nehmen wir uns Arbeit mit. Ich schreibe immer an einem meiner Bücher und er kümmert sich um Reisepläne, Fluglinien und Finanzen. Unser Motto ist: „Verschwende deinen Urlaub nicht mit Entspannung.“

Manchmal fragen die Leute Fred und mich: „Wann wollt ihr euch eigentlich zur Ruhe setzen?“

Und wir antworten darauf: „Warum? Was würdest du lieber tun? Wir leben auf einem Golfplatz, aber wir haben keine Zeit zum Golfspielen. Wir haben einen Swimmingpool nebenan, aber es ist unproduktiv, am Pool zu liegen.“

Unsere ununterbrochene Arbeit geht sogar so weit, dass unsere Tochter Lauren einmal sagte: „Wenn ich je das Bedürfnis habe auszuruhen, würde ich auf keinen Fall nach Hause kommen!“

Das cholerische Paar kann völlig erstaunt darüber sein, wenn andere Leute sie als ständig beschäftigt beschreiben. Und sie antworten darauf: „Wer soll das denn sonst alles machen?“ Leider kann dieser Drang zur Arbeit auch die Zeit beschneiden, die zwei Partner um ihrer gegenseitigen Gesellschaft willen miteinander verbringen könnten. Inmitten ihrer vielen Projekte und Aktivitäten kann es passieren, dass sie feststellen, dass sie mit einem Fremden verheiratet sind. Für ein cholerisches Paar ist es wichtig zu erkennen, dass Entspannung nichts mit Faulheit zu tun hat und jede Ehe ab und zu ein gutes Maß von beidem braucht.

Weil Fred und ich beide im Kern cholerisch veranlagt sind, verstehen wir unsere Arbeitsliebe und unsere Abneigung gegen Faulheit. Wir wissen auch, dass diese Emsigkeit, wird sie extrem ausgelebt, zu einer Schwäche werden kann. Wir können uns zu Workaholics entwickeln, die keine Freunde mehr haben. Eine Vorsorge, die wir dagegen getroffen haben, ist, dass wir im Flugzeug nicht arbeiten. Wir fliegen ständig und wir haben festgestellt, dass wir diese Zeit am Ende einer Reise brauchen, um auszuruhen. Ich besorge mir für diese Reisen einige Frauenzeitschriften, die ich mir daheim nicht zu lesen erlaube. Beide von uns lösen Kreuzworträtsel und wir reden über unsere zukünftigen Reisen, während Fred durch einige Reisemagazine blättert. Diese Zeit ist für uns als Paar sehr wichtig geworden, weil wir uns selbst erlauben, einmal auszuspannen.

Wer ist hier zuständig?

Es überrascht nicht, wenn cholerische Paare in einer Gruppe die Leitung übernehmen und sie schnell zum Ziel führen. Die meisten Choleriker wollen sowieso nur dann in eine Gruppe eingebunden werden, wenn sie die Leitung übernehmen können. „Wenn wir nicht Leiter und Coleiter sein können, dann lohnt es sich für uns nicht mitzumachen", ist häufig von ihnen zu hören.

Dieses hochgradig produktive Paar macht ständige Fortschritte, solange sie in die gleiche Richtung marschieren und sozusagen die Truppen zum Sieg führen können. Ein Problem entsteht erst da, wo sie über ihre Ziele uneins sind, sich einander zu kontrollieren versuchen und mit Hilfe anderer die Meinung des Partners unterminieren. „Es ist mir egal, was sie gesagt hat. Hört auf mich." Sie brauchen beide Lob für die großartige Leistung, die sie erbracht haben, und sie werden wütend, wenn ihr Partner für etwas gelobt wird, das sie rechtmäßig auf ihre Fahnen schreiben können.

Weil Choleriker schnell in die Luft gehen, wenn etwas nicht nach ihrem Willen läuft, ist es wichtig, dass sie die Temperamente verstehen, wenn sie eine positive Beziehung aufrechterhalten möchten. Ihre Tendenz geht dahin, einen Phlegmatiker zu heiraten und ihn gleich am Anfang darüber aufzuklären, wer der Boss ist. Aber wenn sie einen anderen Choleriker heiraten, entsteht eine schwierigere Kombination, weil beide zum Boss geboren sind. Diese Ehe ist wie ein Schiff mit zwei Kapitänen oder ein Land mit zwei Präsidenten.

Um zu vermeiden, dass es bei Meinungsverschiedenheiten zu Explosionen kommt, sollte das cholerische Paar seine Verantwortungsbereiche aufteilen, damit nicht beide dieselben Pflichten erfüllen. Ohne Kompromiss wird ihr beiderseitiger Wunsch zu leiten nur zu wütenden Ausbrüchen führen, sie werden einander die Hilfe verweigern und versuchen, den anderen auszustechen, besonders vor Freunden. Jede Aktion dieser Art wird Anlass für ihren Partner sein, sie zu hassen, zumindest einen Moment lang, und sollte sich dieses Verhalten wiederholen, wird dies zu Kämpfen und Racheakten führen. Keine dieser Reaktionen führt zu Romantik oder zumindest zu Toleranz.

Aber wenn beide verstehen, dass sie mit einem kontrollierenden Wesen geboren wurden, können sie lernen, gemeinsam in dieselbe Richtung zu marschieren.

Als Fred und ich heirateten, erwarteten wir beide, alles unter Kontrolle zu haben. Häufig ignorierten wir die Bemühungen des anderen, die Führung zu übernehmen. Dann mussten wir die Geburt und den Tod zweier hirngeschädigter Söhne durchmachen und erkannten, dass wir überhaupt nichts unter Kontrolle hatten. In unserer Depression schlugen wir unterschiedliche Richtungen ein und versuchten etwas zu finden, das wir steuern konnten. Was wir fanden, war ein Zweifaches: Erstens fanden wir beide zu Gott, und zweitens fanden wir ein Buch, das die vier Temperamente erläutert. Wir sahen uns selbst, wie wir wirklich waren, und wir sahen unsere Stärken und Schwächen. Wir waren beide deprimiert, aber durch unsere cholerische Fähigkeit, die Scherben aufzuheben und weiterzugehen, lernten wir gemeinsam und bauten unsere Ehe wieder zusammen auf. Innerhalb kurzer Zeit begannen wir, auch andere Ehepaare über die vier Temperamente zu unterrichten und was dies für ihre Beziehung bedeutet. In diesen Gruppen erlebten wir, wie Paare ihre Einstellungen zueinander änderten und sich neu füreinander entschieden. Wir alle erlebten gemeinsames Wachstum.

Eine der Veränderungen, die wir in dieser Zeit vornahmen, bestand darin, dass wir unsere Zuständigkeitsbereiche aufteilten. Unsere Verantwortlichkeiten hatten sich immer überschnitten, und jeder hatte versucht, die Dinge auf seine Art zu tun. Stattdessen begannen wir alle Dinge aufzulisten, die im Haus, im Garten und bei der Arbeit erledigt werden mussten. Ich suchte mir heraus, was mir gefiel, Fred wählte Pflichten nach seinen Vorlieben und den Rest teilten wir auf. Wir machten Pläne für die Pflichten der Kinder und hängten jeden Donnerstag eine neue Liste auf, damit jeder wusste, was von ihm erwartet wurde. Es war nicht leicht für mich, jeden Donnerstag einen neuen Plan zu erstellen, aber als ich sah, wie mir dieser Plan Arbeit ersparte und die Kinder dazu brachte, ihre Aufgaben zu erfüllen, ohne zu nörgeln, war ich umso lieber bereit, dies zu tun.

Über die Jahre hinweg haben wir unsere Pläne immer wieder verändert und aktualisiert, wir mussten unsere Verantwortungsbereiche häufig revidieren. Fred kümmert sich heute um Zeitpläne, Flüge, Finanzen, Verträge und Themen, während ich pünktlich fertig bin, die geeigneten Requisiten zum Thema zusammensuche und den Großteil der Vorträge halte. Zu Hause hat Fred neue Pflichten übernommen, damit ich mehr Zeit zum Studieren und zum Schreiben habe. Er macht Essenspläne, kauft ein, kocht und ruft mich, wenn alles fertig ist. Ich decke den Tisch und spüle das Geschirr.

Unser Leben ist vielleicht nicht wie Ihres, aber die Prinzipien sind die gleichen. Wo immer Sie auf Ihrem Lebensweg stehen, setzen Sie sich hin, listen Sie Ihre Verantwortungsbereiche auf und entscheiden Sie, wer was zu tun hat. Dann lassen Sie den anderen machen – und treiben Sie sich nicht ständig in seiner Nähe herum, um ihm zu sagen, wie er es richtig machen soll! Danken Sie einander häufig und machen Sie sich bewusst, dass zwei Choleriker eine hervorragende Kombination ergeben, solange sie im selben Team spielen und in dieselbe Richtung marschieren.

Wenn es Zeit ist loszulassen

Ein Paar, das wir gut kennen, hat einige interessante Lösungen für doppelt cholerische Paare entwickelt, die ich Ihnen gerne vorstellen möchte. Sie leben in einer zweiten Ehe, und wir kannten den Mann bereits, als er zum ersten Mal verheiratet war. Er war damals manipulierend und kontrollierend und hatte in der Öffentlichkeit Wutausbrüche, wenn er nicht seinen Willen bekam. Weil er eine bekannte, öffentliche politische Person ist, lernten seine Mitmenschen, die Dinge nach seinem Willen zu tun und so Ärger zu vermeiden. Seine Frau konnte diese Spielchen schließlich nicht mehr ertragen und reichte die Scheidung ein.

Seine neue Frau ist eine charmante Cholerikerin, die weiß, wie sie seine Stärken aus ihm herausholen und ihn vor seinen eigenen Schwächen schützen kann. Eines Abends gingen wir mit ihnen essen und der Oberkellner konnte keinen Eintrag für unsere Reservierung finden. Wir duckten uns schon, weil wir genau wussten, wie er reagieren würde. „Wissen Sie eigentlich, wer ich bin ...?“, setzte er an.

Aber seine Frau schob ihn sanft beiseite, stellte sich vor ihn und sagte freundlich: „Ich mache das für dich.“ Zu unserem großen Erstaunen wandte er sich still ab, ging hinüber zum Aquarium und beobachtete die verschiedenen Fischarten, die darin herumschwammen. Seine Frau überredete den Oberkellner in charmanter Weise dazu, uns doch einen besonderen Platz zu geben.

Später befragte ich sie nach diesem Vorfall, und sie erklärte: „Als er um meine Hand anhielt, sagte ich zuerst Nein. Da es aber viele Bewerberinnen gab, die sofort Ja gesagt hätten, war er überrascht. Als er weiter um mich kämpfte, erklärte ich ihm die vier Temperamente und sagte, dass ich seine Ausbrüche nicht tolerieren würde. Ich zeigte ihm, dass er negative Aufmerksamkeit erregte, die zu Angst und nicht zu Bewunderung führte."

Dann erklärte sie, wie sie sich geeinigt hatten. Sobald er merkte, dass die Wut in ihm hochstieg, wollte er beiseite treten und ihr die Situation überlassen. Und wenn sie merkte, dass sich in ihm etwas zusammenbraute, wollte sie ihm sofort auf die Schulter klopfen und sagen: „Ich kümmere mich darum", und er würde sich dann die Goldfische ansehen.

Was für eine Veränderung fand in diesem launischen Mann statt, als er seine Schwächen erkannt hatte und bereit war, etwas dagegen zu tun. Er lernte die wichtigen Lektionen, die sich alle Choleriker merken sollten – dass man manchmal einfach loslassen und jemand anderen übernehmen lassen muss. Diese beiden Choleriker haben ihre aggressiven Persönlichkeitstypen zu einem dynamischen Team kombiniert, das nun Bewunderung hervorruft und nicht mehr Angst.

Vergessen Sie das Kleingedruckte

Ein Bereich, den Choleriker immer teilen, ist ihre Abneigung gegen Anleitungen, das geht sogar bis zu Straßenkarten. Sich Rat zu holen kommt einem Mangel an Intelligenz gleich. Es ist besser zu raten, als jemanden zu fragen, der es wahrscheinlich auch nicht weiß. Das Kleingedruckte zu lesen und einen Vertrag noch mal zu prüfen ist nichts für Choleriker.

Aber diese Tendenz kann auch Probleme nach sich ziehen. Meine Freundin Bonnie erzählte mir kürzlich, wie ihre Cholerikerehe in Schwierigkeiten geriet, weil ihr Mann die Anleitungen nicht gelesen hatte. Nun befinden sie sich in einem Rechtsstreit, der teilweise daraus entstanden ist, dass sie das Kleingedruckte nicht gelesen haben. Jeder gibt dem anderen die Schuld.

Die Abneigung der Choleriker gegen Details kommt auch ins Spiel, wenn es um das Erkennen und Diskutieren der vier Temperamente geht. Wie für jedes Paar ist es auch für Choleriker wichtig, an ihren Stärken und Schwächen zu arbeiten, um potentielle Konflikte vermeiden zu können. Aber Choleriker empfinden Gesprächsgruppen als nichts anderes als versammelte Ignoranz. Und wenn es darum geht, gemeinsam über die Beziehung in der Ehe zu reden, werden diese beiden schnell sagen: „Dafür haben wir keine Zeit!“

Die Choleriker sind die Letzten, die sich hinsetzen und über mögliche Probleme reden, weil sie davon ausgehen, dass alles gut gehen wird, wenn nur der andere tut, was sie sagen. Jeder neigt dazu, den anderen zu unterdrücken, seinen lebhaften Geist auszulöschen und ihn in einen Scheinphlegmatiker zu verwandeln. Choleriker besitzen die Fähigkeit, jede Rolle zu spielen, die sie ihrem Ziel näher bringt, aber Choleriker, die ihr wahres Wesen unterdrücken, werden letztendlich explodieren und weggehen oder sie entwickeln psychosomatische Krankheiten. Doch ihr Partner wird diese Krankheit nicht akzeptieren und schlägt seinem Typ entsprechend vor: „Das bildest du dir alles nur ein. Lass es also sein!“

Da diese beiden Verhaltensmuster jeden Funken von Romantik zerstören, führen sie zu einer kalten, distanzierten Ehe oder zu einem Leben in emotionaler Trennung. In Anbetracht dieser unangenehmen Möglichkeiten lohnt es sich sehr wohl für so ein Paar, Zeit zu investieren, den Persönlichkeitstest durchzuführen und zu besprechen, solange sich die beiden noch mögen!

Beim gemeinsamen Studium der Temperamente ist es wichtig, auch die Beschwerden des anderen zu hören, ohne ihn zu unterbrechen oder sich gleich zu verteidigen. Das sind die beiden schlimmsten Wesenszüge des Cholerikers. Wenn einer unterbricht, beginnt der andere zu kämpfen oder er geht, und die Unterhaltung findet ein schnelles Ende. Denn wenn einer von beiden ständig in die Defensive geht und seinen Teil der Schuld nicht anerkennen will, gibt der andere auf. „Was bringt das noch?“, ist seine verständliche Reaktion.

Wenn Choleriker wirklich daran arbeiten wollen, ihre Schwächen abzubauen, müssen sie miteinander ehrlich sein. Das bedeutet auch, dass sie einander mitteilen, welche Gewohnheiten oder harschen Reaktionen sie am anderen stören und zu Spannungen in der Ehe führen. Solche Diskussionen mögen für zeitbewusste Choleriker frustrierend sein, aber eine ausgeglichene Ehe lohnt die Mühe.

Choleriker müssen sich zwingen, Freundschaften und soziale Beziehungen zu unterhalten. Ihre Tendenz geht dahin, nur aus geschäftlichen Gründen Zeit mit Menschen zu verbringen, also brauchen sie keine Partys, wenn sie zu Hause sind. Aber diese Isolation kann zu einer Schwäche werden und dann verhindert die ständige Aktivität eines Paares das Entstehen freundschaftlicher Beziehungen.

Fred und ich haben gelernt, Zeiten für Vergnügungen mit Freunden abzuzweigen. Von Thanksgiving bis Neujahr machen wir keine Geschäftsreisen. Stattdessen nehmen wir Einladungen an und haben viele Gäste. Fred hat den Spaß sogar so ernst genommen, dass er häufig Menschen, die er auf seinen Reisen trifft, einlädt, uns zu besuchen und ihren Urlaub bei uns zu verbringen. Viele tun das. Und während dieser Ferienpartys wird er fast zum Sanguiniker!

Jill und Chet haben die gleiche Persönlichkeitskombination wie Fred und ich. Sie ist cholerisch-sanguinisch und er ist cholerisch-melancholisch veranlagt. Beide lieben ihre Arbeit, er als Eigentümer und Vorstand eines Unternehmens, sie als Lehrerin und Autorin. Es gibt keine Langeweile in ihrem Leben. Weil sie verstehen, dass sie die Tendenz haben, die Arbeit über alles andere zu stellen, haben beide nach Wegen gesucht, das Spektrum ihrer Aktivitäten zu erweitern. Jill hat ihm deshalb vorgeschlagen, in der Gemeinde mitzuarbeiten, um seinen Blick von der völligen Vereinnahmung durch das Geschäft etwas wegzulenken. Sobald er bekannt gemacht hatte, dass er zur Mitarbeit zur Verfügung stehe, wurde er in den Kreis der Ältesten und sogar zu ihrem Vorsitzenden gewählt.

Ihre Gemeinde hat 2.000 Mitglieder, 50 Missionare im Ausland und acht Tochtergemeinden. Der Pastor war schnell beeindruckt von Chets Fähigkeit, den Überblick zu gewinnen, zu organisieren und zu delegieren. Zwei Monate nachdem er den Vorsitz übernommen hatte, war alles so gut organisiert, dass es ihm wirklich Spaß machte.

Er konnte mit den anderen Männern scherzen und sich sogar entspannen. Vor seiner Mitarbeit in der Gemeindeleitung hatte Chet keine Freunde jenseits seiner geschäftlichen Bekanntschaften. Jill freut sich zu sehen, wie er nun beständige Freundschaften aufbaut.

Und auch Jill versucht dafür zu sorgen, dass ein Teil ihrer cholerischen Energie in den Aufbau von Freundschaften fließt. Sie nutzt ihre Stärken, das Planen und Motivieren, dazu, um auch über Jahre hinweg mit alten Freunden in Kontakt zu bleiben. In ihrem vollen Zeitplan mit Lehren, Schreiben und dem Organisieren von Familienveranstaltungen findet sie Zeit für Beziehungen mit Familie und Freunden, weil sie flexibler ist.

Dankbar haben Jill und Chet gelernt, sich über ihre Arbeit hinaus zu bewegen und dauerhafte Freundschaften aufzubauen. Wenn cholerische Paare solchen Freundschaften keine Priorität einräumen, werden sie keine wirklichen Freunde haben, wenn sie sich einmal zur Ruhe setzen.

Das cholerische Paar muss daran arbeiten, seine Verantwortungsbereiche aufzuteilen, sie müssen sich Zeit nehmen, über ihr Temperament zu sprechen, und sie müssen sich Zeit für Urlaub und Freunde nehmen. Wenn dieses beschäftigte Paar erkennt, welchen Wert die Ruhe und Erholung haben, werden sie feststellen, dass sie sogar noch mehr Energie und Schwung im Leben haben. Was aber noch wichtiger ist: Sie werden den Segen tiefer Freundschaften und einer ausgeglichenen Ehe genießen können.

Sieh nicht so faul aus – das macht andere verrückt! – Wenn ein Phlegmatiker einen Phlegmatiker heiratet

Die Kombination aus zwei Phlegmatikern schafft eine sehr entspannte Ehe. Die Partner haben miteinander eine höchst friedliche und einvernehmliche Beziehung und nur selten kommt es zu einem Streit. Es gibt kaum etwas, das dieses friedliebende Duo eines Streites für wert erachtet. Und die Mühe lohnt es auch nicht. Für Phlegmatiker ist die Arbeit eines jeden Tages genug, deshalb wollen sie sich nur noch entspannen, wenn sie nach Hause kommen.

Zwei Phlegmatiker kommen mit jedem aus, sie haben keine Feinde und sind in ihren gesellschaftlichen Ansprüchen bescheiden. Sie sind wahre Freunde und machen keine Schau. Wenn es um Kinder geht, sind phlegmatische Eltern sehr geduldig. Sie üben nie zu viel Druck auf ihre Kinder aus und ihre entspannte Haltung ist ein Garant für ein friedliches Zuhause.

In Bezug auf Projekte sagen Phlegmatiker einfach: „Welche Projekte?" Vorausplanung bedeutet für sie eine zu große Anstrengung. Deshalb sind sie mit dem zufrieden, was sie haben, und nehmen nur selten Projekte zur Verschönerung ihres Hauses in Angriff. Bei Phlegmatikern sind nur schwer Fehler zu finden, es sei denn, Sie sind die cholerisch veranlagte Schwiegermutter, die nicht glauben kann, dass sie an ihrem Haus nichts verändert haben, seit Sie zum letzten Mal zu Besuch waren!

Aber dieses friedliche, stabile Paar kann leider auch in einen dumpfen Trott verfallen, wenn es nicht zu verhindern weiß, dass ihre zweifach vorhandenen Schwächen ihre Ehe bestimmen. Ohne etwas Mühe wird ihre Angst vor Konflikten dazu führen, dass sie keine echte Kommunikation miteinander haben. Und ihr entspannter Erziehungsstil erlaubt den Kindern, zu Hause die Macht zu ergreifen.

Bestenfalls jedoch arbeitet dieses stille Paar daran, die Kontrolle über Kinder und Heim zu gewinnen. Da sie mit einem bescheidenen Zuhause zufrieden sind, verfallen sie nicht in Hektik und Eile wie viele um sie herum. Stattdessen wird dieses einvernehmliche Paar viele lustige und friedliche Momente mit Familie, Freunden und miteinander erleben.

„Lass uns das später machen"

So wie der Sanguiniker nur etwas tun möchte, was Spaß macht, will der Choleriker nur etwas tun, wenn er bestimmen darf, und der Melancholiker will nur etwas tun, wenn er es perfekt tun kann; der Phlegmatiker hingegen will einfach gar nichts tun!

Im Vermeiden von Pflichten haben Phlegmatiker ein einzigartiges Talent. Sie nicken und stehen herum, bis jemand anders die Arbeit übernimmt. Was passiert also, wenn zwei Phlegmatiker miteinander verheiratet sind? Nicht viel!

Stellen Sie sich vor, wie zwei Phlegmatiker miteinander über ihre Haushaltspflichten diskutieren:

Phlegmatiker 1: „Die Garage muss aufgeräumt werden."
Phlegmatiker 2: „Habe ich gar nicht bemerkt."

Phlegmatiker 1: „Samstagabend wäre eine gute Zeit dafür."
Phlegmatiker 2: „In Ordnung, wenn du Lust dazu hast."
Phlegmatiker 1: „Ich mach es nur, wenn du mir hilfst."
Phlegmatiker 2: „Dann kannst du's vergessen."
Phlegmatiker 1: „Na ja, solange wir das Auto noch reinkriegen ... Ich denke, es ist okay so."
Phlegmatiker 2: „Für mich ist es okay."

Im Gegensatz zu einer Ehe zwischen Choleriker und Phlegmatiker, wo der Phlegmatiker zumindest einen geschäftigen Eindruck machen muss, um Ärger zu vermeiden, läuft in einer Ehe zwischen zwei Phlegmatikern alles locker. Sie haben keine Eile, Dinge zu erledigen, und werden sich schnell einig, wenn es darum geht, anstehende Arbeiten im Haushalt zu verschieben. „Es ist egal. Die Arbeit läuft ja nicht weg."

Ihr Ziel ist es, Konflikte zu vermeiden, die Dinge auf möglichst einfache Weise zu tun und miteinander in Frieden zu leben. Sie haben erfahren, dass die Hälfte der Dinge, um die sich die Menschen Sorgen machen, gar nicht passiert. Sie wissen, dass es nicht auffällt, ob sie zur Kirche kommen oder nicht, und wenn sie nicht zu den Gemeindeversammlungen erscheinen, werden sie auch nicht zum Vorsitzenden gewählt oder müssen irgendwelche Aufgaben erledigen. Einen Großteil ihrer begrenzten Energie verwenden sie darauf, sich vorzustellen, wie sie den Rest ihrer Energie einsparen können. Sie sollten einen Preis für Kräftekonservierung verliehen bekommen!

Wenn das Wohnzimmer zum Schrank wird

Inneneinrichtung ist ein fremder Gedanke für zwei Phlegmatiker. Der Sanguiniker stellt Stühle um, hängt neue Bilder auf und hängt über alles, was sich nicht bewegt, farbige Tücher (einschließlich phlegmatischer Kinder). Der Choleriker ist immer offen für neue Ideen, die das Haus funktioneller, pflegeleichter oder sparsamer machen. Und der Melancholiker studiert Wohn- und Gartenzeitschriften, vergleicht Preise und wartet, bis er genug Geld hat, sein Zuhause perfekt zu dekorieren. Die Phlegmatiker sehen keinen Anlass, überhaupt etwas zu verändern. „Wir sind es so gewohnt", ist eine häufige Bemerkung.

Ein phlegmatisches Paar, das ich kenne, kaufte einmal ein möbliertes Haus. Sie leben nun seit zehn Jahren darin, ohne etwas verändert zu haben. „Wenn es am Anfang gut ausgesehen hat, muss doch nichts verändert werden“, ist ihre Meinung.

Wieder andere phlegmatische Freunde von uns kauften ein Haus mit einem eher formellen Wohnzimmer und einem legeren Familienzimmer. Ins Familienzimmer stellten sie alte Möbel. Das Wohnzimmer ließen sie leer, bis sie Zeit zum Einkaufen finden oder einer Eingebung zum Einrichten folgen würden. Das ist nun sieben Jahre her und dieser Raum ist zu einem riesigen Schrank geworden – aber es ist ihnen eigentlich egal!

Während ihre lockere Einstellung sie einerseits vor Hektik und detaillierten Projekten schützt, kann diese Haltung andererseits auch problematisch werden. Ein doppelt phlegmatisch veranlagtes Paar muss daran arbeiten, die grundlegenden Haushaltspflichten zu erledigen. Wenn nicht, werden ihre nicht phlegmatischen Kinder und Freunde über die ständige Nachlässigkeit im Haus frustriert sein. Und sie müssen außerdem daran denken, dass manche Arbeiten nur schlimmer werden, wenn man sie hinausschiebt. Um der Sicherheit von Heim und Familie willen müssen sie leider die Anstrengung unternehmen, manche Defekte zu reparieren, bevor alles noch schlimmer wird.

Welche Ziele?

So wie Phlegmatiker Arbeit und Projekte vermeiden, vermeiden sie auch jede Vorausplanung. Solange sie sich entspannen können, sehen sie keine Notwendigkeit, sich Ziele zu setzen oder Pläne für die Zukunft zu machen.

Paula ist eine Cholerikerin, die im Bruchteil einer Sekunde große Entscheidungen trifft und effizient sowohl als Vorstandsassistentin als auch als Vorsteherin ihres Haushalts arbeitet. Ihr phlegmatischer Sohn Jim ist sehr intelligent und ansonsten das genaue Gegenteil von ihr. Paula hatte große Pläne für Jim, aber er wollte diesen Plänen nicht folgen. Ihm machte es einfach Spaß, nur in der Weltgeschichte herumzufahren. Wenn Paula ihn fragte: „Wo fährst du hin?“, zuckte er mit den Schultern und sagte: „Weiß ich nicht. Wo immer das Auto mich hinfährt, nehme ich an.“

„Wie kannst du denn losfahren, ohne ein Ziel zu haben?“, fragte Paula.

Er zuckte daraufhin wieder mit den Schultern und ging.

Jene unter Ihnen, die cholerisch veranlagt sind, können sich Paulas Enttäuschung vorstellen, als ihr Sohn beschloss, nicht zum College zu gehen, sondern eine Ausbildung zum Fernfahrer zu machen.

„Was ist eine Fernfahrerschule?“, fragte sie ihn.

„Da lernt man LKW fahren und kann professioneller Fernfahrer werden“, antwortete Jim.

„Professionell? LKW fahren?“ Paula war sehr enttäuscht über Jims Entscheidung, nicht weil sie Fernfahrer nicht mochte, sondern weil sie wusste, dass er zu sehr viel mehr in der Lage war. Sie hoffte, er würde ein Mädchen heiraten, das ihn dazu motivieren konnte, einige seiner einzigartigen Begabungen zu nutzen.

Stattdessen begegnete er einem phlegmatischen Mädchen, das ebenso wenig wie er an langfristigen Zielen interessiert war. Jim fährt nun schon seit zehn Jahren LKWs und ist glücklich. „Es ist so friedlich. Du relaxt einfach und hörst den ganzen Tag Musik.“

Hätten Jim und seine Freundin etwas über die vier Temperamente gewusst, wären sie vielleicht in der Lage gewesen zu erkennen, dass ihre doppelt phlegmatisch geprägte Beziehung keinen von beiden dazu motivierte, seine Talente zu entwickeln. Phlegmatische Paare müssen daran arbeiten, wenigstens ein paar langfristige Ziele zu entwickeln. Wenn sie nicht freiwillig Pläne machen, werden sie kaum ihre gottgegebenen Fähigkeiten einsetzen können, um etwas zu erreichen.

Wozu die Eile?

Phlegmatiker sind nie in Eile, um eine Arbeit zu Ende zu bringen. Da es sie bereits eine Menge Zeit kostet, ihre täglichen Pflichten zu erledigen, dauert es noch länger, bis sie ihren Lebensstil verändern oder Entscheidungen treffen.

Es war auf einer von Jims Fernfahrertouren, auf der er Judy traf. Sie war ein nettes phlegmatisch veranlagtes Mädchen. Treu ihrer Veranlagung hatten sie keine Eile zu heiraten. Also gingen sie mehrere Jahre miteinander und sprachen darüber, „mal“ zu heiraten. Aber die Arbeit, die mit dem Kauf von Ringen und dem Planen einer Hochzeit verbunden war, schien diesem Paar einfach zu viel zu sein. Ihre Freunde und Verwandten waren sprachlos – ständig sprachen sie vom Heiraten und dann brauchten sie so ewig, um sich zu verloben.

Es lag nicht in Judys phlegmatischer Natur, viel Zeit auf den Kauf eines Hochzeitskleides zu verwenden. Eines Tages sah sie Hochzeitskleider im Angebot und beschloss, eins für die Zukunft zu kaufen. Die Zeit schien gerade passend, und der Kauf würde ihr später Zeit sparen, wenn sie verlobt waren.

Glücklicherweise fand Jim bald darauf einen Ring im Angebot, der ihr zufällig passte. Andernfalls hätte dieses Paar sich vielleicht nie verlobt! Er kaufte ihn als Zeichen seiner Treue und Verbindlichkeit Judy gegenüber und seine cholerische Mutter Paula freute sich, dass sie endlich mit den Hochzeitsvorbereitungen beginnen konnte.

In ihrer ruhigen, phlegmatischen Art lehnten Jim und Judy sich zurück, während ihre Familien die Hochzeit zu planen begannen. Sie bevorzugten diesen Weg sogar. Schließlich hatten diese beiden Phlegmatiker eine Abneigung gegen Pläne und gegen alles, was Mühe machte. Sie waren zufrieden damit, verlobt zu sein, und hatten keine Eile, eine große Hochzeit zu feiern und die Anstrengungen zu unternehmen, die die Gründung eines Heims mit sich brachte. Nach einiger Zeit begann Paula die Hoffnung zu verlieren, dass diese beiden je ihren Weg zum Altar finden würden.

Schließlich hatte Judy ihr Kleid fünf Jahre im Schrank, den Ring trug sie bereits seit vier Jahren, bis sie sich schließlich entschlossen zu heiraten. Mittlerweile hatten ihre Familien allen Enthusiasmus verloren. Sie waren einfach nur froh, dass sie heirateten!

Wie Jim und Judy sind viele phlegmatische Paare zufrieden damit, dazusitzen, abzuwarten und die anderen die Arbeit machen zu lassen. Offensichtlich wird das in einer Ehe zum Problem, wenn keiner der Partner Schritte unternimmt, die Dinge anzupacken und zu erledigen. Und wenn es dann noch willensstarke Kinder im Haushalt gibt, werden diese ihre Eltern zur Seite schubsen und die Kontrolle übernehmen.

Phlegmatische Paare sollten dafür sorgen, dass sie wichtige Entscheidungen im Leben nicht „auf bessere Zeiten“ verschieben. Es könnte sein, dass sie manche wunderbare Gelegenheiten verpassen oder dass sie es zulassen, dass ihre herrschsüchtigen Kinder ihnen die Entscheidungen abnehmen.

„Du entscheidest"

Weil Phlegmatiker Konflikte hassen, sind sie stets darum bemüht, Frieden zu halten. Sie überlassen Entscheidungen häufig anderen, weil sie Angst davor haben, etwas zu wählen, was die andere Person nicht mag. Abgesehen davon ist es zufriedenen Phlegmatikern wirklich egal, welche Entscheidung gefällt wird.

Als Jim und Judy schließlich heirateten, zogen sie in ein kleines Apartment. Eines Tages war Paula in der Gegend. Sie rief an und sagte, sie wolle eine Pizza mitbringen, damit sie zusammen zu Abend essen könnten. Sie hatte eine Stunde Zeit und ein paar Gutscheine für Pizza und sie würde sie einfach gerne sehen.

„Welche Pizza wollt ihr?", fragte sie. Das schien eine einfache Frage zu sein, aber sie mussten erst darüber diskutieren.

In typisch phlegmatischer Art und Weise vermied dieses Paar, eine Entscheidung zu fällen. „Warum kommst du nicht einfach rüber, und wir entscheiden, bis du da bist", sagten sie, in der Hoffnung Jims Mutter würde einfach für sie auswählen.

Als Paula ankam, waren Judy und Jim immer noch damit beschäftigt, den Küchenboden zu putzen und den schmutzigen Wohnzimmerboden zu saugen. Bis sie endlich so weit waren, war es zu spät für ein gemeinsames Essen, also gab Jims Mutter ihnen das Geld und die Gutscheine, wünschte ihnen eine gute Zeit und ging. Jim und Judy haben diesen Abend immer noch als eine besonders schöne Zeit in Erinnerung. Und Paula schüttelt nur ungläubig ihren cholerischen Kopf.

Unterschwellige Konflikte

Das phlegmatische Paar scheint für Freunde und Familie immer friedlich und entspannt zu sein. Und dieses Duo setzt auch füreinander stets ein freundliches Gesicht auf. Friedliebende Phlegmatiker wollen einfach um jeden Preis Konflikte und Meinungsverschiedenheiten vermeiden, also werden sie vorgeben, miteinander zufrieden zu sein, auch wenn sie im Stillen auf den anderen wütend sind.

Aber wenn Phlegmatiker alle Anstrengungen dareinlegen, Diskussionen zu vermeiden, werden sie ihre Probleme nie lösen können. Stattdessen unterdrücken beide Partner ihre Gefühle und leben mit unterschwelligem Zorn oder Schmerz, der irgendwann zur Sprache kommen muss. Wenn ein Phlegmatiker mit einem Nicht-Phlegmatiker verheiratet ist, kann der Nicht-Phlegmatiker derjenige sein, der die Diskussion über schwierige Themen in Gang bringt. Aber wenn zwei Phlegmatiker miteinander verheiratet sind, will keiner der beiden die strittigen Punkte zur Sprache bringen, und ihre Gefühle bleiben unausgesprochen.

Es ist unschwer zu erkennen, dass diese Vermeidungsstrategie schnell zu einem Mangel an echter Kommunikation führen kann. Sie unterhalten sich zwar nett, aber sie werden einander nie herausfordern zu wachsen oder ihre tiefen Gedanken über die Ehe und das Leben austauschen. Dieses Paar muss seine Gedanken im Voraus zu Papier bringen und sich dann eine bestimmte Zeit in der Woche suchen, in der sie sich darüber austauschen, egal wie unwohl sie sich dabei fühlen mögen. Aber ihre Mühe wird sich lohnen, denn sie werden die Freude und Befriedigung erleben, die mit dem gemeinsamen Sieg über ein Problem einhergehen.

Phlegmatische Paare werden großen Nutzen davon haben, wenn sie die Stärken und Schwächen ihres Persönlichkeitstyps kennen lernen. Wenn beide Partner entschlossen sind, eine gute Ehe zu leben, können sie die nötige Anstrengung aufbringen, ihr Haus in Ordnung zu halten, ihre Kinder zu führen und ihre Kommunikationskanäle offen zu halten. Und mit einem Bewusstsein ihrer Schwächen wird dieses Paar ein stabiles und befriedigendes Zusammenleben genießen können.

Ein eigenes Lied schreiben

Einige Bemerkungen für alle Paare

Nun, da Sie wissen, wie die verschiedenen Persönlichkeitstypen in einer Ehe zusammenwirken, können Sie und Ihr Partner die besondere Mischung, in der Sie leben, noch mehr genießen. Im Erkennen Ihrer Ähnlichkeiten und Unterschiede wissen Sie, dass Gott sich für Ihre Ehe wünscht, dass Sie lernen, Kompromisse zu schließen. Es ist sein Wille, dass Sie sich beide in diese Beziehung investieren und die Bedürfnisse Ihres Partners erfüllen.

In diesem Kapitel können Sie einen letzten Blick auf die vier Temperamente in der Ehe werfen. Die kurzen Ratschläge zu verschiedenen Themen werden für jedes Ehepaar wertvoll sein, das seine Ehe stärken will. Egal in welcher Konstellation Sie leben, werden die hier vorgestellten Konzepte Ihnen und Ihrem Partner helfen, aufeinander eingestimmt zu bleiben.

Kommunikationsbedürfnis

Wir denken selten daran, unserem Partner unsere emotionalen Bedürfnisse mitzuteilen, dabei können gerade ungestillte emotionale Bedürfnisse zu einer Disharmonie in der Ehe führen. Stellen Sie sich einfach einmal die folgende Kombination vor, dann werden Sie schnell erkennen, warum unterschiedliche Bedürfnisse zu großen Konflikten führen können. Die redselige Sanguinikerin, die ständig und für alles Aufmerksamkeit und Bestätigung sucht, heiratet einen Melancholiker, der sich Unterstützung wünscht, aber nicht darum bittet, und der die Stille liebt. Der Melancholiker wird die Sanguinikerin nicht bestätigen, weil sie nie etwas perfekt tut, und außerdem kann er ihr Geplapper und ihr Bedürfnis nach Aufmerksamkeit nicht ausstehen. Aber die Sanguinikerin kann ohne Lob einfach nicht funktionieren, auch wenn es unverdientes Lob wäre, und sie kann Leute nicht ausstehen, die nicht sagen, was los ist. Wenn keiner der beiden auf seiner emotionalen Ebene bekommt, was er braucht, werden sie sich auseinander entwickeln und jemanden suchen, der ihre Bedürfnisse erfüllen kann.

In einer Ehe zwischen Choleriker und Phlegmatiker braucht der Choleriker Anerkennung für alles, was er leistet, aber ein phlegmatischer Partner lässt sich nicht zum Loben manipulieren. Eine typisch phlegmatische Reaktion auf die Leistung des Cholerikers wäre: „Ich habe dich nicht darum gebeten", oder: „Es war deine Idee." Der Choleriker arbeitet ständig und kann nicht begreifen, warum der Phlegmatiker keine Begeisterung für sein nächstes Projekt entwickelt, das er gerade an Land gezogen hat. Der Phlegmatiker wünscht sich emotionalen Frieden und lernt, den Eifer des Cholerikers auszublenden. Phlegmatiker wollen akzeptiert und geliebt werden, wie sie sind, aber Choleriker haben ständig das Gefühl, sie müssten ihren Partner *weitertrainieren.*

Sogar Paare, die das gleiche Temperament haben, können manchmal darüber frustriert sein, dass sie ihre gegenseitigen emotionalen Bedürfnisse nicht befriedigen können. Obwohl sie vielleicht schneller begreifen, was der andere braucht, bleiben sie doch unterschiedliche Individuen mit eigener Sichtweise und eigenen Sorgen.

Keine Theorie über Persönlichkeitstypen kann Ihnen einen vollkommenen Schlüssel zum Mysterium Ihres Partners geben. Es ist sehr lohnenswert, die Temperamente kennen zu lernen – aber das kann die gute Kommunikation zwischen Ihnen und Ihrem Partner nicht ersetzen.

Wenn Sie das Gefühl bekommen, dass Ihre Bedürfnisse nicht gestillt werden, lassen Sie Ihren Partner darüber nicht im Unklaren. Bedenken Sie: Er hat seine eigene einzigartige Persönlichkeit, und das macht es ihm schwer, die Dinge aus Ihrer Perspektive zu betrachten.

Nehmen Sie sich stattdessen die Zeit, sich zusammenzusetzen und über Ihre Bedürfnisse zu sprechen. Sie werden vielleicht überrascht sein zu erfahren, dass die Dinge, von denen Sie dachten, Ihr Partner wünsche sie sich, ihn in Wirklichkeit aufregen! Ein klares Kommunizieren Ihrer Bedürfnisse hilft Ihrem Partner zu verstehen, wie er Ihnen seine Liebe auf eine Art zeigen kann, die Sie verstehen und schätzen. Und sobald Sie beginnen sich geliebt zu fühlen, können Sie nicht anders als dieses Verhalten zu erwidern. So beginnt ein gesunder Kreislauf der Liebe, der Sie und Ihren Partner immer näher zusammenbringt.

Ein Tisch für zwei

Die Ehe fällt häufig der Geschäftigkeit und Hektik unseres Lebens zum Opfer. Die meisten Paare sind deshalb herausgefordert, zwischen Arbeit, Freunden, Familie und sozialen Aktivitäten eine Balance zu finden. Inmitten von Terminen, schreienden Kindern und täglichen Pflichten bleibt keine Zeit für ein bedeutungsvolles Gespräch. Ist die Hochzeitszeremonie erst einmal vorüber, verblassen die Erinnerungen an romantische Tage schnell. Aber das muss nicht so sein.

Joyce und Steve sind seit 30 Jahren miteinander verheiratet. In dieser Zeit haben sie zu einem Gleichgewicht gefunden, das ihren beiden Temperamenten wunderbar gerecht wird. Joyce ist eine motivierte Phlegmatikerin. Sie kann viele Stunden damit verbringen, anderen Frauen zuzuhören, die ihr von ihren Problemen erzählen, und ihnen Rat und Hilfe geben. Steve ist cholerisch veranlagt. Der Geschäftsmann konzentriert sich auf seine Arbeit, aber er hat gelernt abzuschalten, wenn er nach Hause kommt. Sie verstehen, wie unterschiedlich sie sind, und sie arbeiten daran, dass diese Unterschiedlichkeit nicht zu Konflikten führt.

Während der Woche hat Joyce Zeit für Freunde und Verwandte, für den Besuch von Seminaren und fürs Einkaufen, das liebt sie. Ihre Kinder sind schon groß und sie genießt ihre wohlverdiente Freiheit. Am Wochenende jedoch machen Joyce und Steve nur Pläne, die sie beide betreffen. Joyce erklärte mir: „Wenn wir zusammen sind, sind wir wirklich zusammen. Wir mögen es so!“

Was also ist das Geheimnis ihres Erfolges?

Ein Weg, wie Joyce und Steve es erreichen, dass ihre Persönlichkeiten harmonisch miteinander funktionieren, ist, dass sie sich Zeit zu zweit reservieren. Abgesehen davon, dass sie enge und intime Weggefährten sind, die zu einer Familie gehören, haben sie jede Woche regelmäßige Verabredungen miteinander. Sie gehen regelmäßig zusammen aus und konzentrieren sich darauf, am Leben des anderen teilzuhaben. Nun, da sie mehr Zeit zur Verfügung haben, weil ihre Kinder groß sind, können sie auch längere Reisen unternehmen.

Das Reservieren von besonderen Zeiten zu zweit hat ihrer dreißigjährigen Ehe den Glanz bewahrt. Sie haben sich Zeit genommen, ihre unterschiedlichen Wesenszüge zu erkennen, und konnten dadurch Konflikte lösen und ihre Liebe aufrechterhalten. In einem Brief über ihre Ehe schreibt Joyce: „Wir sind nach all diesen Jahren Seelenverwandte und echte Liebende geworden. Ich bin ein guter Ausgleich zu seiner vielen Arbeit."

Wenn Sie nach einer Möglichkeit suchen, die Kommunikationskanäle in Ihrer Ehe geöffnet zu halten, dann müssen Sie sich Zeit zur Kommunikation nehmen. Sie müssen sich Zeiten suchen, in denen Sie allein und ungestört mit Ihrem Partner zusammen sein können. In Zeiten, die Sie weit entfernt von der Hektik des Alltags verbringen, können Sie Ihre gegenseitige Gesellschaft genießen und die Gelegenheit nutzen, darüber zu reden, was gerade im Leben des anderen läuft. Für die meisten von uns wird das jedoch nur gehen, wenn sie diese Zeiten fest einplanen. Nehmen Sie also Ihren Kalender, reservieren Sie solche Termine und reservieren Sie einen Tisch für zwei!

Spiele für den Ruhestand

„Falls Sie dachten, dass die Ehe schon in normalen Zeiten eine schwierige Sache sei, dann warten Sie erst einmal ab, bis Sie im Ruhestand sind." Ich hörte diesen Kommentar bei einer Konferenz für reifere Frauen. Die Frau, die das sagte, konnte die neue Freiheit, die mit dem Ruhestand einhergeht, nicht genießen, sondern war voller Panik.

Rosalie hatte die gleichen Gefühle, als ihr Mann sich zur Ruhe setzte. Rosalie lebt in einer Ehe mit einem Partner, der ein gegensätzliches Temperament zu dem ihren hat. Sie ist typisch cholerisch veranlagt, also hat sie die Situationen gern unter Kontrolle und tut deutlich ihre Meinung kund. Ihr Mann Stan ist der phlegmatische Typ. Er ist sehr umgänglich und tut fast alles, um Konflikte zu vermeiden. Aber die Stärken, die anfangs für die beiden so anziehend waren, wurden für Rosalie zunehmend irritierend, als Stan aufhörte zu arbeiten. Ihr ständiges Zusammensein wurde zu einer echten Herausforderung.

Rosalie sagt: „Als sich die Zeit des Ruhestands für meinen Mann näherte, hatte ich einen utopischen Traum – von Reisen zu interessanten Orten, Hobbys und entspannten Minuten auf der Hollywoodschaukel. Unser Nest war leer und ich war bereit für Spaß und Spiele. Es gibt allerdings einige Spiele, die ich mir nicht vorstellen konnte, wie die Heizungsrallye und das Versteckspielen im Supermarkt."

Nach der Menopause hatte Rosalie 20 Pfund zugenommen und litt zunehmend unter Hitzewallungen. Im Sommer schimpfte sie über die Hitze und Feuchtigkeit, ging zum Thermostat und schaltete die Klimaanlage ein. Aber Stan hatte Kreislaufprobleme. Seine Beine und Füße waren ständig kalt, auch während der sommerlichen Hitzewellen. Anders als Rosalie bevorzugte er es, Konflikte im Stillen zu lösen. Er wartete also stets geduldig, bis Rosalie das Zimmer verlassen hatte, und schaltete dann die Klimaanlage wieder ab. Im Winter ging es andersherum: Er stellte die Heizung hoch, sie drehte sie wieder herunter. Bei ihrer täglichen Rallye ging ihr Thermostat wie ein Jo-Jo ständig auf und ab.

Ein anderes Spiel, das Rosalie und Stan spielten, war „Verstecken im Supermarkt". Als gut organisierte Cholerikerin betrieb Rosalie das Einkaufen sehr geschäftsmäßig. Sie hatte immer eine Liste dabei, organisierte den Einkauf nach einem genauen Zeitplan und hielt sich an ihr festgelegtes Budget. Doch wenn sie mit jemand anderem zusammen einkaufen gehen musste, empfand sie das als eine große Last, die sie richtiggehend herunterzog. Als Stan sich jedoch zur Ruhe setzte, konnte sie sich den Luxus des einsamen Einkaufens nicht mehr leisten, weil Stan häufig mitging. Sobald sie nicht aufpasste, nahm er ihren Einkaufswagen und schlich sich davon, während sie mit schweren Tüten voller Melonen und Äpfel in der Obst- und Gemüseabteilung stand. Rosalie musste dann dieses Versteckspiel mitmachen und schleppte ihre Tüten auf der Suche nach Stan durch den ganzen Supermarkt. In der Zwischenzeit füllte Stan dann meist den Einkaufswagen mit mehreren Packungen seines Lieblingsmüslis und so belief sich die Rechnung dann letzten Endes auf 25 Dollar mehr, als Rosalie zuvor eingeplant hatte.

Rosalie und Steve geben uns ein amüsantes Beispiel dafür, welche Spiele wir miteinander spielen, besonders in der Zeit des Ruhestands. Für jene unter Ihnen, die in einer Kombination aus cholerischer Ehefrau und phlegmatischem Ehemann leben, mögen die folgenden Ratschläge eine Hilfe sein, damit beide als Sieger aus diesen Spielen hervorgehen.

Phlegmatiker hassen Unstimmigkeiten und würden eher lügen, als ein Problem anzuschauen. Sie fragen: „Wer ist hier wütend?“ An diesem Punkt wird der Choleriker, sofern er sich nicht im Gebet auf diese Situation vorbereitet hat, das Bedürfnis haben zu schreien. Aber es ist so, dass man die Heizungsrallye nicht durch Kämpfen gewinnt. Es gibt verschiedene Möglichkeiten, mit diesem Problem fertig zu werden. Sie können die Heizungsrallye natürlich spielen, indem Sie den ganzen Tag das Thermostat herauf- und herunterdrehen. Sie können sich aber auch auf eine Kompromisseinstellung einigen, die keiner verändern darf. Oder Sie können festlegen, dass in der einen Woche der eine für die Temperatur zuständig ist und in der nächsten Woche der andere. Der durchschnittliche Phlegmatiker wird sich für die erste Option entscheiden wollen, aber die Cholerikerin wird hoffentlich in der Lage sein, ihn davon zu überzeugen, dass die zwei anderen Optionen besser funktionieren, solange keiner schummelt.

Fred und ich haben eine Lösung für das Versteckspiel im Supermarkt gefunden, die bei uns gut funktioniert. Wir nehmen zwei Wagen und jeder geht fröhlich seiner Wege. Jeder hat einen Teil der Einkaufsliste und sucht entsprechend die Sachen zusammen. (Wenn Sie ein schmales Budget haben, sollten Sie sich darauf einigen, nur das zu kaufen, was wirklich auf der Liste steht.) Fred hat ein Signal, wenn er seine Einkäufe erledigt hat. Er hat einen besonderen Pfiff, den ich sofort erkenne. Eines Tages gingen wir in ein größeres Einkaufszentrum und trennten uns. Wir verabredeten aber, nicht weiter zu gehen als in den nächsten Trakt. Nun passierte es, dass Fred ein paar Freunde traf, die auch nach mir fragten. Daraufhin meinte Fred, ich sei in einem der anderen Läden und er würde mich holen. Also pfiff er nur kurz unser Signal und sofort war ich zur Stelle. Die Freunde waren beeindruckt.

Jene Frauen unter Ihnen, die nicht cholerisch veranlagt sind, mögen denken, dass diese Spielchen ungewöhnlich sind. Vielleicht lieben Sie es, Ihren Ehemann den ganzen Tag um sich herum zu haben, aber cholerische Frauen fühlen sich behindert, gehemmt, ausspioniert, verfolgt, beurteilt und so, als würde ein Babysitter auf sie aufpassen. Sie brauchen ihren Freiraum. Das bedeutet nicht, dass sie egozentrisch wären, sie wissen nur um die Grenzen ihrer Geduld.

Rosalie rät: „Sorgen Sie dafür, dass Ihr Mann beschäftigt ist, und gehen Sie dann mit gutem Gewissen allein weg. Es ist für beide Seiten schwer, wenn man ständig zusammengluckt. Ein gewisses Maß an Eigenständigkeit macht auch Freude. Es braucht ein Verständnis der verschiedenen Temperamente und es braucht die Gnade Gottes, wenn man die Unterschiedlichkeiten des Ehepartners verstehen will. Aber wie langweilig wäre es doch, wenn wir alle auf die gleiche Weise reagieren würden. Es ist ein Zeichen emotionaler und geistlicher Reife, wenn wir die Einzigartigkeit unseres Ehepartners akzeptieren können."

Mit schwierigen Zeiten umgehen

Das Wort „Depression" bedeutet wörtlich „heruntergedrückt sein" oder auch das Fehlen Ihres normalen Schwungs. In der Ehe ist es schwierig zu begreifen, warum der andere depressiv ist, wenn es uns gerade gut geht. Solange wir unsere angeborenen Unterschiede nicht begreifen, versuchen wir, den anderen durch ermutigende Worte aufzumuntern: „Lass dich nicht hängen!", „Denk an die hungernden Kinder in China!" Worte wie diese vermitteln dem Depressiven jedoch nur noch weitere Schuldgefühle, anstatt ihm zu helfen. Und damit hat er dann ein doppeltes Problem!

Was wir anstatt falscher Aufmunterung brauchen, ist ein Verständnis für die traurigen Gefühle unseres Ehepartners, egal ob wir uns selbst auch schon einmal so gefühlt haben oder nicht. Wir sollten fragen: „Was soll ich tun? Was soll ich lassen?"

Depressionen bei Sanguinikern

Sanguiniker geraten in depressive Stimmungen, wenn das Leben keinen Spaß macht oder wenn sie das Gefühl haben, dass keiner sie schätzt. Ihre Gedankengänge tendieren dann in die folgenden Richtungen:

„Das Leben ist ja nur Arbeit, und keiner bemerkt, wie sehr ich mich bemühe ..."

„Die Dinge werden nie besser, und ich werde nie genug Geld haben ..."

„Warum habe ich bloß geheiratet? Ich war immer beliebt, und schau mich jetzt nur an!“

Sanguiniker entwickeln kurzfristig depressive Stimmungen, wenn sie sich von den Umständen um sie herum überwältigt fühlen. Sie können aber dennoch ein fröhliches Gesicht aufsetzen und ihre Gefühle wegschieben, wenn sie Besuch bekommen oder ein Einkaufsbummel ansteht. Ihre natürliche Reaktion auf derartige Gefühle besteht darin, nach Spaß, Essen, Party und Einkaufstouren zu suchen oder viel Geld auszugeben.

Wenn Sanguiniker depressiv werden, beginnen sie zu denken, dass sie sich zum Melancholiker wandeln. „Meine Persönlichkeit hat sich verändert“, sagen sie – und das ist dann ein weiterer Grund für sie depressiv zu sein. Auch wenn diese Sanguiniker während ihrer depressiven Stimmung ein anderes Temperament zeigen, bleibt ihre grundlegende Persönlichkeit doch unverändert. Denn sobald die schweren Zeiten vorüber sind, kehren sie zu ihrem sonnigen sanguinischen Selbst zurück.

Wie kann man einem depressiven Sanguiniker helfen?

- ▷ Zeigen Sie Mitleid. Schreiben Sie ihm Karten oder bringen Sie Geschenke mit.
- ▷ Laden Sie ihn zum Essen ein. Rufen Sie öfter an.
- ▷ Machen Sie ihm Komplimente. Lassen Sie ihn erzählen und weinen.
- ▷ Vermitteln Sie ihm echte Hoffnung, dass das Leben wieder besser wird.

Was sollte man im Umgang mit einem depressiven Sanguiniker vermeiden?

- ▷ Halten Sie ihm keine Vorlesungen über seine Fehler mit Floskeln wie: „Wenn du nur von Anfang an auf mich gehört hättest, wärst du jetzt nicht in diesen Schwierigkeiten.“
- ▷ Vergleichen Sie ihn nicht mit Menschen, die schlechter dran sind als er.
- ▷ Kommen Sie nicht mit religiösen Klischees: „Da ist Sünde in deinem Leben“, „Gott versucht dir eine Lektion zu erteilen“, „Gott bestraft dich für ...“.

- ▷ Machen Sie ihm keine Schuldgefühle. Sie lähmen den Sanguiniker damit und verhindern, dass er überhaupt einen Schritt auf eine Lösung seiner Situation zugehen kann.

Depressionen bei Melancholikern

Melancholiker werden depressiv, wenn ihr Leben nicht perfekt läuft, wobei sie ohnehin häufig das Gefühl haben, dass ein Schicksalsschlag auf sie zukommt. Sie fühlen sich erschöpft durch Menschen, die nicht ernst sein können, die sich nicht um Details kümmern und die nicht erkennen, was ihre Gedankenlosigkeit in der Welt bewirkt. Aufgrund ihrer Nachdenklichkeit und Sensibilität sind die Gefühle des Melancholikers leicht verletzbar – und das bedeutet eine weitere Ursache für Depressionen.

Ihre natürliche Reaktion auf Depressionen besteht darin, noch härter daran zu arbeiten, die Dinge perfekt zu machen. Sie denken noch mehr nach als gewöhnlich und analysieren das Problem von jeder erdenklichen Seite her. Melancholiker ziehen sich während einer Depression häufig zurück, nehmen sich Zeit zum Schreiben, bringen ihr Problem bildlich zu Papier oder suchen in Büchern nach einer Antwort.

Melancholiker sind aufgrund ihres Bedürfnisses nach Perfektion häufiger als andere Menschen depressiv. Denn schließlich ist das Leben nur selten vollkommen. Sie haben das Gefühl, von ihren Mitmenschen nicht ernst genug genommen zu werden. Und ihre natürliche Neigung zu Depressionen führt dazu, dass sie den Regenbogen im Leben übersehen und nur den Regen wahrnehmen.

Wie kann man einem depressiven Melancholiker helfen?

- ▷ Sagen Sie: „Ich gebe dir nicht die Schuld dafür."
- ▷ Bleiben Sie ruhig und warten Sie ab, bis er reden will.
- ▷ Diskutieren Sie mögliche Lösungen.
- ▷ Geben Sie zu, dass das Leben nicht fair ist.
- ▷ Steigen Sie mit ihm in die Grube und fühlen Sie mit.

Was sollte man im Umgang mit einem depressiven Melancholiker vermeiden?

- ▷ Sagen Sie nicht: „Das ist das Dümmste, was ich je gehört habe“, oder: „Schau dir die schönen Seiten des Lebens an.“
- ▷ Spielen Sie seinen Schmerz und seine Depression nicht herunter.
- ▷ Bestehen Sie nicht darauf, dass er innerhalb eines Tages wieder gut drauf ist.
- ▷ Geben Sie ihn nicht auf, denn genau das erwartet er.

Depressionen bei Cholerikern

Choleriker werden depressiv, wenn sie die Kontrolle verlieren. Sie können fast alles ertragen, solange sie eine Möglichkeit sehen, die Situation zu steuern. Wenn ein Problem durch Arbeit oder Geld gelöst werden kann, werden sie nicht depressiv, denn sie können immer noch mehr arbeiten und noch mehr Geld verdienen.

Aber wenn es um den Verlust von Arbeit, Geld, Position oder Titeln geht, werden sie darüber betrübt sein, dass sie nicht erfolgreich waren. Wenn es um die Diagnose einer tödlichen Krankheit oder um einen Unfall geht, durch den sie behindert werden, entwickeln Choleriker Depressionen.

Die natürliche Reaktion des Cholerikers auf eine Depression besteht darin, noch mehr zu arbeiten, mehr Sport zu treiben und alles zu tun, um die Kontrolle wiederzugewinnen. Wenn das Leben so sehr aus dem Ruder läuft, dass ein Choleriker in tiefe Depressionen stürzt, wird Selbstmord schnell zu einer möglichen Option.

Wie kann man einem depressiven Choleriker helfen?

- ▷ Ermutigen Sie ihn, indem Sie ihm Hoffnung auf einen Sieg vermitteln.
- ▷ Sagen Sie ihm: „Du kannst es!“
- ▷ Sagen Sie: „Du bist die klügste Person, die ich kenne!“
- ▷ Helfen Sie ihm, praktische Schritte zur Lösung zu finden.

Was sollte man im Umgang mit einem depressiven Choleriker vermeiden?

- Behalten Sie Ihr Mitleid für sich, denn das verstärkt die Depression nur noch.
- Sagen Sie ihm nicht, Gott wolle nur seine Aufmerksamkeit wecken.
- Sagen Sie ihm nicht, dass seine Depression von zu viel Arbeit herrührt und er Urlaub machen sollte.

Depressionen bei Phlegmatikern

Phlegmatiker werden depressiv, wenn sie den Eindruck haben, die vor ihnen liegenden Aufgaben nicht bewältigen zu können. Sie fühlen sich schlecht, wenn sie Verantwortung übernehmen sollen. Ihre Gedanken verlaufen nach folgendem Muster: „Das Leben zerbricht. Ich muss der Realität ins Gesicht schauen. Die Verantwortung liegt bei mir. Ich kann das Problem nirgendwo abgeben, und das ist nicht fair. Warum hat keiner etwas dagegen unternommen?“

Die natürliche Reaktion des Phlegmatikers auf eine Depression besteht darin, dass er sich zurückzieht und sich von dem Problem abschottet. Wenn ein Problem zu überwältigend erscheint, gibt er einfach jeden Versuch auf, es zu lösen.

Phlegmatiker machen nicht den Eindruck, depressiv zu sein, weil sie gelernt haben, ihre Gefühle zu verbergen und nicht zu zeigen, dass sie sich aufregen. Sie beklagen sich auch nicht über ihre Depression, aber sie blenden andere Probleme und die Familie einfach aus – sie sind einfach zu überwältigt, um zuhören zu können.

Wie kann man einem depressiven Phlegmatiker helfen?

- Stimmen Sie seinem Urteil zu: „Das Leben ist nicht fair“, „Du bist ein guter Mensch“, „Das hast du nicht verdient“.
- Sagen Sie ihm, dass Sie ihm helfen werden. „Wir werden schon eine Lösung finden.“

Was sollte man im Umgang mit einem depressiven Phlegmatiker vermeiden?

- ▷ Erteilen Sie keine cholerischen Befehle: „Steh auf!“, „Stell dich dem Problem!“, „Freu dich!“, „Du machst aus einer Mücke einen Elefanten“.
- ▷ Erzählen Sie nicht von Ihren eigenen Problemen und wie Sie sie in den Griff bekommen haben. Supermanngeschichten verstärken bei Phlegmatikern nur das Gefühl, dass sie es nie schaffen werden, ihr Problem in den Griff zu bekommen.
- ▷ Machen Sie sich nicht über ihn lustig. Bemerkungen den Kindern gegenüber wie: „Euer Papa ist mal wieder am Boden; ignoriert ihn einfach“, verstärken die Depression Ihres Partners nur noch.

Da sein

Auch leichte Depressionen reichen schon aus, um den Einzelnen oder die Ehe zu bedrücken. Wenn Partner nicht bereit sind, in schweren Zeiten füreinander da zu sein, wird sich ihre Ehe unweigerlich auf gefährliche Strömungen zubewegen. Wenn die Partner jedoch bereit sind, dem anderen zu helfen, sich der Depression zu stellen und sie zu überwinden, können sie eine tiefere Ebene der gegenseitigen Hingabe erleben.

Allgemein wichtig ist, dass Sie einem depressiven Menschen für seine Situation keine Schuldgefühle vermitteln. Auch wenn ein eigener Fehler Ursache ihrer Depression ist, brauchen sie die positive Ermutigung ihres Partners, um ihre dunklen Gefühle überwinden zu können. Wenn sich die dunkle Wolke zu verflüchtigen beginnt, kann man anfangen, über Lösungsmöglichkeiten zu sprechen, und zu überlegen, wie man das Problem zukünftig vermeiden kann.

Es ist außerdem sehr wichtig, dass man mit der depressiven Person entsprechend ihres Temperaments umgeht und nicht entsprechend des eigenen Persönlichkeitstyps. Versuchen Sie also, mit diesem Menschen auf eine Art in Beziehung zu treten, die sein Persönlichkeitstyp verstehen kann. Machen Sie sich bewusst, dass dies auch für Sie eine besondere Zeit und Möglichkeit ist zu zeigen, dass Ihnen etwas an ihm liegt. Es ist überlebenswichtig für Ihre

Ehe, dass Sie gerade in schweren Zeiten füreinander da sind – physisch, geistig, emotional und geistlich.

Eine Lernerfahrung

Kürzlich sprach ich mit einer Frau, die schwer mit Depressionen zu kämpfen hatte. Als sie mir ihre Geschichte erzählte, war ich erstaunt, wie Gott diese Erfahrung gebrauchte, um sie und ihren Ehemann zu lehren, wie sie in schweren Zeiten füreinander sorgen konnten.

Theresa war eine sonnige Sanguinikerin, die ihre Arbeit liebte und gerne mit Menschen zusammen war. Aber nachdem sie zwei Kopfverletzungen, extreme Müdigkeit und Krankheit durchlitten hatte, begann sie sich depressiv zu fühlen. Aufgrund ihrer Krankheit verlor sie auch noch ihre Arbeitsstelle, was ihre Depression natürlich verschlimmerte. Das Leben machte keinen Spaß mehr, sie traf nur noch selten Leute und ihre natürliche Reaktion sah so aus, dass sie eine melancholische Maske aufsetzte.

Ihr cholerischer Ehemann war während dieser Erfahrung sehr verständnisvoll, aber bald wurde auch er depressiv. Bevor Theresa diese gesundheitlichen Probleme bekommen hatte, waren sie im Leben immer die Gebenden gewesen, sowohl in der Gemeinde als auch in gemeinnützigen Vereinen. Aber mit Theresas Depression und einem dreijährigen Einkommensausfall ihrerseits hatte er das Gefühl, die Kontrolle über ihr gemeinsames Leben zu verlieren. Plötzlich waren sie diejenigen, die um Hilfe baten, damit sie die Rechnungen bezahlen konnten. Und darüber hinaus mussten sie die Unterstützung der Heilsarmee annehmen. Theresas Ehemann versuchte weiterhin, ihre finanziellen Probleme in den Griff zu bekommen, indem er bereits morgens um 4.45 Uhr aufstand, um in einem Nebenjob zu arbeiten. Aber es schien nie genug zu sein und er wurde das Gefühl nicht los, dass ihm das Leben entglitten war.

Während dieser schwierigen Zeit hörten Theresa und ihr Mann zum ersten Mal etwas über die vier Temperamente. Indem sie die Prinzipien der Persönlichkeitstypen anwandten, konnten sie die Probleme, die ihnen begegneten, besser verstehen und überwinden, anstatt sich gegenseitig die Schuld dafür zu geben. Sie konnten außerdem die einzigartigen Ursachen für ihre Depressionen begreifen und fanden Möglichkeiten, einander zu ermutigen.

Durch diese Erfahrung, so erklärt Theresa, haben beide eine Menge gelernt. Gott hat diese Zeit genutzt, um sie zu lehren, auch einmal die Empfangenden zu sein, ohne dass sie sich gedemütigt fühlen mussten. Und während viele andere Paare vielleicht aufgegeben hätten, haben ihre Krankheit und die schwere Zeit sie noch näher zusammengebracht.

Theresa und ihr Mann fanden zwar keine schnelle Lösung, aber langsam gewinnen sie finanziell wieder Boden unter den Füßen. Sie haben die Beziehungen zu ihren Freunden aufrechterhalten, ohne zu klagen, und mittlerweile ermutigt Theresa wieder andere mit ihrem Optimismus. Die Freude des Herrn ist wirklich zu ihrer Stärke geworden.

Wenn es an der Zeit ist, um Hilfe zu bitten

Manchmal kommen Paare in ihrer Ehe an einen Punkt, an dem sie meinen, es gäbe keine Hoffnung mehr. Sie lieben sich nicht mehr. Sie regen sich nur übereinander auf. Sie kämpfen ohne Unterbrechung. Und sie haben das Gefühl, dass es keinen Weg mehr gibt, die besondere Zuneigung, die sie einst zusammenhielt, wiederzubeleben. In solchen Zeiten muss ein Paar Hilfe von außen suchen.

Traurigerweise geben sich viele dieser Paare mit einer lieblosen Ehe zufrieden und gehen durch den Rest ihres Lebens als Menschen, die lediglich durch einen gemeinsamen Namen miteinander verbunden sind. Andere reichen die Scheidung ein und hoffen, mit einem anderen Menschen glücklicher zu werden. Häufig werden diese Entscheidungen getroffen, bevor ein Paar wirklich alle Möglichkeiten zur Wiederbelebung ihrer Ehe ausgeschöpft hat. Es ist ihnen peinlich, um Hilfe zu bitten, also geben sie auf.

Wenn Sie und Ihr Partner in Ihrer Ehe an einen solchen toten Punkt gekommen sind, geben Sie bitte nicht auf. Suchen Sie Rat bei einer christlichen Familie und Freunden und nehmen Sie sich die Zeit, mit Ihrem Pastor oder einem Therapeuten zu sprechen.

Fred und ich sind dankbar für die vielen Seelsorger und Pastoren, die unser System zur Erklärung der verschiedenen Persönlichkeitsprofile als Werkzeug benutzen, um ihren Klienten verstehen zu helfen, wo die Stärken und Schwächen ihres speziellen Temperamentes liegen. Viele Paare haben erlebt, dass ihre Ehe wiederbelebt wurde, weil sie sich die Zeit nahmen, mit einem Berater über ihre Unterschiedlichkeit zu sprechen. Berater sind dazu ausgebildet, Menschen auf eine Weise durch die Diskussion zu führen, die sie näher zusammenbringt, anstatt sie noch weiter voneinander zu entfernen. Und die Zeit und Mühe, die sie darauf verwenden, ihre Ehe zu retten, werden sie auch eine Menge über sie selbst lehren – es ist nie verschwendete Zeit!

Die beste Zeit – die schlechteste Zeit

Wenn Partner wirklich zu einem Verständnis über das Temperament des anderen gelangen, können sie aus ihrer einmaligen Mischung das Beste herausholen. Ihre Ehe wird in guten Zeiten echte Freude bringen und in harten Zeiten echten Trost spenden. Die folgende Geschichte bietet ein passendes Ende für unsere Diskussion der vier Temperamente, weil sie zeigt, wie eine Ehe, die auf beiderseitigem Verständnis aufgebaut ist, sowohl gute als auch schlechte Zeiten überleben kann.

Im Sommer 1985 befanden Betsy und Rod sich an einem neuen Punkt in ihrer Ehe. Sie waren stolze Eltern eines kleinen Jungen, obwohl die Ärzte ihnen früher gesagt hatten, sie könnten keine Kinder bekommen. Betsy hatte vor kurzem ihre Arbeit als Krankenschwester aufgegeben, die sie acht Jahre lang getan hatte, und Rod hatte gerade seine Assistentszeit als Röntgenarzt in der Onkologie beendet. Nun wechselte er nach Hollywood und wurde Arzt am *Kaiser-Permanente*-Krankenhaus. Und als ihr Baby Andrew sechs Wochen alt war, zogen sie gemeinsam nach Glendale (Kalifornien).

Betsy ist stark sanguinisch-cholerisch veranlagt und hatte deshalb entsprechende Schwierigkeiten, sich an das Leben als Hausfrau und Mutter zu gewöhnen. Mit ihrer postnatalen Depression, die außerdem zu den vielen Veränderungen in ihrem Leben hinzukam, sehnte sich ihre sanguinische Natur verzweifelt nach etwas Aufmerksamkeit, Zuneigung und Wertschätzung. Sie fühlte sich in ihrem neuen Haus isoliert und war frustriert darüber, dass sie ihr Leben scheinbar nicht mehr unter Kontrolle hatte. Diese Faktoren vergrößerten traurigerweise ihre depressiven Gefühle noch zusätzlich.

Der melancholisch-phlegmatisch veranlagte Rod hingegen brauchte viel Frieden, Ruhe und Freiraum, um sich nach einem harten Arbeitstag zu erholen. Seine phlegmatische Natur fühlte sich in einem neuen Haus, mit neuer Arbeitsstelle, als frisch gebackener Vater und mit einer völlig veränderten Ehefrau überfordert und er suchte emotionale Unterstützung. Folglich gewannen beide das Gefühl, dass ihre emotionalen Bedürfnisse durch ihren Partner nicht erfüllt wurden.

Und so begann der Kreislauf, das Vakuum unbefriedigter emotionaler Bedürfnisse, das ein Paar in einen Strudel der Verzweiflung zieht. Rod ging morgens früh aus dem Haus und Betsy blieb allein mit dem Baby zurück. Sie war gerne mit Andrew zusammen, aber sie brauchte auch jemanden, mit dem sie reden konnte und der ihr etwas Aufmerksamkeit schenkte. So sagte sie, sobald Rod durch die Tür kam: „Sprich mit mir, Rod. Bitte schenk mir etwas Aufmerksamkeit! Liebst du mich?" Anschließend tat die cholerische Seite in Betsy ein Übriges und sie forderte ihn auf, für seine Prüfungen zum Facharzt zu lernen. Wenn er ihrer Aufforderung dann Folge leistete und sich an den Schreibtisch begab, tauchte ihre sanguinische Seite wieder auf und fühlte sich vernachlässigt.

Treu seiner Veranlagung versuchte Rod, die Situation unter Kontrolle zu bringen, indem er schwieg, was jedoch eines der schlimmsten Dinge ist, die man einem bedürftigen Sanguiniker antun kann. Sein Verhalten rief Betsys cholerische Seite auf den Plan, und sie machte es sich zur Aufgabe, ihn zum Reden zu bringen. Aber ihr Verhalten stieß Rod wiederum weiter ab. In seiner ruhigen phlegmatischen Art versuchte Rod einen Konflikt zu vermeiden, indem er allein mit Andy nach draußen ging oder indem er stundenlang Videospiele spielte. Dieser Kreislauf tötete ihre Ehe und beide fühlten sich emotional völlig ausgetrocknet.

Mit der Zeit stellte Betsy fest, dass sie ihre emotionalen Bedürfnisse durch ein Engagement in ihrer Gemeinde stillen konnte. Sie bekam eine Menge positiver Bestätigung für ihre Arbeit und sie hatte das Gefühl, diesen Bereich ihres Lebens unter Kontrolle zu haben. Rod konnte nicht verstehen, warum sie das Bedürfnis hatte, sich so stark zu engagieren, aber es schien sie glücklich zu machen, daher hatte er nichts dagegen. Aber auch als sie bereits etwas mehr Balance in ihrem Leben gewonnen hatten, existierte der untergründige emotionale Konflikt weiter und beeinträchtigte ihre Ehe.

Als Andrew etwa vier Jahre alt war, lieh Betsys Schwester ihnen einige Vortragskassetten über die vier Temperamente. Als sie die Erläuterungen über die verschiedenen Persönlichkeitstypen hörten, begannen sie ihre Sichtweise und ihre Erwartungen aneinander zu verändern. Es war der Beginn einer Kette von Ereignissen, die sie dahin führten, einander als die Menschen anzunehmen, als die Gott sie geschaffen hatte.

Betsy gibt Rod nun den Freiraum, den er braucht, und sie lässt ihn wissen, dass er sich ihrer Unterstützung und Achtung sicher sein kann. Und Rod weiß heute, wie wichtig es ist, Betsy in allem, was sie tut, zu ermutigen und zu bestätigen. Als Betsy mit ihrer Geschichte endete, sagte sie: „Jetzt sind schon 16 Jahre vergangen, seit Gott unsere emotional bankrotte Ehe in eine Investition verwandelt hat, die reiche Gewinne abwirft."

Gott sei Dank dafür, dass er uns mit diesen Werkzeugen gesegnet hat, mit denen wir unsere Ehen verändern können. Wie Betsy und Rod können wir die besondere Persönlichkeit unseres Partners schätzen lernen und ihn als die Person annehmen, als die Gott ihn geschaffen hat. Mit unserem Partner können wir ein wunderbares Lied schreiben, dessen Melodie durch Sonnenschein und Regen klingt und unsere schlimmsten Zeiten zu den besten macht.

Schlussbetrachtung

... und sie lebten glücklich bis an ihr seliges Ende

Erinnern Sie sich noch an den Beginn dieses Buches, an dem ich erläuterte, dass die meisten Märchen mit der Hochzeit enden? Nun, da Sie und Ihr Partner die verschiedenen Persönlichkeitstypen kennen, haben Sie das nötige Material, um sich auszudenken, wie die Geschichte weitergeht. Anstatt sich nur zu fragen, was es wohl bräuchte, um glücklich bis ans Ende Ihrer Tage zu leben, können Sie sich an die Arbeit machen, Ihr eigenes Märchen zu schreiben.

Mittlerweile sollten Sie ein Verständnis davon bekommen haben, was hinter den Kulissen einer Liebesbeziehung vonstatten gehen kann. Eine gute Ehe beginnt mit dem Vorsprechen, führt durch Proben und tägliche Aufführungen und hängt vom Stück und von der Crew ab, die unter der Leitung eines treuen Regisseurs arbeitet – unserem Gott. Das alles erfordert ein hohes Maß an Hingabe und Arbeit – schließlich können wir uns nicht über Nacht verändern. Aber ich hoffe, dass Sie und Ihr Partner es lohnend finden, die Prinzipien der vier Temperamente anzuwenden.

Wenn Sie beginnen, sich selbst und Ihren Partner besser zu verstehen, werden Sie lernen, weise und klug miteinander zu arbeiten. Bald werden Sie und Ihr Partner Ihr besonderes Stück aufführen können, Sie werden Bombenkritiken erhalten und Ihre beiden Persönlichkeiten zum Glänzen bringen. Seien Sie nicht überrascht, wenn andere zu fragen beginnen, was Ihr Geheimnis ist, dass Sie derart glücklich bis an das Ende Ihrer Tage zusammenleben können!

Anhang A

Eine kurze Chronologie über die Erforschung der vier Temperamente

300 v.Chr.	Hippokrates entwickelt eine Theorie der ererbten Wesenszüge.
149 n.Chr.	Der römische Physiologe Galen stellt die Theorie vor, dass die Wesenszüge eines Menschen vom jeweiligen Anteil bestimmter Körpersäfte beeinflusst werden.
1866	Entdeckung der Gene
1871	Entdeckung der DNA und anderer Aminosäuren im Zellkern
1951	Sequenzanalyse von Insulin und anderen Proteinen
1953	Entschlüsselung der DNA-Struktur (Doppelhelix)
1960	Neue Erkenntnisse über den genetischen Code
1975-79	Lokalisierung der ersten menschlichen Gene
1977	Sequenzanalyse der DNA wird begonnen.
1986	Sequenzanalyse der DNA läuft erstmals automatisiert.
1989	Das erste Krankheitsgen wird entdeckt: Mukoviszidose.
1995	Das erste Genom wird entschlüsselt: Meningitis.
1999	Sequenzanalyse des ersten menschlichen Chromosoms. Entschlüsselung des menschlichen Erbgutes in erster grober Skizze.

(Quelle: Gannett News Service Research, 12. Februar 2001)

Anhang B

Ein Überblick über die vier Temperamente

Aufgeschlossene Sanguiniker: „Lasst uns Spaß haben“

Wunsch:	Spaß haben.
Emotionale Bedürfnisse:	Aufmerksamkeit, Zustimmung, Herzlichkeit, Akzeptanz, Umgebensein von Menschen und Aktion.
Hauptstärken:	Fähigkeit, jederzeit, an jedem Ort über jedes Thema zu reden, überschäumende Persönlichkeit, Optimismus, Humor, Fähigkeit, Geschichten zu erzählen, Spaß an Menschen und Geselligkeit.
Hauptschwächen:	unorganisiert, erinnern sich nicht an Einzelheiten oder Namen, übertreiben gern, nehmen nichts richtig ernst, verlassen sich darauf, dass andere die Arbeit machen, zu leichtgläubig und naiv.
Sind deprimiert, wenn	das Leben keinen Spaß macht und sie vermeintlich keiner liebt.
Haben Angst,	unbeliebt zu sein oder sich zu langweilen, in einem festgesteckten Zeitrahmen leben zu müssen, über ihre Ausgaben Buch führen zu müssen.
Mögen Leute, die	zuhören und lachen, loben und zustimmen.
Mögen Leute nicht, die	kritisieren, nicht auf ihren Humor reagieren, sie nicht nett finden.
Zeichnen sich bei der Arbeit aus durch:	Kreativität, Optimismus, Lebensfreude, die Fähigkeit, andere aufzuheitern, Unterhaltsamkeit.

Könnten noch besser werden, wenn sie	organisierter wären, nicht so viel reden würden, Zeiteinteilung beachteten.
Als Leiter sind sie	begeisternd, überzeugend, inspirierend und motivierend, charmant und unterhaltsam; vergesslich, mit wenig Durchhaltevermögen.
Reaktion auf Stress:	fliehen vor der Stressursache, machen Einkaufsbummel, suchen sich Leute, mit denen sie Spaß haben können, erfinden Ausreden, schieben die Schuld auf andere.
Man erkennt sie daran, dass sie	pausenlos laut reden und viel lachen.

Willensstarke Choleriker:
„Es wird so gemacht, wie ich es sage"

Wunsch:	die Kontrolle zu haben.
Emotionale Bedürfnisse:	Wertschätzung jeder Leistung, wollen in der Familie bei allem gefragt sein, übernehmen die Führung, suchen Kontrolle.
Hauptstärken:	Fähigkeit, jede beliebige Angelegenheit von jetzt auf gleich in die Hand zu nehmen und schnell richtige Entscheidungen zu treffen.
Hauptschwächen:	spielen sich als Boss auf, dominieren, sind autokratisch, unsensibel, ungeduldig, nicht bereit, zu delegieren oder andere anzuerkennen.
Sind deprimiert, wenn	das Leben außer Kontrolle gerät und Menschen ihrer Umgebung nicht so funktionieren, wie sie es für richtig halten.
Haben Angst,	die Kontrolle zu verlieren.
Mögen Menschen, die	sich unterordnen und sie unterstützen, die Dinge so sehen wie sie, kooperativ sind, ihnen Anerkennung geben.

Mögen Leute nicht, die	faul sind und kein Interesse haben, ausdauernd und stetig zu arbeiten; sich gegen ihre Autorität sträuben, sich unabhängig machen und nicht loyal sind.
Zeichnen sich bei der Arbeit dadurch aus, dass sie	in kurzer Zeit viel schaffen können und normalerweise Recht haben.
Könnten noch besser werden, wenn sie	auch andere Entscheidungen treffen ließen, Verantwortung abgeben könnten, geduldiger wären, nicht erwarteten, dass alle genauso arbeiten wie sie.
Als Leiter haben sie	ein natürliches Zuständigkeitsgespür, ein sicheres Gefühl für das, was funktioniert, viel Vertrauen in ihre Leistungsfähigkeit; das Potenzial, weniger offensive Menschen zu überrumpeln.
Ihre Reaktion auf Stress:	verstärkte Kontrolle, noch härter arbeiten, noch mehr Sport treiben, sich der Stressquellen entledigen.
Man erkennt sie an	ihrem Tempo, ihrem schnellen „Griff zum Ruder“, ihrem Selbstvertrauen, ihrer rastlosen und überzeugenden Grundhaltung.

Perfektionistische Melancholiker: „Lasst es uns richtig machen!“

Wunsch:	Es muss richtig sein.
Emotionale Bedürfnisse:	Gefühl von Stabilität, Freiraum, Stille, Sensibilität, Unterstützung.
Hauptstärken:	können gut organisieren und langfristige Ziele setzen, hohe Maßstäbe und Ideale, gehen allem auf den Grund.
Hauptschwächen:	leicht niedergeschlagen, brauchen zu viel Zeit zur Vorbereitung, konzentrieren sich zu sehr auf Einzelheiten, erin-

	nern sich in erster Linie an Negatives, sind anderen gegenüber misstrauisch.
Sind deprimiert, wenn	das Leben in Unordnung gerät, Maßstäbe nicht erfüllt werden und das vermeintlich niemanden interessiert.
Haben Angst, dass	niemand versteht, wie es ihnen wirklich geht, sie Fehler machen, sie Kompromisse zu den selbst gesetzten Maßstäben machen müssen.
Mögen Leute, die	ernsthaft sind, intellektuell, tiefgründig und die ein vernünftiges Gespräch führen können.
Mögen Leute nicht, die	oberflächlich sind, vergesslich, unpünktlich, unorganisiert, Ausflüchte machen, zu Ausreden greifen und unberechenbar sind.
Zeichnen sich bei der Arbeit aus durch:	Gespür fürs Detail, Liebe zur Analyse, Durchhaltevermögen, hohen Anspruch an die Leistung, Mitgefühl mit anderen Menschen.
Könnten noch besser werden, wenn sie	das Leben nicht so schrecklich ernst nehmen und nicht darauf bestehen würden, dass alle anderen ebenfalls perfektionistisch sein müssen.
Als Leiter sind sie	gut im Organisieren, sensibel in Bezug auf die Gefühle anderer, ausgesprochen kreativ und verlangen qualitativ erstklassige Leistung.
Reaktion auf Stress:	Rückzug, verlieren sich in einem Buch, werden depressiv, geben auf oder sprechen eingehend über ihre Probleme.
Man erkennt sie an	ihrem ernsthaften und sensiblen Wesen, ihrem höflichen Verhalten, ihren selbstkritischen Bemerkungen, ihrem makellos gepflegten Äußeren.

Friedliebende Phlegmatiker: „Lasst es uns so einfach wie möglich machen!“

Wunsch:	Konfliktvermeidung, Frieden halten.
Emotionale Bedürfnisse:	Frieden und Entspannung, Beachtung, Lob, Wertschätzung, liebevolle Motivation.
Hauptstärken:	ausgeglichen, gefällig, trockener Humor, angenehmes Wesen.
Hauptschwächen:	Unentschlossenheit, Mangel an Begeisterung und Energie, verborgener eiserner Wille.
Sind deprimiert, wenn	das Leben konfliktreich wird, sie persönlich konfrontiert werden oder keiner ihnen helfen will, man ihnen den schwarzen Peter zuschiebt.
Haben Angst,	größere Probleme angehen zu müssen, im Regen stehen gelassen zu werden, größere Veränderungen zu bewältigen.
Mögen Leute, die	für sie Entscheidungen treffen, ihre Stärken erkennen, sie nicht übergehen, ihnen Achtung schenken.
Mögen Leute nicht, die	sie zu sehr drängen, zu laut sind und zu viel von ihnen erwarten.
Zeichnen sich bei der Arbeit aus,	indem sie zwischen zerstrittenen Leuten vermitteln und objektiv Probleme lösen können.
Könnten noch besser werden, wenn sie	sich Ziele setzten und sich selbst motivieren würden; bereit wären, mehr zu tun und schneller zu arbeiten, als von ihnen erwartet wird; sich genauso gut ihren eigenen Problemen stellen würden, wie sie mit den Problemen anderer umgehen können.
Als Leiter bleiben sie	ruhig und gelassen, treffen keine impulsiven Entscheidungen, sind beliebt und friedfertig, machen keine Probleme,

	bringen aber nur selten brillante neue Ideen hervor.
Reaktion auf Stress:	verstecken sich davor; sehen fern; essen; blenden das Leben aus.
Man erkennt sie an	ihrem ruhigen Auftreten; der entspannten Haltung (wenn möglich, sitzen sie oder lehnen sich an).

Anhang C

Bestimmen Sie Ihr Persönlichkeitsprofil

Bestimmungsbogen

Auf der folgenden Seite finden Sie einen Bestimmungsbogen, anhand dessen Sie Ihr Persönlichkeitsprofil kennen lernen können. Kreuzen Sie in jeder Reihe mit vier Eigenschaften das Kästchen vor dem einen oder den Adjektiven an, die am ehesten auf Sie zutreffen. Machen Sie nach diesem Schema weiter bis zur 40. Zeile. Wenn Sie sich nicht ganz sicher sind, welche der genannten Eigenschaften am besten auf Sie zutreffen, fragen Sie Ihren Ehepartner oder einen Freund. Damit die Angaben möglichst genau sind, lesen Sie sich bitte zunächst die Definitionen der im Anschluss an unsere Testbögen aufgeführten Eigenschaften durch.

Auswertungsbogen

Übertragen Sie jetzt alle Ihre Kreuze zu den entsprechenden Eigenschaften des Bestimmungsbogens auf den Auswertungsbogen. (Die Reihenfolge der Adjektive ist hier anders zusammengestellt.) Addieren Sie die Antworten in jeder Kolumne und ermitteln Sie die Gesamtzahl aus den beiden Rubriken „Stärken“ und „Schwächen“. Nun können Sie erkennen, welcher Persönlichkeitstyp Sie überwiegend sind. Sie werden außerdem herausfinden, welche Anteile anderer Persönlichkeitstypen bei Ihnen vorhanden sind. Wenn Sie beispielsweise auf insgesamt 35 Kreuze bei den Stärken und Schwächen des Cholerikers kommen, dann ist das Ergebnis ziemlich eindeutig: *Sie sind fast ausschließlich cholerisch.* Wenn Sie aber beispielsweise auf 16 Kreuze bei den Stärken und Schwächen des Cholerikers kommen, auf 14 beim Melancholiker und auf jeweils 5 bei den verbleibenden zwei Kategorien, dann sind Sie ein Choleriker mit starken Anteilen des Melancholikers.

Bestimmungsbogen (nach Fred Littauer)

Setzen Sie in jeder Zeile vor dem Eigenschaftswort ein Kreuz, das am ehesten auf Sie zutrifft.

Stärken				
1	abenteuerlustig	anpassungsfähig	lebhaft	analytisch
2	hartnäckig	verspielt	überzeugend	friedlich
3	kompromissbereit	aufopferungsvoll	gesellig	willensstark
4	rücksichtsvoll	beherrscht	ehrgeizig	überzeugend
5	erfrischend	respektvoll	zurückhaltend	einfallsreich
6	zufrieden	sensibel	selbstständig	temperamentvoll
7	vorausplanend	geduldig	positiv	fördernd
8	sicher	spontan	organisiert	schüchtern
9	ordentlich	verbindlich	direkt	optimistisch
10	freundlich	treu	lustig	energisch
11	kühn	reizvoll	diplomatisch	genau
12	fröhlich	beständig	kultiviert	selbstbewusst
13	idealistisch	unabhängig	harmlos	anregend
14	überschwänglich	entscheidungs-freudig	humorvoll	tiefgründig
15	vermittelnd	musikalisch	antreibend	kontaktfreudig
16	aufmerksam	hartnäckig	gesprächig	tolerant
17	geduldig	loyal	führend	lebhaft
18	genügsam	bestimmt	planend	nett
19	perfektionistisch	angenehm	produktiv	beliebt
20	munter	mutig	wohlerzogen	ausgeglichen

Schwächen				
21	unauffällig	schüchtern	unverschämt	herrisch
22	undiszipliniert	unsympathisch	begeisterungslos	unversöhnlich
23	starr	ärgerlich	widerspenstig	wiederholend
24	kleinlich	ängstlich	vergesslich	zu direkt
25	ungeduldig	unsicher	unschlüssig	behindernd
26	unbeliebt	unbeteiligt	unberechenbar	abweisend
27	dickköpfig	willkürlich	anspruchsvoll	zögernd
28	spröde	pessimistisch	stolz	nachgiebig
29	reizbar	ziellos	streitsüchtig	kontaktscheu
30	naiv	schwarzseherisch	stolz	nachgiebig
31	sorgenvoll	verschlossen	arbeitssüchtig	ehrgeizig
32	übersensibel	taktlos	zaghaft	redselig
33	zweifelnd	unorganisiert	dominierend	deprimiert
34	inkonsequent	introvertiert	intolerant	gleichgültig
35	oberflächlich	launisch	muffelig	manipulierend
36	langsam	stur	angeberisch	skeptisch
37	einzelgängerisch	überheblich	faul	aufdringlich
38	träge	misstrauisch	aufbrausend	zerstreut
39	rachsüchtig	rastlos	widerwillig	unbesonnen
40	wetterwendisch	kritisch	arglistig	unbeständig

Auswertungsbogen

Übertragen Sie nun Ihre Kreuze vom Bestimmungsbogen in die vier folgenden Rubriken:

Stärken				
	Sanguiniker	**Choleriker**	**Melancholiker**	**Phlegmatiker**
1	lebhaft	abenteuerlustig	analytisch	anpassungsfähig
2	verspielt	überzeugend	hartnäckig	friedlich
3	gesellig	willensstark	aufopferungsvoll	kompromissbereit
4	überzeugend	ehrgeizig	rücksichtsvoll	beherrscht
5	erfrischend	einfallsreich	respektvoll	zurückhaltend
6	temperamentvoll	selbstständig	sensibel	zufrieden
7	fördernd	positiv	vorausplanend	geduldig
8	spontan	sicher	organisiert	schüchtern
9	optimistisch	direkt	ordentlich	verbindlich
10	lustig	energisch	treu	freundlich
11	reizvoll	kühn	genau	diplomatisch
12	fröhlich	selbstbewusst	kultiviert	beständig
13	anregend	unabhängig	idealistisch	harmlos
14	überschwänglich	entscheidungs-freudig	tiefgründig	humorvoll
15	kontaktfreudig	antreibend	musikalisch	vermittelnd
16	gesprächig	hartnäckig	aufmerksam	tolerant
17	lebhaft	führend	loyal	geduldig
18	nett	bestimmt	planend	genügsam
19	beliebt	produktiv	perfektionistisch	angenehm
20	munter	mutig	wohlerzogen	ausgeglichen
Summe				

Schwächen				
	Sanguiniker	**Choleriker**	**Melancholiker**	**Phlegmatiker**
21	unverschämt	herrisch	schüchtern	unauffällig
22	undiszipliniert	unsympathisch	unversöhnlich	begeisterungslos
23	wiederholend	widerspenstig	ärgerlich	starr
24	vergesslich	zu direkt	kleinlich	ängstlich
25	behindernd	ungeduldig	unsicher	unschlüssig
26	unberechenbar	abweisend	unbeliebt	unbeteiligt
27	willkürlich	dickköpfig	anspruchsvoll	zögernd
28	nachgiebig	stolz	pessimistisch	spröde
29	reizbar	streitsüchtig	kontaktscheu	ziellos
30	naiv	dreist	schwarzseherisch	lässig
31	ehrgeizig	arbeitssüchtig	verschlossen	sorgenvoll
32	redselig	taktlos	übersensibel	zaghaft
33	unorganisiert	dominierend	deprimiert	zweifelnd
34	inkonsequent	intolerant	introvertiert	gleichgültig
35	oberflächlich	manipulierend	launisch	muffelig
36	angeberisch	stur	skeptisch	langsam
37	aufdringlich	überheblich	einzelgängerisch	faul
38	zerstreut	aufbrausend	misstrauisch	träge
39	rastlos	unbesonnen	rachsüchtig	widerwillig
40	unbeständig	arglistig	kritisch	wetterwendisch
Summe				
Gesamtsumme				

Definitionen der Stärken

1. *Abenteuerlustig:* Geht Wagnisse und Unternehmungen an und ist dabei entschlossen, sie zu meistern.
   Anpassungsfähig: Jemand, der sich schnell und leicht zurechtfindet und sich in fast jeder beliebigen Situation wohl fühlt.
   Lebhaft: Mit beredter Gestik und Mimik.
   Analytisch: Untersucht gern einzelne Aspekte von Situationen oder Dingen auf ihre logische und folgerichtige Beziehung zueinander.

2. *Hartnäckig:* Achtet darauf, dass ein Projekt abgeschlossen ist, bevor das nächste in Angriff genommen wird.
   Verspielt: Immer zu Scherzen aufgelegt, humorvoll.
   Überzeugend: Überzeugt eher durch Logik und Tatsachen als durch Charme oder Macht.
   Friedlich: Wirkt gelassen und ruhig; hält sich gern aus Streit oder aus Konflikten heraus.

3. *Kompromissbereit:* Akzeptiert leicht den Standpunkt oder Wunsch anderer; hat wenig Bedürfnis nach Bestätigung der eigenen Position durch andere.
   Aufopferungsvoll: Ist bereit, eigene Bedürfnisse zurückzustellen, um die Bedürfnisse anderer zu erfüllen.
   Gesellig: Betrachtet das Zusammensein mit anderen als netten Zeitvertreib; setzt dies nicht zu dem Zweck ein, etwas für sich selbst zu erreichen.
   Willensstark: Entschlossen, die eigenen Vorstellungen durchzusetzen.

4. *Rücksichtsvoll:* Achtet die Bedürfnisse und Gefühle anderer.
   Beherrscht: Hat zwar Gefühle, zeigt sie aber nicht.
   Ehrgeizig: Macht aus jeder Situation, jedem Ereignis und jedem Spiel einen Wettkampf; spielt nur, um zu gewinnen.
   Überzeugend: Kann andere für alles nur Denkbare gewinnen, und zwar allein durch seine/ihre Persönlichkeit.

5. *Erfrischend:* Stimuliert andere; regt sie an. Ein Mensch, in dessen Nähe sich andere wohl fühlen.

Respektvoll: Behandelt andere mit Anerkennung und Wertschätzung.
Zurückhaltend: Nimmt sich selbst im Ausdrücken von Gefühlen oder Begeisterung sehr zurück.
Einfallsreich: Kann in praktisch allen Situationen schnell und wirkungsvoll handeln.

6. *Zufrieden:* Ein Mensch, dem es leicht fällt, alle Umstände und Situationen anzunehmen.
Sensibel: Hat ein Gespür für das Befinden anderer Menschen.
Selbstständig: Unabhängig, kann sich völlig auf die eigenen Fähigkeiten verlassen.
Temperamentvoll: Sprühend lebendig.

7. *Vorausplanend:* Erstellt gern ausgefeilte Pläne, bevor er/sie eine Aufgabe in Angriff nimmt, ein Ziel verfolgt oder sich einer Herausforderung stellt; hat selbst lieber mit der Planung zu tun als mit der Durchführung.
Geduldig: Lässt sich nicht so schnell aus der Ruhe bringen, bleibt ruhig und tolerant.
Positiv: Erwartet grundsätzlich, dass alles gut gehen wird.
Fördernd: Bringt andere durch seinen/ihren Charme dazu, weiterzumachen, mitzugehen, etwas zu investieren, nicht aufzugeben.

8. *Sicher:* Hat Selbstvertrauen; schwankt oder zögert selten.
Spontan: Hat es gern, wenn das Leben aus unvorhergesehenen, nicht geplanten Aktivitäten besteht; liebt alles, was nicht durch Planung eingeschränkt ist.
Organisiert: Lebt und arbeitet nach einem täglichen Plan; kann es nicht leiden, wenn diese Pläne gestört oder durchkreuzt werden.
Schüchtern: Still; bringt nicht so leicht ein Gespräch in Gang.

9. *Ordentlich:* Ordnet systematisch die Umgebung.
Verbindlich: Zuverlässig, entgegenkommend.
Direkt: Redet nicht um den heißen Brei herum.
Optimistisch: Jemand mit einer sonnigen, positiven Grundhaltung, der andere leicht mitreißen kann.

10. *Freundlich:* Jemand, der von Natur aus nett und zuvorkommend mit anderen umgeht.
Treu: Zuverlässig, loyal, ergeben – manchmal über alles Verstehen hinaus.
Lustig: Voll sprühenden Witzes; kann aus praktisch jeder Gelegenheit ein ausgelassenes Ereignis machen.
Energisch: Dominante Persönlichkeit; jemand, gegen den sich so leicht niemand stellen mag.

11. *Kühn:* Bereit, Risiken einzugehen; furchtlos, mutig.
Reizvoll: Ein Mensch, der charmant und interessant ist und mit dem man gern zusammen ist.
Diplomatisch: Sensibel, taktvoll und geduldig im Umgang mit anderen Menschen.
Genau: Geht nach einer bestimmten Ordnung vor; erinnert sich exakt an alles.

12. *Fröhlich:* Hat immer gute Laune. Weckt Heiterkeit bei anderen.
Beständig: Emotional gleich bleibend; reagiert kaum unvorhergesehen.
Kultiviert: Gebildet, liebt Wissen; interessiert sich für kulturelle Dinge wie Theater, Ballett, Konzerte.
Selbstbewusst: Weiß um seine Fähigkeiten; ist sich seines Erfolgs sicher.

13. *Idealistisch:* Stellt sich Dinge in ihrer perfekten Form bildlich vor und hat das Bedürfnis, auch selbst diesem Maßstab gerecht zu werden.
Unabhängig: Genügt sich selbst; ist selbstsicher; hilft sich selbst; braucht scheinbar kaum Hilfe von außen.
Harmlos: Sagt nie etwas Schlimmes oder verursacht nie Unannehmlichkeiten.
Anregend: Macht anderen Mut mitzumachen, sich zu beteiligen und sorgt dafür, dass jedes Projekt Spaß macht.

14. *Überschwänglich:* Bringt Gefühle offen und deutlich zum Ausdruck, besonders Zuneigung; hat auch keine Scheu, andere zu berühren.

Entscheidungsfreudig: Jemand, der schnell und sachlich Situationen beurteilen und Entscheidungen treffen kann.
Humorvoll: Zeigt „trockenen Witz“, normalerweise kurze Bemerkungen sarkastischer oder ironischer Art.
Tiefgründig: Intensiv, oft eher in sich gekehrt; mag in der Regel keine oberflächlichen Gespräche und Themen.

15. *Vermittelnd:* Hat ständig die Rolle, bei Differenzen auszugleichen, um Konflikte zu vermeiden.
Musikalisch: Macht selbst Musik oder aber hat großes Interesse daran; mag Musik eher als Kunstform statt als aktive Ausdrucksform für sich selbst.
Antreibend: Getrieben von dem Bedürfnis, produktiv zu sein; Leitwolf; es fällt einer solchen Persönlichkeit schwer, still zu sitzen.
Kontaktfreudig: Liebt Feste und kann es gar nicht erwarten, alle Anwesenden kennen zu lernen; niemand ist für ihn/sie ein(e) Fremde(r).

16. *Aufmerksam:* Denkt an besondere Anlässe und reagiert häufig mit einer kleinen Aufmerksamkeit.
Hartnäckig: Hält ausdauernd an einem gesetzten Ziel fest und gibt nicht auf, bevor es erreicht ist.
Gesprächig: Redet ständig; erzählt normalerweise lustige, unterhaltsame Geschichten; hat das Gefühl, im Gespräch keine Pausen aufkommen lassen zu dürfen, damit sich alle wohl fühlen.
Tolerant: Akzeptiert ohne Probleme die Gedanken und Wesensart anderer, ohne das Bedürfnis zu widersprechen oder den anderen zu ändern.

17. *Geduldig:* scheinbar immer bereit, sich anzuhören, was andere zu sagen haben.
Loyal: Ist einem Menschen, einem Ideal oder einer Aufgabe treu, manchmal über alles Verstehen hinaus.
Führend: Ein geborener Leiter, der unbedingt die Verantwortung haben muss und dem/der es oft schwer fällt zu glauben, dass es jemanden geben könnte, der/die die betreffenden Aufgaben ebenso gut bewältigen könnte.

Lebhaft: Sprühend vor Leben, kraftvoll, schwungvoll, mitreißend.

18. *Genügsam:* Zufrieden mit dem, was vorhanden ist, fast nie neidisch.
Bestimmt: Übernimmt das Kommando und erwartet, dass die anderen folgen.
Planend: Organisiert den Lebensalltag und löst Probleme mit Hilfe von Listen, Skizzen oder Tabellen.
Nett: Angenehm, Mittelpunkt der Aufmerksamkeit, charmant.

19. *Perfektionistisch:* Legt hohen Maßstab an sich selbst und oft auch an andere; alles muss richtig und in Ordnung sein.
Angenehm: „Pflegeleicht", umgänglich; jemand, mit dem man leicht reden kann.
Produktiv: Fleißig und tüchtig; kann schlecht zur Ruhe kommen.
Beliebt: Mittelpunkt jeder Party, deshalb als Stimmungsmacher bekannt.

20. *Munter:* Lebhaft, quirlig, voller Energie.
Mutig: Furchtlos, wagemutig, keine Angst vor Risiken.
Wohlerzogen: Hat ständig den Wunsch, sich in den Grenzen dessen zu bewegen, was sich gehört.
Ausgeglichen: Stabile Persönlichkeit ohne besondere Hochs und Tiefs.

Definitionen der Schwächen

21. *Unauffällig:* Zurückhaltend; verwendet wenig Mimik und Gestik.
Schüchtern: Mag auf Grund von Befangenheit nicht die Aufmerksamkeit auf sich ziehen.
Unverschämt: Zu laut, schrill, zu direkt.
Herrisch: Kommandierend, dominierend, kontrollierend.

22. *Undiszipliniert:* Mensch, in dessen Leben in fast allen Bereichen die Ordnung fehlt.

Unsympathisch: Hat Schwierigkeiten, sich auf Menschen einzulassen; negative Ausstrahlung.
Begeisterungslos: Findet es schwierig, für etwas Enthusiasmus zu empfinden; hat oft das Gefühl, dass es sowieso nichts wird.
Unversöhnlich: Jemand, dem es schwer fällt, ein Unrecht oder eine Verletzung zu vergeben oder zu vergessen.

23. *Starr:* Kämpft dagegen an, sich zu verändern und Neues zu probieren.
Ärgerlich: Leicht erregbar; hält oft bei eingebildeten oder tatsächlichen Vergehen gegen sich an negativen Gefühlen fest.
Widerspenstig: Will nur eigene Wege und Meinungen gelten lassen; sträubt sich gegen alles andere.
Wiederholend: Erzählt alte Geschichten und Anekdoten ständig wieder, um andere zu unterhalten, ohne zu merken, dass alle sie schon kennen.

24. *Kleinlich:* Hält sich mit belanglosen Nebensächlichkeiten auf, denen er/sie große Bedeutung beimisst.
Ängstlich: Oft beherrscht von Sorgen und Ängstlichkeit.
Vergesslich: Schlechtes Gedächtnis, oft in Verbindung mit mangelnder Disziplin; macht sich nicht die Mühe, sich an Dinge zu erinnern, die „keinen Spaß machen".
Zu direkt: Jemand, der genau so redet, wie ihm/ihr zu Mute ist und kein Blatt vor den Mund nimmt; oft verletzend.

25. *Ungeduldig:* Ein Mensch, dem es schwer fällt, Irritationen auszuhalten oder auf etwas oder jemanden zu warten.
Unsicher: Ängstlich, ohne Selbstvertrauen.
Unschlüssig: Hat Schwierigkeiten, überhaupt Entscheidungen zu treffen. (Damit ist nicht der Persönlichkeitstyp gemeint, der lange braucht, um eine Entscheidung zu treffen, weil er den Anspruch an sich selbst hat, dass es die perfekte Entscheidung sein muss.)
Behindernd: Hemmt und unterbricht andere; jemand, der anfängt zu reden und dabei gar nicht merkt, dass schon jemand anderer spricht.

26. *Unbeliebt:* Das Streben nach Perfektion oder Aufmerksamkeit ist so heftig und fordernd, dass andere dadurch abgestoßen sind.
Unbeteiligt: Hat nicht den Wunsch zuzuhören oder sich für Gruppen, Aktivitäten oder das Leben anderer Menschen zu interessieren.
Unberechenbar: Kann in einem Augenblick völlig aus dem Häuschen sein und im nächsten deprimiert; jemand, der sich bereit erklärt zu helfen, aber dann verschwindet, sich verabredet, aber nicht auftaucht.
Abweisend: Hat Schwierigkeiten, Zärtlichkeit oder andere Gefühle offen zu zeigen.

27. *Dickköpfig:* Besteht auf seiner/ihrer Meinung bzw. seinem/ihrem Willen.
Willkürlich: Hat keinen Plan, wie er/sie Dinge angeht.
Anspruchsvoll: Legt einen so hohen Maßstab an, dass kaum jemand ihm je genügen kann.
Zögernd: Kommt schwer in Gang, macht nur ungern mit.

28. *Spröde:* Ohne Höhen und Tiefen, zeigt kaum Gefühl oder Herzlichkeit.
Pessimistisch: Sieht meist erst die negativen Seiten einer Angelegenheit.
Stolz: Jemand mit großem Selbstbewusstsein, der/die immer Recht zu haben glaubt und der Meinung ist, die einzige geeignete Person für eine Aufgabe zu sein.
Nachgiebig: Lässt anderen (einschließlich Kindern) ihren Willen, damit man ihn/sie mag.

29. *Reizbar:* Bringt wie ein Kind lautstark seinen Zorn zum Ausdruck, beruhigt sich dann aber auch ganz schnell wieder.
Ziellos: Setzt sich keine Ziele und hat auch nicht den Wunsch danach.
Streitsüchtig: Fängt oft Diskussionen an, weil er/sie in der Regel glaubt, Recht zu haben, ganz gleich, wie die Umstände sind.
Kontaktscheu: Fühlt sich leicht von anderen entfremdet, oft aus Unsicherheit oder Angst, dass andere nicht gern etwas mit ihr/ihm zu tun haben könnten.

30. *Naiv:* Hat schlichten, kindlichen Blickwinkel; es fehlt an Interesse und Bildung, um zu einem tieferen Verständnis von Zusammenhängen und dem Leben allgemein zu gelangen.
Schwarzseherisch: Sieht oder beurteilt kaum etwas positiv; kann oft nur die düstere Seite einer Sache sehen.
Dreist: Im negativen Sinn voller Selbstbewusstsein, voranpreschend, unverschämt, rücksichtslos.
Lässig: Locker, unsensibel, gleichgültig.

31. *Sorgenvoll:* Sieht in allem ein Problem; ängstlich und unsicher.
Verschlossen: Ein Mensch, der sich sehr zurücknimmt und wenig von sich preisgibt.
Arbeitssüchtig: Setzt offensiv Ziele, die stets produktiv sein müssen; hat Schuldgefühle, wenn er/sie sich ausruht; Arbeit ist wichtiger als alles andere.
Ehrgeizig: Strebt nach Lob und Anerkennung anderer; als Unterhalter(in) lebt ein solcher Mensch vom Applaus, dem Lachen und/oder der Annahme durch das Publikum.

32. *Übersensibel:* Kreist in Gedanken zu sehr um ihr/sein Inneres, leicht beleidigt, zimperlich.
Taktlos: Drückt sich selbst manchmal unüberlegt und dadurch für andere verletzend aus; wenig Gespür für angemessenes Verhalten.
Zaghaft: Schreckt vor schwierigen Situationen zurück.
Redselig: Schwatzt fast zwanghaft; kann nur schwer zuhören.

33. *Zweifelnd:* Gekennzeichnet durch Unsicherheit und mangelnde Zuversicht, dass je etwas klappen könnte.
Unorganisiert: Fehlende Fähigkeit, im eigenen Leben Ordnung zu halten.
Dominierend: Übernimmt zwanghaft das Regiment über Menschen oder Situationen; sagt anderen, was sie zu tun und zu lassen haben.
Deprimiert: Ist überwiegend bedrückt bzw. niedergeschlagen.

34. *Inkonsequent:* Launenhaft, widersprüchlich; Verhalten und Gefühle beruhen nicht auf Logik.

Introvertiert: Ein Mensch, dessen Gedanken und Interessen nach innen gerichtet sind; schwer zugänglich.
Intolerant: Scheinbar unfähig, Einstellungen, Standpunkte und Methoden anderer zu akzeptieren.
Gleichgültig: Ein Mensch, dem die meisten Dinge egal sind.

35. *Oberflächlich:* Geht ungern in die Tiefe; lässt sich nicht wirklich auf Gedanken und Gefühle ein.
Launisch: Emotional wechselhaft; gerät leicht in ein Tief, wenn er/sie sich nicht wertgeschätzt fühlt.
Muffelig: Verbreitet schlechte Stimmung; leicht negativ.
Manipulierend: Nimmt indirekt Einfluss, um Vorteile zu erlangen; bekommt irgendwie immer seinen/ihren Willen.

36. *Langsam:* Kann nicht schnell denken oder handeln – zu mühsam.
Stur: Entschlossen, den eigenen Willen durchzusetzen; nicht leicht zu überzeugen.
Angeberisch: Muss im Mittelpunkt stehen und gesehen werden.
Skeptisch: Ungläubig; stellt Motive hinter dem Gesagten in Frage.

37. *Einzelgängerisch:* Braucht viel Zeit für sich und meidet andere Menschen und Geselligkeit.
Überheblich: Zögert nicht, anderen das Gefühl zu geben, dass er Recht und alles im Griff hat.
Faul: Mag nicht gern Zeit und Kraft in etwas investieren.
Aufdringlich: Ein Mensch, dessen Lachen oder Stimme alle anderen stets übertönt; kein Taktgefühl.

38. *Träge:* Kommt nur schwer in Gang; muss oft von anderen motiviert werden.
Misstrauisch: Neigt dazu, anderen Menschen oder auch Ideen skeptisch gegenüberzustehen.
Aufbrausend: Hat einen fordernden, auf Ungeduld basierenden Zorn in sich und eine kurze Lunte; der Zorn wird zum Ausdruck gebracht, wenn andere nicht schnell genug sind oder sich „dumm anstellen“.

Zerstreut: Flüchtig; diesem Menschen mangelt es an Konzentration oder Aufmerksamkeit.

39. *Rachsüchtig:* Hegt bewusst Groll gegen andere und bestraft Betreffende, oft auch indirekt, indem er ihnen Freundschaft oder Zuwendung entzieht.
Rastlos: Braucht ständig neue Aktivitäten, weil es keinen Spaß macht, immer das Gleiche zu tun.
Widerwillig: Wehrt sich gegen alles; ist nicht bereit mitzumachen.
Unbesonnen: Handelt oft übereilt, ohne erst alles zu durchdenken, in der Regel aus Ungeduld.

40. *Wetterwendisch:* Gibt oft nach in Bezug auf die eigene Meinung, selbst wenn er/sie im Recht ist, um Konflikte zu vermeiden.
Kritisch: Bewertet und beurteilt ständig, häufig in negativer Weise.
Arglistig: Nicht „sauber"; bereit zu täuschen und zu kompromittieren.
Unbeständig: Hat eine kindlich kurze Aufmerksamkeitsspanne; leicht ablenkbar; braucht viel Abwechslung und Vielfalt, um sich nicht zu langweilen.

FÜR DIE LIEBE IHRES LEBENS

Henry Cloud / John Townsend:

LIEBE IM GLEICHGEWICHT

Wie Sie Ihre Partnerschaft durch gesunde Grenzen bereichern

Aus zwei wird eins: Das ist das Ideal, das wir mit unserer Heirat anstreben. Doch viele Paare entdecken schon bald, dass es nicht einfach ist, ein gutes Gleichgewicht zwischen Anpassung und Eigenständigkeit zu bewahren. Allzu leicht verschwimmen die Grenzen zwischen „Ich“ und „Du“, und das führt zu ungesunden Abhängigkeiten, gestörten Beziehungen und großen Frustrationen.

Die Autoren befassen sich in ihrer Beratungspraxis täglich mit dem Thema Grenzen und ihrer Wichtigkeit für eine funktionierende Ehe. Denn die meisten Spannungen und Streitpunkte in Beziehungen haben mit „Grenzkonflikten“ zu tun. Oft ist den Partnern nicht klar, wo die eigene Persönlichkeit aufhört und die des anderen beginnt.

Erst wenn Sie eindeutig wissen und kommunizieren, was in Ihrer persönlichen Verantwortung liegt und was nicht, wie Sie sich vor ungesunden Übergriffen schützen können und an welchen Stellen Sie aufeinander eingehen sollten, können Sie zu einer wirklich erfüllenden, von gegenseitigem Respekt geprägten Beziehung finden.

Paperback, 260 Seiten, Nr. 815 829

ATEMPAUSEN FÜR DEN EHE-ALLTAG

Leslie & Les Parrott et al:

UNSERE ZEIT MIT GOTT

59 Andachten für Ehepaare und solche, die es werden wollen.

Könnte Ihre Ehe mal wieder eine kleine Atempause mit ein wenig Austausch, Nähe und neuen Inspirationen gebrauchen? Dann sind die Andachten in diesem Buch genau das Richtige für Sie!

In diesem außergewöhnlichen Andachtsbuch für Paare geben sich 11 der bekanntesten Autoren und Eheberater ein Stelldichein und laden Sie dazu ein, ganz neu Ihre Zweisamkeit zu feiern! Die Beiträge sind kurz genug, um sie im hektischen Alltag unterzubringen, doch sie stecken randvoll mit der Weisheit, dem Humor und den Erkenntnissen, die die Autoren in ihren eigenen Ehen gewonnen haben.

Gönnen Sie sich eine Zeit zu zweit und lassen Sie sich von den Andachten in diesem Buch dazu inspirieren, ihre Ehe in einem neuen Licht zu sehen und ungeahnte Möglichkeiten für Ihre gemeinsame Zukunft zu entdecken!

Gebunden, 224 Seiten, Nr. 815 705